習近平

的太子黨盟軍

新紀元周刊編輯部

習近平的太子黨盟軍

目錄

引子

世界上沒有哪個民族像中華民族這樣講究血緣關係，每到逢年過節的敬天祭祖，可謂中國人特有的民族標誌。中華傳統不但講究「子承父蔭」或「父債子還」，還篤信「積善之家，必有餘慶」，講究「積德行善得好報」。

推而廣之，從佛家的因緣關係來看，除了血緣關係，每個人今生今世的親朋好友、貴人仇人，可能都是緣分帶來的，就像月下老人手中的紅線一樣，一條線把一群人聯繫在了一起。

體現在現實生活中，習近平周圍的政治盟軍可能也不偶然，背後都有種種因緣關係在裡面。無論是胡耀邦家庭，還是葉劍英家族，或是劉少奇的後代，無論是王岐山、王波明還是胡舒立，還有傅洋、劉亞洲等等，這些太子黨同盟軍們，正在為習近平坐穩江山支招出力。

第一章
胡耀邦、習仲勛的交情祕聞

胡耀邦與習仲勛關係特殊。兩人都在西北工作多年，也都被打成同一反黨集團的成員；習仲勛因小說《劉志丹》蒙難 16 載，胡耀邦為他平反；當鄧小平廢黜胡耀邦時，最後關頭，支持胡耀邦最堅決的人是習仲勛。文革中與文革後的命運有不少交集的這兩人，甚至可說是生死之交。

上圖：習仲勛對深圳成立特區及廣東的發展起到一定的作用，當初胡耀邦就請他「守好中國的南大門」。（新紀元資料室）
左圖：2013 年 1 月，原中共總書記胡耀邦的紀念銅像揭幕儀式在浙江大陳島舉行。（AFP）

第一節

習仲勛因小說蒙冤 16 載

紀念胡耀邦的政治含意

2013 年 3 月 13 日，新華網首頁顯要位置刊登 2013 年 1 月出版的新書介紹「《我心中的耀邦》：追憶胡耀邦」。報導稱，此書由胡耀邦的小兒子胡德華編輯，裡面收錄了溫家寶等 20 餘位作者眼中的胡耀邦。此前的 2013 年 1 月 7 日，中共團中央機關報《中國青年報》報導了有關胡耀邦銅像揭幕的活動，並配發一張胡耀邦眺望遠方的銅像圖片。

自 1989 年「六四事件」以來，有關對中共前總書記胡耀邦和趙紫陽的報導一直被外界看作是中國政壇的風向標。胡耀邦、趙紫陽被視為中共改革派的先鋒代表，其中胡耀邦在 1987 年的「反自由化」運動中被中共保守派趕下台。1989 年 4 月 15 日，胡耀邦的去世引發了要求民主的學潮，間接導致了「六四天安門事件」，而趙紫陽拒絕執行中共元老開槍屠殺學生的命令，為此遭撤職、軟禁直至抱憾離世。

　　江澤民的上位與胡耀邦、趙紫陽的下台息息相關。江澤民依靠「六四」屠殺而竊得中共最高權力，可說是踏著「六四」遭屠殺人民的鮮血而上台的。因此，「六四」和迫害法輪功一樣，都是江澤民最大的心病，也是江澤民最怕被外界提起的，被民眾要求討還血債和遭到清算的恐懼如影隨形。胡耀邦和趙紫陽的名字從某種程度上講，可以說是代表了「六四」。因此，紀念胡耀邦，是直戳江澤民的痛處，讓江啞巴吃黃連。而中共高層對「六四」的態度與事件對江的牽連，則更讓江寢食難安。

　　文革後胡耀邦主持清算文革工作，平反了大量文革中的冤假錯案，為中共贏回了不少的人心。在這個過程中，胡耀邦留下了不少經典言論，像是「如果人民不歡迎我們，就該我們下台了」、「我們名為無產階級專政實為一黨專政，一黨專政又變成了領袖專政」、「離開了民主就是法西斯專政」等等。從某種意義上說，胡耀邦和趙紫陽是開明政治和民主改革的一種象徵。如今新華網高調報導紀念胡耀邦的新聞，被外界視為習近平迅速掌握權力之後，發出進一步打擊保守派勢力的信號和對平反「六四事件」的鬆動跡象。

　　不過，這背後也有一些私交內幕。胡耀邦和習近平兩家的家族淵源和交往頗深，兩家上下兩代人都是盟友。不僅如此，習近平當年就是胡耀邦親手從河北正定縣委書記提升為廈門市副市長，而胡錦濤、溫家寶都是在胡耀邦、趙紫陽培養「第三梯隊」時出頭的，溫家寶更是一直公開把胡耀邦視為自己的政治導師。而且在習近平的太子黨盟軍中，胡耀邦的兩個兒子胡德平與胡德華最引人注目。不過在談論胡、習第二代聯盟之前，我們不妨先介紹胡耀邦與習仲勛之間的特殊關係。

　　2012 年 11 月新紀元出版的《18 大中南海新權貴》一書，詳細披露了當初胡錦濤、溫家寶為何同意讓「政績一般」的習近平取代愛將李克

強而成為中共第五代接班人，除了政治平衡術外，這裡面一個重要因素就是「子承父蔭」。習近平的父親習仲勛是當時唯一一個公開站出來為胡耀邦鳴冤的人，也是中共高層少有的「一輩子沒有整過人的人」，加上習仲勛與胡耀邦之間的特殊關係，以及胡錦濤、溫家寶與胡耀邦之間的特殊關係，於是命運的緣分網絡就促成了今日的習近平。

胡耀邦（1915 年 11 月 20 日至 1989 年 4 月 15 日），湖南省瀏陽市中和鄉人；習仲勛（1913 年 10 月 15 日至 2002 年 5 月 24 日），陝西富平縣人。胡耀邦比習仲勛小兩歲，兩人都在西北工作多年，而且兩人在文革中與文革後的命運中有不少的交集，兩人之間的關係甚至可說是生死之交。

1934 年，才 21 歲的習仲勛已經是陝甘邊蘇維埃政府的主席了；胡耀邦則於 1935 年任紅三軍團第 13 團俱樂部主任、團總支書記，1936年後任共青團中央組織部副部長、部長等職。1959 年習仲勛擔任國務院副總理時，胡耀邦還只是團中央第一書記。也就是說，習仲勛在文革前的官位比胡耀邦要高出不少。

等到了 1962 年，已是國務院副總理的習仲勛，被康生、江青誣告，指他想利用小說《劉志丹》為被毛澤東打倒的高崗翻案，於是，習仲勛被打成「彭德懷、高崗、習仲勛反黨集團」的主要成員。不久，在陝西主持工作的胡耀邦，也因為反對「左」的做法，被革故鼎新，打成「彭、高、習在西北的黑線」。命運就這樣把胡耀邦、習仲勛更緊密地聯繫在一起，兩人都被打成同一個反黨集團的成員。

不過事後中共自己也承認，這是莫須有的罪名。2010 年《炎黃春秋》發表了田潤民的文章《撲朔迷離的「彭、高、習反黨集團」》，介紹了習仲勛的冤屈。

習仲勳的冤屈

　　彭德懷、高崗及習仲勳都曾擔任過中共重要領導職務，這三個人的所謂「反黨行為」發生在不同的年代和不同的歷史背景下；高崗在中共建政初期因為和劉少奇在工作上發生意見分歧，在 1954 年的七屆四中全會上被打成「高（高崗）、饒（饒漱石）反黨聯盟」的頭子；彭德懷因為對 1958 年的「大躍進」提出不同看法，在 1959 年的廬山會議上被打成「彭（彭德懷）、黃（黃克誠）、張（張聞天）、周（周小舟）反黨集團」的首領人物；習仲勳因為小說《劉志丹》問題在 1962 年的八屆十中全會上被打成「習（習仲勳）、賈（賈拓夫）、劉（劉景範）反黨集團」且名列首位。他們原本並不屬一個「反黨集團」，然而，在文化大革命開始之前，這三個所謂「反黨集團」中級別最高的人被「摘」出來，重新「拼湊」出了一個新的「反黨集團」。「文革」開始以後，打倒「彭、高、習」的口號和標語甚囂塵上，尤以在西北地區為甚。

　　「彭、高、習」中最早被整倒的是高崗。高崗事件是中共建政初期，黨內最大的一次鬥爭，最後因高崗的自殺被說成是「自絕於黨的叛黨分子」。後來的歷次政治運動尤其是文化大革命中的自殺者都被定為「自絕於黨、自絕於人民的叛徒」，大概都是援引了高崗這個案例。其實，對於高崗問題的處理以及他的自殺，毛澤東最初的態度顯得謹慎又惋惜。當他得知高崗自殺的情況後曾說：「高崗的問題處理得不好。高崗不自殺，即使不能在中央工作，還可以在地方上安排嘛。」當他的機要祕書葉子龍說：「高崗是自絕於黨」時，毛說：「話是那樣講，但黨內鬥爭死了人，總是不好的。」（見楊尚昆《回憶高饒事件》）

　　中共黨史研究人員評價說，高崗和彭德懷出事畢竟還有點原因。高崗有反劉少奇的言論，彭德懷給毛澤東寫過「意見書」，但給習仲勳戴

上「反黨」的帽子則純粹是「欲加之罪，何患無辭」，完全是為了給「翻案風」和階級鬥爭理論提供一個佐證和靶子。讓我們看看小說《劉志丹》的來龍去脈，以及習仲勛和這部小說出版前後的真實關係。

該書作者李建彤（1919 年 3 月 26 日至 2005 年 2 月 14 日），是劉志丹的弟弟劉景範的妻子，曾創作不少文學作品。她的小說《劉志丹》以因毛澤東批示「利用小說搞反黨活動，是一大發明」而著稱，開創了由中共中央專案審查文學作品的先例，成為中國歷史上因文學作品株連最廣的「文字獄」案件，1963 年的專案審查報告使她和相關人員由此遭整肅達 16 年之久。

康生誣稱習仲勛是小說《劉志丹》的第一作者，是幕後策劃者，小說目的是為高崗翻案。毛澤東據此將這本書定調為「利用小說搞反黨活動」。時任國務院副總理兼祕書長的習仲勛就這樣一夜之間被打倒了。

習仲勛的祕書范民新在《16 年的苦難歷程》中這樣寫道：「1956 年，工人出版社約李建彤創作一部描寫劉志丹革命生平的長篇小說。當時，習仲勛並不知道此事。……後來李建彤拜訪了習仲勛，講到工人出版社約她寫劉志丹之事。習仲勛表示可以寫一些劉志丹革命活動的片斷。1958 年冬至 1959 年春，李建彤寫出了《劉志丹》初稿和第二稿，全是真人真事。第三稿改寫成小說，送給習仲勛審閱，徵求意見。

習仲勛看後當即對李建彤說：『寫這樣大部頭小說可不是鬧著玩的，牽涉的問題很多，特別是涉及有關西北黨史上的一些問題，處理不好會引起意見糾紛，如果寫一些片斷的革命回憶豈不更好。』李建彤不同意習仲勛的意見，表示要試試看。隨後習仲勛又對劉景範說：『你最好勸說李建彤不要寫《劉志丹》小說，她不了解這段歷史情況，不一定能寫好。加上你是劉志丹的弟弟，她是你的愛人，就是寫的很好，那些對歷史有意見的人也不一定會放過不理。高崗反黨，變壞了，寫這樣一

部小說不涉及他是很難的。』我很犯愁，難道你就沒有顧慮嗎？你認為我說的話有無道理？劉景範答應回去勸說李建彤。但李建彤仍堅持自己的意見，並要求習仲勛支持她脫產進一步修改小說。習仲勛又把劉景範找來，希望他再勸說李建彤最好不要寫這本書。劉景範表示：『她要寫，我也沒有辦法。』」

在勸阻無效後，習仲勛又是什麼態度呢？范民新繼續寫道：「1960年春，習仲勛兩次約李建彤、馬錫五和工人出版社的兩位編輯同志座談《劉志丹》小說。第一次是詢問寫作計畫和寫作情況，主要是聽他們說，習仲勛只是插了些話，未講系統意見。第二次，習仲勛講了寫好這部小說的意見，主要強調寫書『是教育青年一代』；通過劉志丹這個革命領袖人物，寫西北革命，寫整個一個時代……。談到高崗時習仲勛說，他當時的主張是對的，那是歷史，但書中不要寫他。」

小說寫成以後，習仲勛又是什麼態度呢？范祕書接著說：「1962年夏，李建彤寫成《劉志丹》第五稿，送給習仲勛和中宣部審查。……習仲勛提出將小說樣本送給那些對西北黨史有意見的同志審閱，寧可讓他們把意見講在出版之前，也不要講在出版之後，如果真有問題，還來得及修改補救，否則，就會引起亂子。李建彤說她已取得中宣部的同意，周揚同志還指定專人與她聯繫，作經常指導。習仲勛在李建彤的多次催促下，考慮到中宣部的態度，以及陝甘蘇區一些老同志也支持寫這部小說，就同意出版了。」

至此，習仲勛對小說《劉志丹》的出版仍然十分慎重，提出要把樣書送給對西北黨史持不同意見的人審閱，強調要尊重這些人的意見，以免造成亂子。只是因為中宣部已經審查通過、主管副部長周揚已經批准，習仲勛才同意出版。小說出版審批程序一清二楚，習仲勛的個人意見也非常明確，被扣上「反黨」陰謀，實則非常冤枉。

胡耀邦為習仲勛平反

1978 年 1 月，習近平的母親齊心和大姐齊橋橋，幾次往返北京和洛陽，要求給習仲勛平反。後來找到剛剛擔任中共中央組織部長的胡耀邦。胡耀邦親自過問習仲勛的案子，雷厲風行，一個月後，習仲勛平反了。

當時齊心還找到擔任軍委副主席的葉劍英，葉當場表示，支持習仲勛出來工作，並很快把習仲勛安排到自己的家鄉廣東擔任省委副書記。所以，葉家和習家的關係，從那時起就非常密切。

習仲勛被稱為中共的「改革八賢」之一。有人說，他對深圳成立特區，對廣東的發展起到了非常重要的作用，當初胡耀邦就請他「守好中國的南大門」，鄧小平讓他帶頭搞改革試點，「殺出一條血路來」。

習仲勛復出後，先在廣東深圳搞出來成果。1981 年 6 月，中共 11 屆六中全會上習仲勛被增選為中央書記處書記；1982 年 9 月當選為中共第 12 屆中央政治局委員，負責中央書記處的日常工作。那時，他與胡耀邦的工作聯繫就更加密切了。

在中央書記處工作時，習仲勛由於支持胡耀邦的改革，特別是支持胡耀邦提出的幹部年輕化，不搞終身制，終因支持胡耀邦以自己的退休，逼迫鄧小平退休而遭到鄧的清洗。鄧小平在逼迫胡耀邦辭職後，也把習仲勛貶職了。1988 年 4 月，習仲勛被安排到人大副委員長的閒職上，1992 年被徹底退休，2002 年 5 月 24 日在北京病逝。可以說習仲勛最後是在鬱鬱不得志中離開了人世。

習仲勛一生三度蒙難

習仲勛一生曾三度蒙難。1935 年，他和劉志丹、高崗等人被中共

上海臨時中央局派員逮捕，差點被活埋；1962 年又因小說《劉志丹》，被關押、審查、下放 16 年。他曾被關在一個七、八平方米的小房子裡，但他堅持每天兩次轉圈散步。轉圈開始從一數到一萬，然後再退著走，從一萬數到一，靠這樣的意志力才健康地活下來。從 1978 年到 1986 年，他正常工作了幾年，隨後被鄧小平閒置。

不過，鄧小平以及中共高層元老都知道習仲勛的能力，因為毛澤東曾五次高度「讚揚」習仲勛。

據中共內部資料的說法，毛澤東見到習仲勛時十分驚訝，原來這位陝甘邊蘇維埃政府主席是「這麼年輕」。習仲勛有很高的政策水平，頭腦清醒，辦事幹練，這些都給毛澤東留下深刻印象。

毛第二次評價習仲勛是在 1945 年，抗日戰爭勝利後，習仲勛被委任為西北局書記，毛澤東稱讚習仲勛：「他是群眾領袖，是一個從群眾中走出來的群眾領袖。」

第三次是 1952 年初，主持西北地區黨政軍工作的習仲勛被毛澤東稱為：「如今已是爐火純青了」；第四次是 1952 年 7 月，習仲勛親赴西北，爭取藏族頭領項謙的「歸順」。毛澤東對習仲勛說：「諸葛亮七擒孟獲，你比諸葛亮還屬害。」第五次是習仲勛主政西北時期，毛澤東想調任習仲勛擔任中央宣傳部長，對林默涵和胡喬木說：「他是一個政治家，這個人能實事求是，是一個活的馬克思主義者。」

「18 大」時，胡錦濤主動提出自己要全退，並以此立下規矩：杜絕老人干政。當時習近平多次公開正面肯定胡錦濤的「高風亮節」，並傳言習曾竭力挽留胡。知道習仲勛要求鄧小平退休而遭貶那段典故的人，更能理解習近平當時的心情，以及他說出這四個字背後的家族辛酸史。

第二節

鄧小平戀權內幕

　　林牧，1927 年 10 月 18 日生，浙江義烏人，前中共總書記胡耀邦的政治祕書。林牧所著《習仲勛在胡耀邦下台前後》一文中，對習仲勛在保護胡耀邦問題上的態度與作為做了介紹。1965 年 1 月，林以中共陝西省委副祕書長身分協助參與胡耀邦在陝西發起的「解放思想，解放人，放寬政策，搞活經濟」的改革。失敗後受到長達 12 年迫害。期間兩度入獄，兩次被開除黨籍，判八年半勞改。

　　1978 年平反後，林牧當上胡耀邦政治祕書。1989 年，因公開支持並參與胡耀邦逝世後的學生運動，被開除黨籍與所有職務。後一直為中國的人權與民主呼籲，1995 年被推選為「中國人權」國內理事，同年與 45 名著名科學家和學者發起「呼籲寬容」建議書，並發表給中共人大常委會的公開信，要求釋放異議人士，同年 5 月曾在杭州被非法拘留數天。1998 年至 2004 年任「中國人權」榮譽理事。晚年一直居於西安，期間一直有評論文章發表到國外網站，曾被當地警方騷擾。2005 年 1

月 18 日至 31 日，因趙逝世，曾被公安人員非法拘留。2006 年 10 月 15 日突然逝世於家中。

林牧在文章中提到，習仲勛曾和萬里一起粉碎了左派一次未遂政變。

抵制「清除精神污染」，粉碎第一次貶胡政變

1983 年 1 月 20 日，胡耀邦在中共全國職工思想政治工作會議上發表了《四化建設和改革問題》長篇報告，準備將政治體制改革、文化教育體制改革與經濟體制改革同步進行。當時遭到了以胡喬木、姚依林、陳雲、薄一波、鄧力群、宋平等極左分子的阻撓。

鄧力群聯合當時中共中宣部主管文藝的副部長賀敬之等一批人發動了「清除精神污染」運動。這是文革後搞的第一場「大批判運動」，極左思想理論又開始抬頭。鄧力群 1983 年 6 月 4 日在中共中央黨校的一次講話中，最早使用了這一霸權話語，用以指責那些探討人道主義和異化問題的文章，接著，又指責了胡績偉提出的新聞工作「人民性」問題；8 月，中宣部主管文藝的副部長賀敬之操弄一批人為「清污」準備文件時，點名批評了徐遲、李陀等作家和《人啊，人》、《春天的童話》、《在同一地平線上》、《晚霞消失的時候》等一批作品。後來，「精神污染」的範圍不斷擴大，除了理論、新聞、文藝戰線以外，還涉及農村改革和建立深圳、珠海等四個特區的問題，他們指稱特區是「租界」。

1983 年 8 月，胡耀邦、萬里、習仲勛出面遏制所謂「清除精神污染」運動。喧囂一時的「清污」鬧劇只演了 27 天就受到中共中央部分官員的抵制。萬里表示「農村不搞清污」；趙表示「經濟工作領域不搞清污」；方毅表示「科技戰線不搞清污」；習仲勛找賀敬之談話，批評說：「你

們在文藝界搞了一場小文革。」11 月 14 日，中共中央書記處討論了所謂「清除精神污染」問題，胡耀邦、趙都講了話，對所謂「精神污染」劃出了嚴格的界限。一場「清污運動」才中途夭折。

鄧力群等人的倒胡「陰謀」得到鄧小平支持。鄧小平於 9 月 7 日找鄧力群等極左分子談話，提出理論戰線和文藝戰線「不能搞精神污染」。在 10 月召開的中共 12 屆二中全會結束後，鄧小平、陳雲在全會外的一次會議上發表了「不搞精神污染」的講話。中共中央的文件正式通知：鄧、陳的講話「何時發表，由中央決定，各地一律不得以任何形式擅自發表。」但是，10 月下旬，鄧力群掌握的中共中央宣傳部卻把鄧、陳的講話和胡喬木、鄧力群關於「清污」的發言，下發到縣級以上黨委和幹部。同時，北京和各省、市的報刊和電視台，有組織地發表知名人士擁護「清污」的報導和文章。這種「清污」已經超出理論和文藝的範圍。在農村，發家致富、長途販運受到攻擊。在軍隊，把退伍戰士申請補助，幹部戰士在城市找對象，戰士收藏美術攝影作品以至女朋友的照片，都說成是「精神污染」。在生活方式上，女性燙髮、穿高跟鞋和男女跳集體舞，養花、養鳥都受到干涉。

11 月 14 日，中共中央書記處討論了所謂「清除精神污染」問題，胡耀邦、趙紫陽都講了話，對所謂「精神污染」劃出了嚴格的界限。

會上，在這個報告中，胡耀邦首次提出：「要以是否有利於建設中國特色的社會主義，是否有利於國家的興旺發達，是否有利於人民的富裕幸福，作為衡量我們各項改革對或不對的標誌。」這就是人們今天已經熟知的「三個有利於」的最初版本。然而「左」傾保守主義分子深知胡耀邦這個講話可能產生的巨大影響，由胡喬木出面反對發表和下發胡耀邦的講話。

習仲勳對胡喬木說，黨的總書記在有中央直屬機關各部門負責同志

和各省、市、自治區有關同志二百餘人參加的會議上發表了一個重要講話，如果不形成文件發下去，黨的歷史會形成一片空白，怎麼給後人交待呢？胡喬木仍然堅持不許發。

之後一兩天的下午，姚依林突然通知，政治局和書記處開聯席會。會上陳雲一人發言，系統且異常尖銳地批評胡耀邦。批評的內容有三：一是盲目追求發展速度。當時胡耀邦主張工業產值增長 7%，陳雲堅持 4%，可是後來的實際增長率超過了 7%；二是反對改革。陳雲不贊成城市改革，當然更不贊成「一切戰線、一切地區、一切部門、一切單位都有改革的任務」。陳雲憤慨地說：「連一五都要改？」可見，他認為「一五」期間的政策和做法是「撥亂反正」的極限；三是，批評胡耀邦不懂經濟工作。他明指胡啟立、暗指胡耀邦，說：「應該下放到財政部或國家計委去學習鍛鍊。」陳雲發言以後，藉故離開會場，胡喬木、鄧力群、姚依林、宋平等四人也跟著出去了。後來胡喬木竟然對胡耀邦談話說：「這一次你就是下去了，也不要消極。」鄧小平沒有講什麼意見，只是說：「到此為止。」

可是，「左」傾陰謀家並沒有「到此為止」。鄧力群先後在《紅旗》雜誌聯絡員會議和新華社全國分社會議上，把陳雲抨擊胡耀邦的講話傳達了。不久，胡喬木又建議立即召開中央工作會議來解決胡耀邦的問題，其他政治局委員均未表態，會議當然沒有做出開會的決定。可是，胡喬木、姚依林竟然私自向各省、市和中央機關發出了召開中央工作會議的通知。萬里看到通知後找習仲勛詢問，習仲勛說，他不知道，習又找胡啟立問，胡啟立也說不知道。在總書記、常務書記和中辦主任都不知道的情況下，竟然有人私自發出召開要總書記下台的中央工作會議的通知。可以毫不誇張地說，這是一次「宮廷政變」。

習仲勛和萬里認為中共黨內危機迫在眉睫，共同向鄧小平報告並做

了工作，鄧小平表示：「胡趙格局不能變。」一場未遂政變流產了，但是，發動政變的人，絲毫沒有受到追查和批評。這在 1987 年以前的中共黨史上是從來沒有的。

抵制反對「自由化」

1983 年 10 月 11 日，在北京召開的中共 12 屆二中全會通過了胡耀邦支持制定的「中共中央關於整黨的決定」。會後，在中共中央書記處進一步制定整黨方案時，胡喬木提出：「這次整黨要既反左也反右，反右主要是反對資本主義自由化。」胡耀邦打斷胡喬木的話說：「你說的不對，主要是反左，其次才是防右。」胡喬木說：「我是根據小平同志的指示而講的。」接著，他就舉出方勵之的觀點，並說：「整黨不整這樣的人，還有什麼意義呢？」

鄧力群同胡喬木密切配合，大罵方勵之，並說：「像方勵之這樣的人，不是一個少數，而是有一批人。」「像這樣的人，我也主張作為整黨的對象。」胡耀邦說：「首先我申明一點，我絕不贊成方勵之的觀點。但是，我想強調的是，不能強迫人們接受馬克思主義。……無產階級要解放全人類，如果連方勵之這樣的知識分子都容不下，還談得上實現共產主義嗎？」

習仲勛緊接著說：「我贊成胡耀邦同志的觀點。幹什麼工作也得有個重點，不能東一錘子、西一棒子的。這次整黨的重點是清理三種人，通過清理他們達到從組織上徹底否定無產階級文化大革命的目的。」胡啟立、萬里、陳丕顯都表示贊成胡耀邦、習仲勛的意見。

1985 年學潮的衝擊

　　1985 年 9 月 18 日，正當中共全國代表大會召開之際，北京一批高等學校學生衝上街頭，發動了一場爭取民主改革的學生運動。北大校園貼出的標語和大字報是：「中國要向何處去？唯有走民主改革的道路」、「我們不要一黨專制，我們要的是真正的民主、繁榮的中國」、「鄧小平的大家長封建制該休矣，結束那拉氏垂簾聽政的時代，人民當家做主的時代到來！」「胡耀邦是當代的光緒，傀儡政權必須垮台。」學生在遊行示威中呼喊口號：「打倒鄧小平，打倒胡耀邦！」「寧要四人幫，不要胡耀邦！」中共中央政治局胡、鄧、趙、李、陳（這是中共法定的排名次序）五位常委開會討論如何對待這次學生運動。

　　鄧小平起先滿面笑容地說：「我看學生鬧事是好事，說明了我們這幾年反對資產階級自由化非常必要，非常及時。」胡耀邦笑嘻嘻地說：「充其量不過是學生們遊行示威喊口號嘛，沒有什麼了不起。」鄧小平後來沉不住氣了，他指著胡耀邦說：「人們說我是西太后，你是光緒，這種語言是侮辱性的，是敵對分子的挑撥。」胡耀邦說：「對於流傳在社會上的各種無稽之談，我們大可不必太認真，關鍵是我們要把自身搞正確。」鄧小平說：「不採取斷然措施不行，對鬧事的首惡分子要抓，要處理！」

　　李先念接著說：「我們憲法上規定了『中華人民共和國公民有言論出版、集會、結社、遊行示威的自由』我們不能因為學生上街就給人定罪，定罪得有法律依據呀！」陳雲說：「有必要根據國內一些地域內的情況由地方人大制定必要的法規和制度，比如：憲法允許遊行示威，但對遊行示威要有必要的限制呀！」最後，鄧小平說：「陳雲同志的意見實際上提出了要把反對資產階級自由化的鬥爭法律化的問題……我建議

由北京市人大就群眾遊行、示威通過一個地方性法規，條文還是由書記處拿，以北京市人大的名義搞。」

在書記處討論學潮問題時，鄧力群、胡喬木都是殺氣騰騰，他們主張「一定要對組織、策劃這起事件的後台老闆或一小撮壞人實行專政。」習仲勛打斷胡喬木的話，作了精彩的發言。

習仲勛說：「不可這樣！我對大學生遊行的事情從心上不贊成，但他們的一部分要求的確代表了廣大人民的呼聲，我想提醒大家注意歷史的回顧：匈牙利的卡達爾為何能贏得人民的擁護？原因是他總結了釀成事件的教訓，採取了疏導、教育的方法。卡達爾制約官僚主義，採用了人民選舉的方法，讓那些得不到基本群眾擁護的官僚主義者自動淘汰。……頒布了那麼多法律，是否能真正執行？縣委書記、省委書記的一句話就可以代替國家的法律，更別提黨和國家領導人了。這種現象很不正常。因此，國家若要長治久安，必須依靠民主的發展和法制的完善。這次，我認為學潮是有積極意義的。我們所要教育的，是應該讓他們懂得，民主並不是空洞的東西，民主是一個過程，一是需要整個文化素質的提高，二是必須有極豐富的物質基礎作保障。」

有人說，一個主政者面臨的最大考驗，是當民眾起來反對你的時候，你採取什麼態度。在 1985 年 9 月那次學生運動中，胡耀邦、趙紫陽、習仲勛、萬里、李先念都通過考驗，而鄧小平、胡喬木、鄧力群卻是原形畢露，殺氣騰騰。當時如果沒有胡、趙、李、習、萬的制約，類似「六四」的慘劇恐怕早已提前上演了。

習胡要求鄧全退下來

鄧小平同胡耀邦之間的主要分歧在於，是否實行政治體制改革，是

否實行民主和法制；可是，導致鄧小平廢黜胡耀邦的直接原因則是，胡耀邦希望鄧小平退出一線領導崗位。本來，這是胡、趙、萬、習的共同意見；但是，在最後關頭，支持胡耀邦最堅決的是習仲勛。

1986 年 5 月 24 日，胡耀邦在和四川省一些中共老幹部談話時，提出了實現領導班子年輕化的倡議。他說：「明年，也就是 1987 年，我們黨將要如期召開第 13 次全國代表大會。這次會議，我們必須下決心解決領導班子年輕化的問題。黨中央委員和候補委員中將有三分之一的老同志退休，110 到 120 名新同志將被選入新的中央委員會，這些同志中將有 80％到 90％是 50 歲上下。另外，我們應該讓一些年齡在 35 歲到 40 歲的更年輕的同志進入中央委員會。……現在，我快 70 歲了，也到退休的年齡了，那些已超過 80 歲的老同志，更應該往下退了。有沒有全域觀念，就應該在這個問題上體現出來了。」

這個講話傳到中共各級黨組織後，引起了巨大的反響。胡喬木認為他再一次「倒胡樹鄧」的時機已到，在一次政治局會議上，他說：「我們黨內像小平同志這樣經驗豐富、資格很老的革命家不多了。我們這些比他小十多歲的人，充其量只能稱之為黨的領導人，而小平可以說是我們黨的第二代領袖。我不反對民主政治，但民主要有一個漸進的過程。我認為在我們國家政治制度面臨轉折關頭，需要一個德高望重的政治領袖繼續領導我們完成這個轉變。這也是我堅決要求小平能在 13 大繼續留在黨中央的立場。」

王震、楊尚昆、彭真、廖承志在發言中支持胡喬木的意見。接著，胡耀邦發表了意見，他說：「我們在討論明年黨的 13 大指導方針時，一定要順從潮流，順從民心。在本世紀初中國結束封建專制以後，特別是五四運動以來，世界各國流行的理論和思潮都在提倡和實踐過。中國人民最後選擇了民主和科學作為最高社會價值和目標。這是在長期專制

和落後壓抑困擾下的中國人民的最後選擇。40 年建設，10 年動亂，又加上了一條法制⋯⋯。黨中央領導要不要年輕化，已不再是口頭上討論的問題，而是必須馬上著手實行了。如果說過去我在這個問題上表現的含糊，不太明確，容易使大家產生誤會的話，那麼今天我就十分具體和坦白地講，我贊成小平同志帶頭退下來，這是一個很好的帶頭。只要小平同志退，別的老同志的工作好做。我的總書記任期滿了，也下來，充分給年輕同志讓路。」

胡耀邦發言以後，鄧小平紋絲不動。聶榮臻說：「小平同志都要退下來，我還留在中央幹什麼？我也要求退下來。我們這些老同志應該在我國完善政治民主、法制的各項制度和程序中再立新功。」習仲勛則說：「法治是現代政府管理社會的最好方式，也是我們走出困境、走向明天的最佳選擇。實際上，今天這個會就是在昨天和明天之間選擇。我們面前擺著兩條路，一是恢復和繼續走『全能政府』即『人治』的老路，靠一位偉大領袖發號施令，用計畫經濟甚至專管的辦法去解決經濟領域層層盤剝的問題，靠學習領導人講話或思想政治工作和道德教育去解決以權謀私、腐敗墮落的問題，用加強紀律去解決思想、理論、文化界的是非問題，如果還是這樣，小平同志就是活 100 歲也解決不了我們的體制轉變。」

講到這裡，王震激動地說：「你們實際上提出了一個問題，那就是還要不要權威！承認不承認小平同志是我們黨的最高權威？⋯⋯」萬里說：「王老啊，你不要激動啊！要小平同志掌舵我沒有意見，我只想糾正一下，現在要樹立的權威不是個人，而是集體。民主才是我們最高的權威。」接著發言的，楊得志、烏蘭夫、倪志福贊成鄧退下來；彭真提出了上了年紀的都退，只留鄧小平一人當代表，陳雲、宋任窮贊成彭真的意見。鄧小平眼睛盯著趙指明要他表態，趙紫陽只好說了幾句違心的

話，胡喬木又趁機起鬨。這時，習仲勳措詞尖銳地指責鄧小平：「防止封建專制披著革命的外衣頑固地盤踞在統治地位。……從現在起，我們應當堅持從人治向法治過渡，堅持法律面前人人平等，堅持依法治國。為了革命，為了前進和發展，小平同志退出中央，實行退休制，就會給我們的子孫後代又立一次大功。」

鄧小平冷冷地說：「說穿了，你們是不希望我再過問中央的事，嫌我干涉你們的工作了是不是？那好，我可以不幹，一退到底。」習仲勳馬上說：「不是這個意思，胡耀邦和我沒有嫌小平過多干涉我們工作的意思。我只是從我國政治體制改革出發來講這番話的，同時也考慮到小平的健康。周恩來同志由於工作太勞累，活了 76 歲，就過早地離開我們，毛澤東同志雖然活了 82 歲，但有幾年一直害病，未能很好地行使領導職能，所以我們必須吸取歷史的經驗教訓啊！」

會議在沒有達成一致決議的情況下不歡而散。可是，鄧小平要把胡耀邦拉下馬的決心已經下了。據說就在這次會後，王震對鄧小平說：「誰讓你下台，就讓他下台。」鄧小平點點頭說：「那些做夢都想讓我下台的人，矛頭必然要針對共產黨的領導。這一點，我們必須堅持，即使流血也值得。」

當時鄧小平已經不惜發動一場流血鬥爭來維護個人的權力了。後來胡耀邦下台時，有些人埋怨胡耀邦妥協而不反抗。其實，深知鄧小平為人的胡耀邦是以犧牲自己來避免一場流血鬥爭。

胡被貶 習痛斥政變

1986 年 11 月中旬，設立在安徽省合肥市的中國科技大學掀起了「爭民主，要自由」的學生運動，12 月下旬，這個運動擴展到上海、北京。

12月30日，胡耀邦召開政治局常委會，準備討論書記處拿出的關於當前時局的意見。鄧小平發脾氣、摔電話，不許開常委會，並命令胡耀邦到他指定的地方去談話。

鄧認為學運的發生是「幾年來反對資產階級自由化思潮旗幟不鮮明、態度不堅決的結果」，他質問胡耀邦：「你難道沒有責任？」胡耀邦表示：「我保留我的意見。」鄧蠻橫地說：「不是保留，而是要你馬上站出來，堅持四項基本原則，否則就放任了資產階級自由化。」鄧小平越說火氣越大，他說：「沒有專政手段是不行的。對專政手段，不但要講，而且必要時要使用。……如果有人要製造流血事件，你有什麼辦法？」鄧小平反覆提出流血事件，可見他要開殺戒是蓄謀已久的。

就在鄧小平這次講話的兩天之後，1987年元旦，北京市又爆發了一場大規模的遊行示威，元旦之夜，在鄧小平家裡，彭真、陳雲、王震、薄一波已在緊鑼密鼓地策劃一場宮廷政變。胡耀邦還被蒙在鼓裡。

1986年9月已在中共12屆六中全會上離開了中共書記處的習仲勛憑他的政治敏感已經覺察到危機迫在眉睫，他趁新年探問之機，提醒胡耀邦：「耀邦啊，我在為你擔心！」胡耀邦不在意地說：「我嘛，不會有什麼，黨畢竟已經成熟了。」

當天夜裡，胡耀邦辦公桌上的「紅機子」持續地、執著地響起來，是趙紫陽的聲音。趙問：「耀邦，你現在幹什麼？」胡耀邦說：「還在研究學潮問題，我試圖尋找一種更穩妥的解決當前危機的新路子。」趙急了：「我勸你先別忙著幹別的，還是馬上找小平同志談一談，向他承認錯誤，檢討一下自己工作中的失誤，爭取主動為好。」胡耀邦說：「我並沒有犯什麼錯誤，你讓我檢討什麼？」趙更急了：「耀邦同志，現在黨內在一些重要問題上產生了分歧，小平同志是眾望所歸的政治家、軍事家，我們應該盡量地尊重他。你常常講，我們黨再也經不起窮折騰了，

你難道願意看見我們黨再面臨一次分裂？」最後，趙提醒說：「再拖幾天就晚了，你還是盡快向小平同志認個錯，越快越好！」

外界有些人誇大胡耀邦和趙紫陽之間的矛盾。其實，他們兩人的不同只是考慮問題的側重點不同，一個著重從政治上考慮問題，一個著重從經濟上考慮問題，性格不同，一個執著一些，一個靈活一些。但是，在價值取向和治國方略上，他們是殊途同歸的；在災難臨頭時，他們是互相關心、互相提醒。

第二天，胡耀邦按照趙的建議，主動求見鄧小平。鄧小平先為胡耀邦評功擺好大講成績；談到分歧，鄧小平擺擺手說：「那都是工作中的正常範圍，我們之間沒有必要再糾纏了。我打算開一次中央生活會，有什麼問題大家擺在桌面上來談，好好溝通一下思想嘛。」

胡耀邦臨走時，同鄧小平長時間緊緊地握手。這是兩人在最後八年中產生多次分歧、最後分道揚鑣前的最後一次握手。

只隔了一天，胡耀邦就接到中共中央顧問委員會的通知，到中南海小會議廳開所謂生活會。並不是所有中顧委常委都接到通知，有一些政治局委員和中紀委、中央軍委的成員也參加了會議。會議由中顧委副主任薄一波主持，他一開始就要求胡耀邦作深刻檢討。

胡耀邦只講了一、兩分鐘，彭真就打斷了他的話，批判胡耀邦同自由化的幾個代表人物方勵之、劉賓雁、王若望打得火熱。接著，楊尚昆說：「如果你想亡黨亡國的話，你不必待在這裡了。」薄一波說：「胡耀邦整天到處亂跑，全國 2000 多個縣你都快跑遍了。你是黨的歷史上幾位主席、副主席、總書記能跑的最高紀錄。這不叫指導工作，而是遊山逛景，譁眾取寵。」鄧小平說：「耀邦召集政治局常委會，讓辦公廳的人通知我參加，我偏不去！我在別人面前不敢擺架子，在你面前還是有資格的。」宋任窮說：「我最不能容忍的是胡耀邦對待小平同志的態

度。」

第二次所謂生活會，在兩天以後召開。政治局又有幾個人被邀請參加會議，其中有習仲勛、喬石、李鵬、胡啟立。李鵬首先發言，他說：「我們堅決貫徹了小平同志關於『反對資產階級自由化絕不手軟』的指示，學潮漸漸平息下去了……。由於胡耀邦同志放鬆思想領域裡的領導權，導致了自由化思潮在各高校的大泛濫。」接著，薄一波、彭真要求胡耀邦辭職，王震認為彭、薄的意見代表了大多數「同志」的想法。

首次被通知參加生活會的習仲勛忍無可忍地跳起來，指著薄一波、彭真、王震說：「天啊！你們這是幹什麼？這不是重演《逼宮》這場戲嗎？」

習仲勛拍著桌子怒吼道：「這不正常！生活會上不能討論黨的總書記的去留問題，這是違反黨的原則的。你們開了這樣的頭，只會給將來黨和國家的安定團結埋下禍根。我堅決反對你們這種幹法！」

胡耀邦急忙站起來勸說：「仲勛同志，我已考慮好了，不讓我幹，我就辭職。」習仲勛暫時保持沉默。李鵬繼續攻擊胡耀邦，他說，自己兼任國家教委主任以來，胡耀邦沒有給過他一條對高校學生要進行堅持四項基本原則，堅持做思想工作的指示，相反地向他推薦了大批自由化思想十分嚴重的幹部和知識分子。有相當一批人，被他堅決的頂回來了，其中就有方勵之和王若望。

鄧小平板著面孔對習仲勛進行反擊。他說：「我當然不是說中央召開的高級幹部生活會上要討論胡耀邦同志總書記職務的去留問題，這個問題應該在政治局會議上決定的。但是，難道不可以在生活會上發表一下個人的看法嗎？近些年來，耀邦，也包括仲勛同志大講特講民主和自由，為什麼今天在黨的生活會上一波、彭真同志提自己看法的自由和民主都沒有了呢？所以我歷來講，那些越是口頭上講民主的人，其實並不

想真正給大家民主，而只是允許他自己搞民主和自由。我看這種『自由化』只是徹頭徹尾的資產階級，就是這個道理。」

鄧小平導演的生活會根本不是「發表一下個人的看法」，而是按照他們預先策劃於密室的陰謀進行宮廷政變。在第一次生活會上，鄧小平就決定停止胡耀邦的總書記的職務；在第二次生活會上，又確定了強迫胡耀邦辭職。後來召開中央政治局會議，不過是走走過場，起一個橡皮圖章的作用，而且，政治局也無權罷免總書記，因為總書記是由中央全會選出來的！

這篇發表在梁木生博客的林牧文章最後寫道：「仲勛義正詞嚴地強烈抗議雖然無力阻止鄧小平倒行逆施的淫威，但是，仲勛在群魔亂舞中如傲霜的玉樹挺身而出……。他的高風亮節和鄧等人的醜惡行徑都將載入史冊，由後人加以評說。另外，『六四』以後，習仲勛還在 1990 年的一次中共人大常委會議上，指名批評鄧小平和楊尚昆。不過，那時我的自由度和接觸面很小很小，不知道準確的內容，不好加以評說。」

第三節

習仲勛一輩子與「左」禍鬥爭

據《財經文摘》張傑介紹，習仲勛一輩子都在與左派鬥爭。比如在土改時，他曾寫信給毛澤東痛批土改「左」禍，最後毛做了相應政策調整。

1947 年 10 月，以「廢除封建剝削土地制度，實行耕者有其田」為目標的《中國土地法大綱》公布施行。但在土改的過程中，各解放區普遍發生了「左」的傾向，「削削削，削盡土豪劣紳；殺殺殺，殺盡貪官污吏」成為響亮的口號。

主持西北局工作的習仲勛對此憂心忡忡，到各地深入調查後，結果令他十分震驚：一些農村不加區別地平分一切土地，把財產較多、生活較好的農民當土改對象；把已轉化為農民的舊地主富農又拉出來鬥爭，甚至把在中共機構任職的公教人員，其家中缺乏勞力者，也定成地主、富農。亂鬥、亂扣、亂打、亂沒收財物、亂掃地出門的現象十分普遍。

1948 年 1 月 4 日，習仲勛以《關於陝甘寧邊區老解放區的土地改

革問題》為題致信西北局並轉中共中央，就調查研究中發現所屬各縣土改工作出現的問題，直陳土改中的許多不當做法。

1948 年 1 月 19 日，習仲勛致電毛澤東，以真實案例闡述土改亂象：「一些人渾水摸魚大抓一把而鼓動起來的自發鬥爭，如子長縣欒家坪那裡的鬥爭簡直是幹部黨員的鬥爭；交口五、六十名群眾住在地主家裡，殺羊宰雞，每日三餐，早上米飯，中晚饃饃麵條，吃喝了八、九天，臨走時又亂拿一頓……」習仲勛在電報中痛心地說道：「我看一有『左』的偏向，不到半月，就可把一切破壞得精光。」

1948 年 2 月 8 日，習仲勛又就「分三類地區進行土地改革問題」致電毛澤東，在土改的內容和步驟上，提出許多建議。習仲勛的建議受到毛澤東的重視。

「把守南大門」　辦深圳特區

習仲勛是中共元老，但為後人津津樂道的是他在改革開放中的作為。習仲勛幹的第二件反「左」大事就是創辦深圳特區。

1978 年春，在長達 16 年的下放勞動和被迫害、關押後，剛平反不久的習仲勛接受重任，到廣東「把守南大門」。經過 10 年動亂，民生凋敝，很多人以命相搏，到資本主義的香港尋找樂土。習仲勛到達廣東時，正是「逃港潮」高峰。當年 8 月廣東全省就有 6709 人偷渡外逃。

1978 年深圳農民的年收入是 134 元，雖然遠高於廣東省農民人均收入 77.4 元，卻與一河之隔的香港新界農民年收入（1.3 萬元港幣）有天壤之別。社會主義的優越性僅存在於報紙和領導的講話中，看不到前途的老百姓紛紛用腳投票。

當時規定，被抓的偷渡者統統被送到收容站，虐待現象普遍。習仲

勘實地察看收容站時，看到這些偷渡不成反被關押的農民，心情沉重。他說：「這是人民內部矛盾，不應該用一種敵我的態度來對待他們！」他還對偷渡外逃事件的性質明確定為「經濟原因、生活動機」，並表態「責任由省委來負」。

習仲勛多次到寶安和香港邊界中英街視察，眼前香港那邊高樓林立，車水馬龍，寶安這邊卻破爛不堪。強烈的對比讓他對問題的根源有了明確的判斷：制止群眾性外逃的根本措施是發展經濟，提高群眾生活水平，而不是增加邊防哨卡的兵力，不是加固鐵絲網，不是嚴刑峻法。

1979 年 4 月，習仲勛到北京參加中共中央工作會議，他代表省委強烈要求中央給予廣東改革開放的特殊政策，請中央授權或放權，讓廣東先走一步，放手幹。習仲勛說：「現在中央的權力過於集中，地方上感到事情很難辦。沒有權，辦事很難。」

主持會議的華國鋒問：「仲勛同志，你們廣東究竟想要什麼權？」會場氣氛緊張起來。習仲勛索性將自己的想法和盤托出：「我代表省委，請求中央允許在毗鄰港澳邊界的深圳、珠海與重要的僑鄉汕頭市各劃出一塊地方，搞貿易合作區。」他接著說：「如果廣東是一個獨立的國家，可能幾年就搞上去了，但是在現在的體制下，就不容易上去。」他的言論，令很多人大吃一驚。

這樣的重大事情還靠鄧小平拿主意，習仲勛在會議間隙求見了鄧小平。鄧對習仲勛說了一番被中共官方記載下來的話：「過去陝甘寧邊區就叫特區嘛，你不是陝甘寧特委的代理書記嗎？在你們廣東劃出一塊地方來，也搞一個特區！怎麼樣？」接著他又說了一番名言：「中央沒有錢，你們自己去搞，殺出一條血路來！」

一場巨大災難更加堅定了習仲勛迫不及待創建深圳特區的決心。1979 年 5 月 6 日，在深圳邊防前哨，廣東各地和寶安城鄉突然有近 10

萬之眾聚集於此，形成數十條凶猛的洪流撲向邊境線，頃刻間人山人海，邊防軍人束手無策，許多人被擠入海中，溺水身亡。原來有人放出謠言：在英國伊麗莎白女王登基當天，香港實行大赦，凡滯港人士可於三天內向政府申報香港永久居民。

習仲勛不懼怕「左」，也不怕當右，在「復辟資本主義」的攻擊聲中，將經濟特區迅速建立起來。他支持和鼓勵地方官員：「只要能把生產搞上去的，就幹，不要先去管他什麼主義。」此後，廣東經濟飛速發展，廣東人也獲得「敢為天下先」的名聲。

習薄兩家複雜的恩與仇

有人說，薄熙來就像他父親薄一波那樣無情無義，翻臉不認人，而當初薄一波就與習仲勛爆發多次衝突。

文革時薄一波因「61 人叛徒集團案」成為階下囚，1978 年，時任中組部長的胡耀邦，開始為文革中的冤假錯案平反，其著手平反的第一大案，就是薄一波等「61 人叛徒集團案」。

因此，薄一波從階下囚變成中共權貴人物，最大的恩人就是胡耀邦。然而薄一波卻忘恩負義，恩將仇報，其復出後逐漸被鄧小平看重，獲得人事大權，在倒胡耀邦案中，他當眾斥責、辱罵胡耀邦三、四個小時，還歸納了「六大罪狀」，迫使胡耀邦在第二天舉行的政治局擴大會議上「辭職」下台。

胡耀邦被極左勢力和鄧小平廢黜之時，遭到了薄一波、彭真、王震等的圍攻，被批了七天半，當時只有習仲勛站出來為胡耀邦申訴。

習近平的太子黨盟軍

第二章

胡德平——
促成胡錦濤、習近平結盟

習仲勛與胡耀邦特殊關係延至第二代，習近平與胡德平關係也非同一般。「17 大」，習近平確立接班人地位後，胡德平曾勸胡錦濤與習近平聯手對付政敵。而在需要確定「18 大」報告基調問題上，胡錦濤與習近平則首次正式聯手，拿下薄熙來。

胡德平 2011 年 2 月出書《中國為什麼要改革——思憶父親胡耀邦》。（新紀元資料室）

第一節

薄出事半年前就批薄

2012 年 9 月 7 日路透社發表獨家報導稱，中共「儲君」習近平 9 月初與政治改革倡導者胡德平舉行了私人會談，他認為中國現在面臨前所未有的挑戰。同時習強調，他不是薄熙來的盟友，薄的問題將按照黨紀國法進行處理。此消息在習近平被傳「背部受傷」敏感時期傳出，再次引發外界對習、胡兩家世交淵源的探索，以及習近平與胡錦濤、溫家寶和薄熙來之間真實關係的追溯。

胡德平是已故中共前總書記胡耀邦的長子，現任中共政協常委、經濟委員會副主任委員，近年來被看成是「大力推動改革」的發言者。

路透社在報導中引述匿名消息來源稱，習近平會見胡德平時，澄清了他與薄熙來的關係，稱有些謠言指習庇護薄熙來，但習明確表明，他並非薄的盟友。消息人士引述習的話說，薄熙來案件會在黨紀和國家法律下嚴格辦理。

報導還引述其他匿名消息來源說，習近平的講話，顯示他有意在

接班之後，以減稅和其他優惠措施鼓勵私營企業。另外一個消息來源則說，習近平認識到「打擊腐敗和整頓黨的紀律」是優先要務。

據《前哨》報導，胡德平與習近平關係非同一般。習近平的父親習仲勛在政治局會議上曾為胡耀邦拍案而起，引起胡耀邦後代對他的敬重。後來，習仲勛精神失常，胡德平等都多次登門看望，因此同習近平非常熟悉，關係十分密切。

中共「17大」時，習近平的接班人地位確立後，胡德平曾勸胡錦濤與習近平聯手對付政敵。而這一次，在需要確定「18大」報告基調問題上，胡、習首次正式聯手，拿下了薄熙來。

此外，胡德平也公開力挺溫家寶。2012年3月14日，溫家寶發出「二次文革可能重演」的警告，第二天薄熙來被免職。3月29日，胡德平公開表示：「對文革一定要持批判的態度，根本否定的態度。」

2010年4月15日，胡耀邦逝世21周年紀念日，溫家寶在《人民日報》發表《再回興義憶耀邦》的文章，引起轟動。網上有人冒充胡德平，說胡德平看了文章後冷笑說：「除了沾老爺子的光，他什麼也沒做過。」胡德平選擇了高調反擊，公開痛斥這是謠言。

此外，對於「有人說，總理說話太多，有作秀之嫌」，胡德平反駁說，現在的主要問題是許多幹部言不及義的假大空話太多，或是一臉木然，不表達自己的真實感受，不作為。

2010年11月20日是胡耀邦冥誕95周年，胡德平又召集了父親當年一些老部下舉行座談會。據「胡耀邦史料信息網」報導，中共中央政治局原常委胡啟立談話時一度哽咽，為能在胡耀邦身邊工作，親受教誨而自豪和感動。中央黨校原常務副校長鄭必堅則建議中共中央盡快組織力量編輯出版《胡耀邦選集》。

外界評論說，胡德平能順利舉辦這些活動，背後都有習近平的默

認和支持，否則在胡耀邦還沒正名之前是很難做到的。

官員 96％都貪污、包二奶

胡德平曾在新浪微博中揭祕：中共官員 96％都貪污、包二奶；所有的媒體都充滿謊言。之後，有關胡德平痛批腐敗的消息在網絡上廣泛傳播，引起海內外輿論震動。外界分析指出，胡德平和劉少奇之子劉源近期呼應胡錦濤高調反腐敗，表明對腐敗已經忍無可忍。

2012 年 1 月 25 日晚，一個署名「胡德平」的人在新浪微博中揭露：「我們所有的媒體都充滿謊言！沒有一句真話，到處吹噓歌功頌德，我們的官員 96％都貪污、包二奶，這樣搞很危險。我們欠人民的已太多！不要總拿人民當傻瓜！奉勸一些人不要過於迷戀權力，卡扎菲滿臉鮮血被打死還歷歷在目……人民不跟我們玩了，我們就玩完了！」

這一消息隨後在網絡上廣泛傳播，人們普遍認為這就是年近 70 歲的胡耀邦長子胡德平說的話。不過，2011 年 8 月，胡德平曾承認微博是朋友替他開的，他自己還不怎麼會用，不過，「會看、會關注」。因此上述表達是否出自胡德平之手尚未得到證實。

但外界還是有分析指出，胡德平在「18 大」前曝光黨官貪污、包二奶的比例，這個數據肯定不是空穴來風。他所揭露的這些事實，他這個數字肯定是有來頭的，因為他本人也是個高級幹部。胡德平自報中共的家醜，他提供的數字讓人感到震驚。

胡錦濤 2012 年 1 月 9 日在中央紀委第七次全會上發表講話，強調黨風廉政建設和反腐敗的緊迫性，突出中共的執政危機。隨後，郭伯雄、徐才厚、李繼耐等人表態，力挺胡錦濤。外界還有消息稱，軍隊總後勤部政委、劉少奇之子劉源在中國新年前夕，對 600 名軍官講話時表示：

「腐敗已經威脅到了黨和軍隊的生死存亡，寧可丟官也要與腐敗進行你死我活的鬥爭。」

2012 年 1 月 18 日，胡德平在北京召集了名為「思想中國迎春會」的座談會，談中國改革現狀，會議邀請中共元老葉劍英、陸定一、羅青長等的後人參加，加上退休老幹部、知名學者等共 200 餘人。胡德平首先發言，他先稱讚 2011 年廣東烏坎事件處理較好，中央經濟工作會議對農民土地使用權政策亦較好。他認為，「對（農民）土地確（定）權（利）完成，中國才會穩定。」他還稱美國核心利益是美金，中國核心利益是時間，保持改革開放，不要妄言戰爭，才能穩定發展。

前中顧委常委陸定一之子陸德批評當前道德滑坡，建議應加強思想道德、價值觀等教育。葉劍英幼女葉向真則就「小悅悅」等事件批判道德滑坡，並批判大陸法律的「中間環節」執行不順利，「一些人做事時，心裡沒裝人民」。

大陸著名學者資中筠稱，100 年前中國教育就是將「大清臣民」教育成現代公民，但現在台灣卻走在前頭，大陸至今尚未完成這種過渡，甚至出現倒退。大陸經濟學者韓志國更尖銳地說「一人一票，沒選票就沒尊嚴」，「時下中國，權貴節制權利，中國走到死胡同」，他還當場呼籲中國應行多黨制、全民普選、新聞自由、軍隊國家化。

薄熙來出事半年前 胡德平就批薄

從 2011 年開始，胡德平便組織了多場聲討中共的研討會，引發海內外側目。譬如 2011 年 8 月 27 日，胡德平主持召開《關於建國以來黨的若干歷史問題的決議》發表 30 周年座談會，批評共黨的決議「自我批評不夠」，對毛澤東的錯誤講得不夠、不透；還批評重慶「唱紅打黑」

是仿效文革的「一種倒退」。胡德平這番對「重慶模式」的評價，比王立軍薄熙來事件提前了半年多。2011 年 10 月 6 日，胡德平又發起召開慶祝粉碎「四人幫」35 周年座談會，會上有人拋出《政改十三點》，公開呼籲中國走前蘇聯解體的道路。

美國西東大學教授楊力宇用「精彩」一詞來形容該次座談會上的諸多發言。他說：「這些東西是非常精彩了。如果是中共點頭讓它發出來那意義非凡。他現在對黨的批判很嚴重的。」

在該次座談會上，政法大學教授江平對「穩定壓倒一切」的提法作了批判，而清華大學教授李楯則主張「真正實現穩定的價值觀」。楊力宇教授表示，穩定是需要的，但只有實行民主才有真正的穩定。他說：「我們在西方看穩定跟中共看穩定是完全不一樣的。我們認為你要壓制民主運動、壓制維權運動、逮捕這麼多人士，越是要維持穩定是越不穩定。而民主政治是維持穩定最好的形式，這是我的基本看法。」

美國俄克拉荷馬中部大學西太平洋研究所所長李小兵則表示，社會秩序要穩定，政治思想則要活躍；兩者不僅不矛盾，還相輔相成。

楊力宇教授還表示：「中國憲法是保障自由的，不但是保障言論自由，而且還保障宗教自由。所以中國沒有嚴格執行它的憲法。更重要的是中國也沒有嚴格執行它自己所定的法律。」

中共建政以來最大罪惡之一是十年文革。胡德平說，「近來有人想利用文革，再搞文革。」「再搞文革」的人指的是誰呢？西東大學教授楊力宇表示，胡德平指的是那些想把唱紅歌搞成運動的人。

楊說：「這個當然是針對薄熙來的。現在我們所看見的這些資料薄熙來是唱紅。唱紅是什麼意思？就是回到文革。文革是什麼東西？那是清算鬥爭。那是中共意識形態的極端化。」他反對唱紅、反對文革。

李小兵教授也持相同看法：「恐怕就是指的現在這個唱紅歌或者是

在政治上有這種復舊，崇毛呀這種傾向，所以他是有針對性的。」

習近平姐姐參與的思想會

2012 年 1 月 18 日是中共已故領導人鄧小平「南巡」20 周年，自由亞洲電台報導了由胡德平發起、在北京的一批中共元老的後人及學者 200 多人舉行的「2012 思想中國年度迎春」活動。經濟學家韓志國在發言中高度讚揚胡耀邦及趙紫陽的貢獻。

一位與會者告訴自由亞洲電台：「胡德平、李洪林，原來中國法學會的郭道暉，原來張聞天的祕書何方，還有馬文瑞的女兒馬曉麗，習仲勛的女兒習乾平，中央黨校的王貴秀，《炎黃春秋》的吳思，羅瑞卿的女兒羅點點，還有陸定一的兒子陸德。200 多人。」

搜狐微博和新浪微博也轉發了部分內容，引起熱議。據不具名的現場人士引述討論內容說：「集權的兩根支柱謊言已經瓦解，不改革中宣部，改革就沒出路，現場的微博言論說，都是展望今後的中國，也有回顧過去講鄧小平，今天正好是鄧小平南巡頭一天出發，他是 91 年的 1 月 18 日出發的，2 月 21 日回京的，今天正好鄧小平的出發日。」

一位現場人士告訴記者，經濟學家、北京邦和財富研究所所長韓志國教授的發言最為精彩：「韓志國他提到，今天不僅是鄧小平開始南巡的一天，昨天也是一個偉大人物的忌日，趙紫陽。他說改革開放的 30 多年歷史，一個思想組織路線，主要是胡耀邦，帶來了中國的改革開放這樣一個局面；經濟上，市場經濟把經濟體制建立起來，主要是趙紫陽。改革開放的歷史不能不講這兩個人。」

他說，韓志國同時也說中國的改革開放目前進入比較關鍵的歷史時刻：「一方面是官民矛盾、腐敗問題、社會不公、司法腐敗等各方面的

矛盾。另一方面，政治體制改革沒有推進，同屬中華民族的炎黃子孫，台灣就有了很大的變化。」

韓志國在談到台灣的總統選舉時，據說對比當前大陸現狀，引起與會者的陣陣喝采，這位現場人士稱：「人家可以用民主選舉的辦法選舉自己的領導人。他舉了個例子，他說在台灣，台灣人說我們早上投票，晚上就知道誰是我們的領導人。大陸的人就這樣說，這有什麼了不起，我們在幾年前就已知道我們未來的領導人是誰。他說這就說明（兩岸）差距在哪裡。他說，我們再講美國，美國是全世界什麼地方它都不怕，就怕本國人民；中國呢，全世界哪裡它都害怕，就不怕本國人民，這就是一個價值觀的問題。」

深圳獨立評論人朱建國則認為，改革早已不復存在：「小平南巡20年實際上是一個諷刺的紀念。到今天為止中國的政治體制改革當然早就在『89』之後就停止了。經濟體制改革也早已死亡了，也不存在了，標誌就是國進民退。有個很有意思的現象就是鄧小平當年視察過的典型基本上都死亡了。以深圳當年的先科，葉挺的兒子在那裡視察過的，深圳的海上世界，最早的就是袁庚的蛇口經濟特區，都已經滅掉十來年了，所以今天來講只能讓老百姓感到困惑。」

縱觀未來，他表示，短期內中國難有政治體制改革：「我想在五年之內不會了，因為從現在的趨勢，雖然18大還沒有開，18大前奏已經奏響了。現在的這一系列的按照中共的傳統一個代表大會，它的宗旨，它的方針路線實際在這個代表大會的前一年的各種跡象已經定調了。中共它的特點是，不是在一個大會上確定新的路線方針，而是在這個大會的前一年確定了它的方針，然後接下來只能按這個既定的方針去辦了，所以從現在來看18大是不可能啟動改革的。它只可能繼續的維穩，甚至比現在走得更過分。」

第二節

胡德平前妻與習近平的廈門緣

據維基百科介紹，胡德平生於 1942 年 11 月，北京大學歷史系黨史專業畢業，曾任中共中央統戰部副部長，中華全國工商業聯合會第一副主席。第一任妻子安黎的父親為原中組部長、人事部長安子文。

安子文和妻子劉競雄共有一女二子，安黎是長女，兩個弟弟安民、安國都是中共副部級官員。安民是原商務部副部長，現任大陸海協會副會長；安國則是審計署黨組成員、紀檢組長。

安黎畢業於清華大學，與北大畢業的胡德平青梅竹馬，1972 年兩人結婚，前來祝賀的有一兩百人。安黎文革後原在北京師範大學電化教育研究所擔任助教，出身官宦家庭的她對政治興趣頗濃，找到胡耀邦的老下級、福建省委書記項南，自動請纓空降廈門當副市長，令胡耀邦相當被動，飽受胡喬木等保守派攻擊。

在廈門站不住腳，安黎攜子赴澳洲作學術訪問，兩年多後回國。她後來從商，擔任過中國華輕實業公司總經理。

網上有消息說，在廈門，安黎處處顯示高幹子弟的派頭，在廈門官場不受歡迎，同時成為政敵攻擊胡耀邦的利器，最後得不得不倉皇辭廟。1985 年胡耀邦把習近平從河北正定縣調到了廈門擔任副市長。

胡德平與安黎育有一子、一女，其中作為長孫女的胡知鷙最受胡耀邦寵愛，還參加過祖父迎接日本首相中曾根的家宴，當時她只有 10 歲。家宴進行中，中曾根問起「知鷙」的來歷，胡耀邦說這是他起的名，「知」是知識的意思，「鷙」是勇敢凶猛的鷹，簡單來說，用這字起名，大致比喻忠貞並不合於世俗之意。

胡知鷙畢業於劍橋大學，先後任職德銀佳活賓信、瑞士信貸第一波士頓銀行，曾經擔任美林集團企業融資部董事，現任瑞士信貸（香港）有限公司董事總經理、中國區投資銀行部主席。

據《新維》月刊介紹，2001 年 59 歲的胡德平與安黎離婚，2005 年與比他小 20 歲的王豫穎結婚，據悉，當時胡德平時任中央統戰部副部長、全國工商聯黨組書記。離異的原因，有說是感情不和，也有說是胡德平有了第二春，年輕貌美的王豫穎闖入了其生活。

王豫穎曾是中華慈善總會選出的美女慈善大使，對外經濟貿易大學EMBA、香港兒童弱視基金會名譽會長，後出任中國光彩事業國際投資集團董事局主席。該公司號稱是在中共中央統戰部、中國光彩事業促進會指導下註冊成立，從事境內外投融資業務的專業集團公司，是中國光彩事業促進會理事單位，經營有關電力、能源、交通運輸、醫藥、金融、房地產等行業的投資業務。胡德平身兼中國光彩事業促進會副會長，有人由此判斷，王豫穎的投資業務正是在胡的「指導下」進行的。

婚後，胡德平和王豫穎有影皆雙，高調露面。在胡德平的力挺下，王豫穎還發起了「黃絲帶大型慈善功德愛心行動」，旨在發動海內外華人關注貧困地區發展，並建立「愛心電腦網絡教室」。

「抑鄧」 致力恢復父親歷史地位

自從 2007 年卸任中共中央統戰部副部長之後，轉任中共政協常委的胡德平非常活躍，經常就國家大計發表看法。他公開反對「國進民退」，痛批國有壟斷企業往往不依市場法則，而用行政指令手段收購整合資源，力陳「國進民退」絕不是轉變經濟增長的好方法，且危害極大。

胡德平還出席了「民主社會主義」推手、中國人民大學前副校長謝韜遺體告別儀式，參加「三寬部長」朱厚澤的喪禮，而他最大的「使命」則是致力恢復父親的歷史地位。他在背後推動成立「胡耀邦史料信息網」，研究整理父親的資料；並且藉改革開放 30 周年等時機，頻頻發聲，暗示不能把一切歸功鄧小平。

2008 年，北京官方媒體的特輯有許多「評論 30 年」的文章，大都把經改的成果歸功於鄧小平，葉劍英、胡耀邦等被淡化。胡德平聯合了葉劍英後人以及一批學者，發出了不同聲音。

胡德平發表了《倡導民主法制，反對封建主義——重溫葉劍英三十年前講話》，稱葉劍英是中共高層中「倡導破除封建主義迷信的第一人」；葉劍英之侄葉選基也發表文章《葉帥在 11 屆三中全會前後》。

胡德平和葉選基還特別為前中共中央主席華國鋒抱不平，認為華在活捉四人幫立下大功，後來這樣對待他是不合理的。胡德平指出，批評「兩個凡是」期間，處於最高位置的華國鋒相當克制、寬容。

葉選基更是暗諷鄧小平翻臉不認人。他回憶，活捉「四人幫」翌日，呂正操的女兒呂彤岩約見鄧榕（鄧小平女兒）的丈夫賀平，告訴他這個消息，賀平「飛車」趕回鄧家通報這一消息。當時依然落難的鄧小平大讚華國鋒「厚重少文」，說華國鋒這個人好，選對了，並感嘆地說道「看來我可以安度晚年了」。

之後，胡德平和葉選基再聯手召集一批學者為這兩篇文章舉行座談會，實際上是突顯葉劍英、胡耀邦的歷史地位。參加座談會的何方說：「據我了解，最早提出和實踐改革開放的，是耀邦同志。應該研究和宣傳胡耀邦的改革開放思想，這方面似乎大家注意不夠。有關和平與發展的問題，也是耀邦同志提得最早。」

中共黨校教授王貴秀說：「看改革開放的這段歷史應該全面、客觀，比如沒有當年華國鋒粉碎『四人幫』，就沒有改革的好形勢。還有葉帥、耀邦等人，沒有他們的努力，也沒有後來的改革開放。我們不應忘記這些人的貢獻。今天我們研究歷史，應該把眼光放寬，實事求是。」

2010 年，胡德平還發表《為何「耀邦不願動華國鋒」》的文章，透露了當時中共黨內要求華國鋒下台的時候，胡耀邦是接替的熱門人選，但他本人並不願意。顯示胡耀邦不是渴望權力，不想登上中共權力最高位（至少在名譽上）。文章還透露，胡耀邦在 1980 年曾構想改革中共高層的領導體制，由主席制改為主席團制，主席團裡的常委，每人都有一票，當中包括華國鋒，搞徹底的集體領導。胡德平暗示，這一構思不為鄧小平採納，而且一定要將華國鋒徹底掃出歷史舞台。

第三節

華國鋒退黨
習會見華夫人引揣測

2013 年中國新年前夕，2 月 8 日，中共中央在北京人民大會堂舉行大型團拜會，上世紀 70 年代末的中共主席華國鋒妻子韓芝俊應邀參加。官方公開報導，習近平「與華國鋒夫人親切握手」，照片中習近平彎身鞠躬顯示了對韓的尊重，被外界解讀為「頗有深意」。隨後《炎黃春秋》刊登毛死後華國鋒主導抓捕四人幫的長篇回憶文章。

《炎黃春秋》刊登長篇抓捕四人幫文章

華國鋒家屬被高調曝光的消息，引起各方關注。由於華國鋒晚年退黨，相關華國鋒的消息幾乎被中共媒體「淡忘」，另外，華國鋒主要參與逮捕「四人幫」，北京官場也在熱傳「新四人幫」或被逮捕等言論，習近平是否在推出「新四人幫政變集團」，為遲遲未開審的薄熙來案升級作輿論準備？

2月10日，《炎黃春秋》刊登了華國鋒等人當年抓捕四人幫過程的長篇回憶文章，題為《武健華：葉劍英汪東興密談處置四人幫》。武健華是前中共中央毛澤東著作編輯出版委員會辦公室副主任。

文章說，毛澤東 1976 年 9 月 9 日凌晨死後，遺體於 9 月 10 日晚被送到人民大會堂弔唁。9 月 12 日上午到 10 月 4 日下午，當時的軍委副主席葉劍英與中央辦公廳主任汪東興進行了四次密談，而江青那一邊四人幫也在祕密活動，頻繁開小會。

9 月 14 日夜，汪東興和李鑫兩人向華國鋒進言：要設法除掉「四人幫」，華國鋒表態「支持」；10 月 2 日、3 日汪東興去了華國鋒在東交民巷的住地，定下了行動方案。10 月 5 日下午，華國鋒在汪東興陪同下，親自檢查了設在地下工程內各個隔離點，以及汪東興布署的抓捕前的各項工作。

1976 年 10 月 6 日晚上 8 時到 8 時 35 分，「四人幫」的江青、張春橋、姚文元、王洪文全部被拿下關押，隔離審查。晚間 10 時，中央政治局在玉泉山九號樓召開緊急會議，中央通報「四人幫」反革命集團，並一致通過由華國鋒擔任黨中央主席、中央軍委主席，待召開中央全會時予以追認。直到凌晨四點結束，10 月 7 日起，會議決定開始向全國通報。

2013 年 1 月 4 日上午 10 時許，《炎黃春秋》在其官方微博發布其網站被關閉且原因不明的消息，但被認為是因在新年致辭中力主「憲政改革」而被關閉。當時《南方周末》的類似文章也遭刪改，在全中國掀起軒然大波。直到 1 月 18 日《炎黃春秋》才被開通。

《炎黃春秋》曾得到習近平父親習仲勛的認可和讚揚。在 2011 年第一期第二篇文章《習仲勛冤案始末》中第六頁，有習仲勛生前為《炎黃春秋》創刊十年的題詞「《炎黃春秋》辦得不錯」；這是曾三次被極左非難、其中兩次身陷囹圄，從而厭惡極左的習仲勛，對《炎黃春秋》

的讚譽。

《習仲勛冤案始末》中說：毛澤東當中央主席，康生憑藉一張紙條誣衊國務院副總理習仲勛就可以得逞，這是為什麼？這樣的黨內生活正常嗎？看來李銳同志說毛主席他老人家晚年「親小人，遠賢人」是極其正確的，康生之類巨奸也只有在「文革」中被晚年的毛澤東欣賞，才能身居高位、禍害國家。

「新四人幫政變集團」成關注焦點

《炎黃春秋》在薄案審理前這個敏感時期再刊登抓捕四人幫過程的文章，分析認為，是否暗示當前長期未決的薄案會升級？

2012 年 2 月王立軍出逃美國領館，揭發薄熙來和周永康密謀政變、計畫整垮習近平的醜聞曝光後，3 月 15 日薄熙來被解除重慶市委書記職務遭「軟禁」，4 月 10 日被停止中央委員和政治局委員並接受調查，9 月 28 日被雙開，移送司法，10 月 26 日被解除人大代表，並移交司法。

同一天，10 月 26 日美國《紐約時報》在頭版刊登的關於溫家寶「家族貪腐事件」迅速成為海內外各大媒體的焦點。數小時後，中共官媒於 26 日深夜通報了薄熙來因涉嫌犯罪被立案偵查並採取強制措施，並直指是由「最高人民檢察院經審查決定」的。

《大紀元》曾獲悉，江派利用《紐約時報》發起的攻擊事件是在威脅胡錦濤、溫家寶和習近平。當時正在召開的中共第 17 屆七中全會，高層圍繞薄案重新定性展開討論。此前薄案中被掩蓋的政變罪行是否曝光將成為這次會議的核心焦點。胡、溫、習或推出「新四人幫政變集團」，集團成員為江澤民、曾慶紅、周永康、薄熙來。

如果薄案由最高法院來審理，薄案就可能是四人幫案之後中共內

部的最高審判，也是中共建政以來第二起由最高法院一審的案子。

中共最高法院審理的案子都是「一審終審」的案子，中共建政以來，也只有四人幫案一起。由此可以推斷，薄熙來案的級別會完全超過陳希同、陳良宇，級別會與「四人幫」相同。

江澤民：要讓共產黨命運同法輪功連在一起

一年來的「中南海激烈搏擊」，實際上是圍繞「18大」將接掌中共最高領導權的習近平而展開。當初被江澤民祕密選定的接班人是薄熙來，並非習近平。江澤民、曾慶紅、周永康策劃 2014 年通過政變，逼退或逮捕習近平，而由薄熙來取而代之。

更深一層的理由是，江澤民發動鎮壓法輪功的運動在中共高層引起分歧，為了持續鎮壓避免被清算，江澤民授意時任政法委書記的羅幹：對法輪功的鎮壓絕對不能手軟、不要怕事情搞大，要讓共產黨的命運同法輪功連在一起，讓後來的繼任者不敢給法輪功平反。

江澤民、曾慶紅力推薄熙來上位，就是預計在「18大」後經過兩年，利用薄熙來在全國通過「唱紅打黑」取得對於全國的挾持和操控，把「重慶模式」推向全國，再利用薄熙來接掌中共中央政法委、武警部隊以及全國眾多被薄熙來掌握的軍隊，加上江澤民在軍中的力量等，採取鄧小平廢黜華國鋒的方式，罷免甚至逮捕習近平等人，到時候中國又是江曾的天下。

華國鋒曾申請「退黨」

華國鋒自 1976 年毛死後繼承中共主席，1981 年交權後一直任中央

委員，2008 年病逝。鮮為人知的是，華國鋒從 2001 年開始多次要求退黨，胡錦濤為此特別開會，在華國鋒的嚴厲指責下，當時整個會場的主題轉變成對中共腐敗的聲討會。

早在 2001 年，日本《朝日新聞》就曝光了前中共主席華國鋒已經退黨的消息。當年 11 月的香港月刊《爭鳴》報導，時任中央委員的華國鋒繼沒有出席 9 月中旬舉行共黨的六中全會之後，不久又提出了退黨申請。

據外電報導，當時胡錦濤曾特意就華國鋒要求退黨一事主持召開會議。在會上，華國鋒堅決表明自己的態度，嚴厲譴責共黨的腐敗現象「正給國家和民族帶來災難」。發言後，華國鋒還交出五萬元作為自己最後一次黨費。

此外，在公開場合，中共官方對華國鋒退黨一事諱莫如深，但也不敢公開否認。2001 年 11 月 6 日在中共外交部新聞發布會上，一名日本記者向中共外交部新聞發言人朱邦造提問：「華國鋒是否要求退黨？」朱邦造顧左右而言他：「這個問題不是我回答的範圍，以後不要在外交部新聞發布會上問這種問題。」當時有媒體分析說，朱邦造的躲閃正說明這一事件不是空穴來風。

2005 年，又有多家媒體相繼報導：華國鋒以中共背叛農民和工人正當權益和中共代表貪官利益、代表資本家利益為由向胡錦濤提出退黨。還有媒體報導說，追隨華國鋒一起提交退黨報告的還有：原華國鋒辦公室主任、華的老警衛員、華國鋒的機要祕書、華的專職司機。這實際上是一個黨支部的集體退黨。

中共官方有關資料顯示，中共 15 屆一中全會以來，身為中央委員的華國鋒，都以「健康」為由請假，未出席過任何一次中央全會和任何一次中央工作會議，直到 2008 年 8 月 20 日病逝。

第三章

胡德華——
揭發高官不會引發動亂

相比於大哥胡德平，胡德華不常在公眾面前露面，但有時他說話更大膽、更直率。胡德華曾向港媒發出質疑，為什麼薄熙來被抓，而那些提拔、保護他的人卻沒受影響？是因揭發高官會引發社會動亂？他反斥：「不會的，這是利益集團用這種說法嚇唬老百姓。」

胡德華
前中共中央總書記胡耀邦第三子

薄熙來案件剛爆發時，共黨中央就有人急於聲明指薄案是孤立案件。胡耀邦三子胡德華認為，說這話的人位高權重，並與薄熙來有關係。（視頻擷圖）

第一節

薄案背後有「位高權重」的人

　　胡耀邦和妻子李昭育有四個孩子，長子是胡德平，次子叫劉湖，因為當年送給一個姓劉的老鄉收養，劉湖曾任華潤集團常務董事、副總經理；三子叫胡德華，1990 年代從中科院軟件中心下海，投資項目囊括科技開發、植樹造林、填海造地；小女叫李恆（滿妹），中華醫學會副祕書長，後在某外企任高管。

　　據胡德華回憶，「我多次詢問母親我的出生地，她的回答竟然是『記不得了』。」胡德華是 1948 年 11 月在石家莊附近的撤離路上出生的，他妹妹出生在 1952 年的四川南充。他稱父母都是工作狂，根本沒時間照顧他們，他們都是外婆帶大的。

　　相比於大哥胡德平，胡德華不常在公眾面前露面，但有時他說話更大膽、更直率。

　　2013 年 1 月 14 日，胡德華在接受香港《明報》採訪時透露了很多重要信息，比如習近平團隊對於薄熙來、李春城的處理態度：要打大老

虎、要否定高層貪腐官員對新班子的捆綁等。

「18大」後有許多中共官員出事落馬，是否顯示了中共整治貪腐的決心？胡德華說：「這是我們過去知道的多少年的情況了，但是我們就是不查也不說，因為已經是個利益集團了。別的案子我也不知道，我只知道薄熙來、李春城案件。」

「當時薄熙來案件剛查出來時，黨中央裡有人就說，這是個孤立的案件，這只是薄熙來自己的案子，跟其他人都沒關係。我覺得說這個話的人，首先一定跟薄熙來有關係，否則為什麼還沒查他就會說跟其他人沒關係。能夠講這話的人，一定位高權重，一定跟薄熙來有關係。」

「比如你我跟薄熙來沒關係，自然就不會說他的案子跟其他人沒關係。而講薄熙來案件跟其他人沒關係這話的人，一定是要隱瞞某些東西。這些人要不揭露出來，我覺得反腐工作還是雷聲大雨點小。」

利益集團是指哪些人？胡德華說：「這就不用多說了，因為大家都知道，披露了很多了。比如說占了20幾套房子的人，往國外轉移財產的人，這些都是利益集團。再比如說薄熙來，查他就有百十來億，他就是利益集團啊，還有李春城，這些都是典型的。」

對於王歧山採取的強勢反腐手段是否說明「18大」後反腐工作要更上一層樓，胡德華表示，只能說，現在通過各種媒體已經揭露出來很多有問題的官員，比如薄熙來、李春城。李春城本來就是「帶病提拔」的，本來就是買官、賣官上來的，中央提拔薄熙來時，也有很多人實名舉報。

對於近期的反腐效果，胡德華表示：「我只是看做事，如果能夠把李春城、薄熙來這樣的人，這樣的案子一追到底，就像溫總講那樣要能經得起法律的考驗，能經得起歷史的考驗。如果是能夠把所有牽扯到的人都公諸於天下，那這王歧山就是好樣的，要做不到這點就要打點折扣

了。我不聽你是怎麼表態的,我要看你是怎麼做的,聽其言更重要的是觀其行。」

揭更大貪官會引發社會動亂?嚇唬百姓

至於是否因為太高層了,如果把他揭露出來會引起社會動亂,政權不穩呢?胡德華認為:「不會的,這是利益集團用這種說法嚇唬老百姓。比如美國的水門事件導致尼克森總統被彈劾,但是美國並沒有亂。日本首相田中角榮貪污 22 萬美元也被彈劾下台,但是日本也沒有亂。為什麼中國徹查一個幹部就會亂呢?顯然是說不通的。」

胡德華認為,有貪官而不去揭露他,就是不正確的。「所以我不知道,說這些話的人在怕什麼呢?是怕查到自己頭上?怕查到自己頭上,所以就說這個人不能動,如果動了,這個國家就完了。既然尼克森不能影響美國,田中角榮不能影響日本,斯大林不能影響蘇聯,怎麼我們單單徹查一個幹部就會有影響?起碼是是非不分,明明犯罪了卻說不犯罪,那就沒有是非、沒有公正、沒有正義。」

所謂一再說政改,胡德華表示,「這不知道,還是要聽其言觀其行。如果還把人分成三六九等,那就是不平等。我們說平等是每個人都平等,不能是在你這圈裡的人平等,圈外的人就不平等了,那麼我們這個國家就是不平等。」

胡德華看《紐時》抹黑溫家寶報導

《紐約時報》2012 年 10 月 26 日報導稱,溫家寶家裡有很多財產,胡德華表示:「這個不知道,但溫總理表態過:如果我的家人犯了罪,

一定會依法懲處。我們國家個人財產是不公示的,現在連代表資產階級的台灣都對人民財產公示了,我們雖然是代表了人民,但是我們是不能夠對人民公示的,我覺得這就不對了。」

對於因為財產不公示,反而沒有還溫清白的證據?胡德華說:「對啊,大家都應該公示的。你是人民的公僕,應該是公示的,透明的。」

對於如何看待毛澤東,胡德華說,這點在 1981 年《關於建國以來黨的若干歷史問題的決議》中就已經說得很清楚。《決議》中說,文化大革命是我們中華民族的一場災難。連毛澤東自己都說,他一生幹的事中,在中國發動了文化大革命,製造了災難。

「18大」後,《炎黃春秋》網站被註銷,《南方周末》報社被查封,胡德華表示:「我只覺得,我們國家憲法裡有言論、出版的自由,如果相關部門沒有理由就給註銷、查封了,這是違法的。如果有理由就要講出來,如果不講,那就說明我們國家的法制說的跟做的有很大的差距。」

第二節

胡耀邦畫像為何先掛後撤？

「18大」召開時，有人在會場掛出了胡耀邦畫像，但很快就撤掉了。在習近平去深圳漁民村參觀時，也是有人先把胡耀邦參觀該村的畫像掛出來，但是第二天也被撤掉了。

胡德華認為，這說明老百姓是希望掛的，但掛這像的人沒有請示上級，或者是只請示了基層上級，沒有請示到黨中央去，黨中央知道後就給撤了。「我只能說咱們的上層領導大概不喜歡我父親，要是大部分都喜歡他就不會撤了。」也說明「老百姓心裡是有我父親的」。

是否因為有一些人不願意去觸碰「六四」敏感問題？胡德華說：「敏感什麼呢？我不知道有什麼可敏感的？其次，我父親在『六四』前兩個月就去世了，他能跟『六四』有什麼關係呢？」

胡德華認為習近平不是作秀，他說，從習近平個人成長歷史來看，對於很多問題應該是作過深刻反思的，所以確信他的內心是一定要改革的。但改革如何走，如何來衝破利益集團所設置的阻力和困難，就不是

說一句話，說今天改就能改的了，它已經形成了巨大的利益集團。

胡德華表示，就說一句話，要改革就不可能做到讓方方面面、各階層人都滿意。

「鄧救黨，胡救民」

2012 年 2 月，胡德華在接受《陽光時務》的專訪時強調，胡耀邦的改革是為了民眾，而鄧小平的改革是為了共產黨，鄧小平和胡耀邦的最核心區別，在於一個救黨，一個救民。在百廢待興的時候，這兩條路是重合的，但是很快就會分道揚鑣。今天的改革，是沿著救黨的路線走了下來。

「都說 30 年改革，但前 10 年和後 20 年是不一樣的。改革今天最大的困境仍然是一個問題：為黨還是為民？為黨是今天的做法，是鄧的做法。為民是我父親他們那時的做法。」「改革這條路，始於胡耀邦，開闊於鄧小平，但道路的方向，顯然已經不同於起始。」

胡德華認為，談論改革，必須要回到改革開始的歷史情境中去理解。一場自上而下推動的社會變革，在策動者之中，並不是一呼百應自然而然，而是充滿阻力乃至風險的「地雷之路」。

習近平改革比胡趙更難

2013 年 3 月中共兩會期間，胡德華接受香港商業電台的採訪時表示，因為當時「文革」後，社會言論空間較寬鬆，而且胡耀邦有趙紫陽、習仲勛等理念相近的夥伴。如今習近平、王岐山剛上任反腐不久，中紀委書記王岐山就開始強調要維護「政治紀律」，這是否是禁止官員批評

中共呢？胡德華為此表示擔憂，希望王岐山澄清此事。

胡德華還憂慮中共新領導人這一代都是自小接受中共的灌輸，「文革」又耽誤十年學習黃金時間，受的教育很片面，要他們施展大智慧、大膽識、大魄力，去開拓出一片新天地，恐怕很難。

2012 年 2 月 4 日，北京延安兒女聯誼會在保利大廈天地劇場舉行團拜會，包括前中共總書記胡耀邦之子胡德華、曾任毛澤東祕書的胡喬木之女胡木英等在內的 1200 餘名中共元老「紅二代」聚會一堂，表達對時局危機的關注以及對現實的不滿。有分析認為，「18 大」前，中共內鬥博位激烈，「紅二代」們擔心他們的既得利益受損，共同維護和延緩中共這艘墜向深淵的大船下滑的速度，其目的是在船翻前攫取更大利益。

據中紅網報導，延安兒女聯誼會會長，前中國社會科學院院長及新華社社長胡木英致辭表示，30 多年的改革開放，經濟上取得的成就伴隨的是貧富兩極分化、貪污腐敗氾濫、人們精神空虛、思想混亂、道德淪喪；娼妓、吸毒、黑社會等等現象非常嚴重。胡木英一口氣提出了數個疑問針砭時局，同時反問：「這樣下去，共產黨的江山還坐得住嗎？」

與會者還包括育英同學會會長、胡耀邦三子胡德華和中共元老馬文瑞之女馬曉力。延安兒女聯誼會副祕書長王東哈認為，今天必須下決心建立剛性的反腐制度，不能被讒言所干擾！

習近平上台後，的確是最先拿反腐開刀，不難看出，習近平的太子黨盟軍們，早就幫他確定了新官上任三把火的政策。

第三節

胡德華公司被搶 公開指控賈慶林

胡德華房地產遭黑社會持槍攻擊

2013 年 3 月 30 日，澳媒爆料胡德華所屬公司的房地產別墅群三年前被黑社會持槍攻占的細節；並稱胡德華在 2013 年中共兩會後公開發聲，向中共政治局常委、政協主席俞正聲投訴，指控以江派上海幫賈慶林等人作後台的香港億萬富翁羅康瑞是幕後黑手。

3 月 30 日，澳洲《悉尼晨鋒報》發表著名記者 John Garnaut 題為《Scourge of family feuds blights China》（家族爭鬥摧殘中國）的長篇報導，披露胡德華的競爭對手派黑社會強行搶奪胡德華北京公司的地產項目——楓橋別墅區。

文章說，胡德華向中共政治局常委俞正聲發出投訴信，「至少有 200 個打手，手持木棍、槍枝、鏈條等暴力工具」在 2009 年 8 月 2 日周日上午八點半強行闖入楓橋別墅區的大門。胡德華指控武裝入侵使得

他的對手公司完成了對胡的公司的廉價收購，然後轉售獲得巨大利潤。
他估計這次攻擊和其他非法行為導致他的公司損失超過六億元人民幣
（9000 萬美元）。他相信，他的對手受到黨內高層人物的支持，並說
警察局長告訴他，他們沒有權力干預。

胡德華告訴澳洲媒體費爾法克斯（Fairfax），當 200 名武裝的黑社
會成員侵入房產所在地之後，他的安保人員驚慌地逃跑。對方盜走了他
公司精達房地產開發公司所有的文件，並接管了別墅群的管理。

這個事件發生在三年半之前的北京順義區，這個地區的國際學校、
高爾夫球場和昂貴的有門衛的別墅群受到外國僑民的青睞。

視頻顯示幾十個男子，一些人穿著安保制服，另外一些人赤膊上
陣，揮舞著棍子和手槍，而警察則在外面的汽車裡耐心等候。

幾名證人告訴 Fairfax 這家擁有《悉尼先鋒晨報》和《時代報》的媒
體負責人，2009 年 8 月 2 日周日早上抵達的暴徒和安全人員趕走安保人
員和工人，在入口處築起一座人牆，並在圍牆上加蓋鐵絲網和碎玻璃。

「我注意到幾個人持有槍枝。」精達公司的經理助理王學明說，「還
有一個裝滿槍枝的黑包。」「當我開始錄像的時候，他們開始把它們藏
起來。」王學明說，他看到在一個同事打電話報警的時候，一個暴徒拿
槍指著他。根據胡德華和其他精達公司高管說，警察在早上 8 點 20 分
很快抵達。他們逮捕了一個暴徒頭子，但是隨後釋放了他並撤出現場，
稱這是「經濟糾紛」。

證人們說，他們認得暴徒當中一些頭頭跟瑞安建業有關係。

香港富翁羅康瑞的後台是賈慶林

胡德華把他的指控指向瑞安建業的附屬公司，瑞安是瑞安集團成

員，後者的董事長是香港億萬富翁羅康瑞。

羅康瑞跟江派上海幫成員有密切關係，據稱賈慶林是羅康瑞重要後台。上海幫在 80 年代胡耀邦和其他改革派被清洗之後在政壇崛起。羅康瑞是中共政協當中的 43 個億萬（美元）富豪之一。

精達公司和胡德華曾透過多種途徑向有關部門反映，欲尋求妥善解決，但因羅康瑞方仗著後台強硬，事件一直未獲解決。

英國《金融時報》中文網 2013 年 1 月 8 日曾發表《上海姑爺羅康瑞》文章稱，上世紀 80 年代中期，羅康瑞開始與一些中共官員交好，這些人中就包括了 2003 年至 2012 年擔任上海市長的韓正。羅康瑞也在加強滬港兩地商界和官方的聯繫方面發揮了重要作用。香港一位前財政司司長 2003 年當眾開玩笑說他是「上海姑爺」。

據悉，羅康瑞名下的瑞安集團是最早進大陸的港商之一，並早於 1984 年搭上了上海幫。包括前中共黨魁江澤民及現任上海市委書記韓正等。因他對上海大量投資，被譽為「上海姑爺」。並傳他獲周永康、賈慶林等支持。

羅康瑞在 2005 年福布斯富豪排行榜名列 507 位，估計財產達 13 億美金。2006 年排 562 位，估計財產達 14 億美金。

澳洲文章說，直到中共政治領導層交接完成，胡德華才同意公開發聲。這次權力交接可能動搖卸任中共高層包括上海幫的一些成員的個人關係網和有關的企業王國，據稱是羅康瑞重要後台的賈慶林的中共政協主席的職務，被胡德華的「太子黨」童年朋友俞正聲所取代，俞正聲也取代賈慶林成為在政治局常委當中的第四號人物。

中共官員和開發商化身黑社會 薄熙來是例子

　　John Garnaut 在文章中還對中國的經營環境做了闡述，他說，中共官員、開發商和黑手黨式的「黑社會」在中國成為普遍的現象，在中國，法律顯然讓步於政治，而政治由金錢來決定。外資和中國的公司都表示中國的法律環境已經惡化，一些律師和學者認為政府和企業已經黑社會化。數名澳州商人的公司在中國遭遇了黑社會攻擊，人被監禁。

　　但是一個中共元老的兒子說他成為這樣的暴徒式攻擊的受害者並將其歸咎於其他有權勢家族，則是史無前例的。胡德華說如果這只是一個獨特的事件，他可以歸咎於「運氣不好」，但是有許許多多其他的例子說明有權勢的人如何使用暴力掠奪房地產。

　　胡德華舉出薄熙來的例子。胡德華先前曾經對港媒質疑，為什麼薄熙來被抓，而那些提拔他和保護他的人沒有受到影響？

　　胡德華承認，他的特別家庭地位給了他權力用一種普通公民不能擁有的方式發聲。「我在某種程度上可以發聲。」他說：「但是如果不是因為我的背景，可能發生什麼事情？」

習近平的太子黨盟軍

第四章

葉選寧——
為習掌軍權盡心竭力

相比胡耀邦家族公開支持習近平，葉劍英家族則是在高層權力幕後為習近平站台，而在其中起作用的是葉家二兒子、被封為太子黨精神領袖的葉選寧。他不僅為習在軍中形成太子黨勢力，並將3000太子黨伏兵移交給習近平指揮，為習掌軍權盡心竭力……

為協助習近平（左）順利接班，「太子黨精神領袖」葉選寧（右）給予大力支持。（大紀元合成圖片）

第一節

葉劍英與習仲勛的廣東情結

　　葉劍英和習仲勛兩人儘管最早在延安相識，但接觸並不多。改革開放初期，廣東把兩個人聯繫在一起。文革後習仲勛復出，葉劍英提議讓習仲勛主政廣東並給予大力支持，給了習一個施展的大舞台，才有了廣東改革開放的先行先試，後來廣東成了葉劍英家族的大本營，而習仲勛遭貶後也留在廣東養老，葉、習兩家關係因此非同一般。

　　1978 年 2 月，由於胡耀邦、葉劍英的幫助，被關押審查下放了 16 年的習仲勛從洛陽回到北京，出席中共政協五屆會議。會議期間葉見了習，一見面葉劍英不禁愣住了：「仲勛同志，你備受磨難，身體竟還這麼好！」據說當時葉劍英的腦海裡就閃出一念：主政廣東的人選有了。

　　當時廣東省委第一書記、省革委會主任是韋國清，他同時還是中央政治局委員、中共人大常委會副委員長、中國人民解放軍總政治部主任，儘管兼著廣東黨政軍的一把手，但在北京政務、軍務繁忙，廣東的工作實在是無暇顧及，於是，習仲勛這個「資格老、級別高、順位重、

從政經驗豐富，而且與廣東以前沒有任何關係的幹部」，就成了主政廣東的最佳人選。儘管葉劍英提出讓習仲勛擔任廣東第一書記，不過習主動提出先從第二書記幹起。

葉劍英的家鄉在廣東梅縣，文革後葉劍英一再私下感慨，一江之隔的資本主義香港搞得那麼好，而社會主義的廣東百姓生活還不如1949年前，當時廣東和香港民眾收入相差上百倍。

習仲勛到廣東後，面臨的首要問題就是民眾逃港事件。為了生存，很多人不惜冒著生命危險也要偷渡到香港。如今每年全世界都在紀念柏林牆的倒塌，卻遺忘了在中國也有一道類似的柏林牆：把大陸和香港隔開的深圳灣。中國人追求自由的悲壯不亞於東德人跨越柏林牆。

大陸人的逃港潮共有四波，分別是：1957年，5000人逃港。1961年，1萬9000人逃港。1972年，2萬人逃港。而1979年的逃港潮最為驚心動魄。當時有傳言說英國伊麗莎白女王登基會實行大赦，10多萬來自各地的大陸民眾聚集在深圳和香港的邊境地帶，形成洶湧的人潮。他們不顧邊防軍的鳴槍示警，拖兒帶女，強行越境，前往香港。第二天，深圳灣海面上漂浮起幾百具屍體，無聲地展現出中國人用腳投出的莊嚴一票。他們在香港的繁榮和自由以及中國的貧困和專制之間，做出了「不自由，毋寧死」的勇敢選擇。

在這之前還發生了廣東白雲山事件。1975年的九九重陽節，當時文革已進行了九年，很多中國古老的風俗蕩然無存。重陽登高的風俗只能通過「遙知兄弟登高處，遍插茱萸少一人」的古詩領略。然而1975年重陽節，廣東白雲山突然出現十幾萬登高賞秋的人潮，而且幾乎全部是知識青年。當地公安機關措手不及，後來查出一條「政治謠言」，說九九重陽那天，誰先登上白雲山，誰就能轉運，在偷渡香港的時候能夠馬到成功。當時在白雲山上的登高人潮中，到處可見兜售

棋盤的人，而所謂「棋盤」，實際上是偷渡香港的邊境地形圖。

當年逃港潮中很多是廣東的農民。那時一個寶安縣農民一天的平均收入大約 0.7 元人民幣左右，而香港農民的平均收入大約在 70 港幣，落差甚巨。有民謠說：「辛辛苦苦幹一年，不如對面八分錢」，說得是大陸農民幹一年，不如香港那邊親屬的匯款。

如今中國以 GDP 世界第二誇耀世界，以揮金如土的奢侈品購買力居世界第一而傲視天下，然而，鼓鼓囊囊的錢袋並沒有使中國精英和富人在後浪推前浪的逃港潮中止步，最新的一組數字令人回味。

2012 年 11 月，據外媒報導，中國銀行與胡潤研究院共同進行的一次調查顯示，資產超過 1000 萬的中國富豪有 46％正在考慮移民，另有 14％正在辦理移民的各項手續，還有 33％的受訪富豪稱他們已在一些提供投資移民的國家大規模投資，隨時可以一走了之，也就是說，千萬富豪中只有 7％的人不想移民。

大陸民間流傳一個政治笑話，說一旦中美交惡，中國最大的人質就在美國，因為美國是全世界中共高幹子女最集中的國家。官方媒體和左派網站對人民進行民族主義宣傳，而很多中共官員都把子女送到美國去留學，有的更以腳投票，選擇在美國安居樂業。用谷歌搜索「中國高幹子女在美狀況」有 110 萬個網頁。據說，中共高官們的孫子、孫女 95％以上都在國外。

據「中國留學網」報導，紐約是中共高幹子女最集中的地方，毗鄰紐約的新澤西高尚住宅區是高幹子女的最愛，由於他們深居簡出，很難做出確切的統計。不過有人估計大約在 300 人左右。高幹子女青睞的其他美國城市還有舊金山、西雅圖等等。

我們再說葉劍英家族與習仲勛家族的關係。由於有葉劍英撐腰，習仲勛在深圳大搞改革。1980 年 8 月 26 日，葉劍英以人大委員長的身分

主持第五屆人大會議，會議批准國務院提出在廣東深圳、珠海、汕頭和福建廈門設置經濟特區的提議，並通過了《廣東省經濟特區條例》。條例作為地方法規，在中共人大常委會上通過，這是破天荒的第一次。至此，中國經濟特區正式誕生，並有了法律保障。

葉劍英對習仲勛的支持是很明顯的。1978 年 4 月 5 日，習仲勛乘機抵達廣州，六天後，葉劍英就率人到廣東視察工作和休息。在南湖賓館，習仲勛向葉劍英彙報到廣東工作後的初步設想，葉劍英聽後，以六言相贈：「深入調查研究；穩妥制定計畫；及時報告中央；按步執行實施；分清輕重緩急；注意保密安全。」

據說，習仲勛一直把 36 字看得很重。到了當年 8 月，葉劍英還委託時任中共中央祕書長的胡耀邦寫信給習仲勛及省委其他官員，轉告他自己明確支持習仲勛的幾句話，這給了初到廣東的習仲勛很大的權力。

1978 年 12 月 11 日，習仲勛被中共中央正式任命為廣東省委第一書記、省革委會主任。幾天後，葉劍英又來到廣東，此後還多次到廣東視察，這為習仲勛最後提出深圳特區提供了基礎。

中共官方媒體大力報導葉劍英與習仲勛對廣東改革開放的「貢獻」，提高了廣東人民的生活，有效遏制了逃港潮，不過官方沒有公布的是，當年在逃港人員中，竟有葉劍英的寶貝女兒葉向真。

葉劍英六次婚姻和延安的淫亂史

與中共其他首腦的淫亂放蕩一樣，葉劍英也算是個風流男子。在公開場合，從來未見葉劍英與妻子在一起，人們不知葉的妻子是誰。據官方史料披露：葉劍英一生曾有六次婚姻，50 歲後鰥居的 30 多年的歲月裡，又有三位女性曾比較深入地介入他的生活。他共有三子三女。

　　葉劍英的第一次婚姻據說是包辦婚姻，一無子女，二無音訊。1924年初，葉劍英在廣州與醫務工作者馮華結婚。當年 11 月，生下長子葉選平（中共政協副主席），後又生了長女葉楚梅（其夫鄒家華，鄒韜奮之子，國務院副總理）。

　　1927 年，30 歲的葉劍英加入了中共，就在這一年，他娶了不到 18 歲的曾憲植（1910 ～ 1989 年）。她為葉帥生了個兒子葉選寧（解放軍總政聯絡部長、中將、人大常委）。後兩人分手。

　　1937 年，40 歲的葉劍英擔任八路軍參謀長，在延安與長征女幹部、32 歲的危拱之（1905 ～ 1973 年）結婚。危拱之出身於河南信陽的書香門第，多才多藝，資歷很深。二人婚後各自忙碌，沒有子女。危拱之四處奔波，出生入死，二人婚姻無結局。危拱之後來擔任過赤峰市委書記，1973 年病逝。

　　1939 年 1 月，葉劍英任南方局常委。1940 年，與南方局機要員吳博結婚。生女兒，就是葉向真。

　　1948 年底，葉劍英和華北「軍大」學員李剛結婚，生子葉選廉（中共政協委員，凱利公司董事長兼總裁，解放軍總參保利公司負責人之一），生女葉文珊。1955 年因感情不合，二人離異。

　　葉劍英和他的第六任妻子離異後，從此沒再正式結過婚。他的養女、著名作家戴晴說：「在此後的日子裡，因為生活和情感的需要，葉帥身邊長期的還有過三個女人，主要是照顧葉帥的生活而沒有正式身分。葉帥的最後一個非正式夫人是原解放軍 301 醫院一個副院長的女兒，是名護士。這位女人比葉帥年輕將近 60 歲，在葉帥以 89 歲高齡去世時，她年僅 30 歲。」

　　1986 年 10 月 22 日，葉劍英因病在北京去世，終年 89 歲。他的葬禮在人民大會堂舉行。他的四任妻子，還有鰥居後陪伴他的三位女性，

當時她們七人都在世，但都未能露面。據說葉死後，中共政治局討論參加追悼會的親屬名單時，聶榮臻為了顧及中共顏面，提出不讓這些遺孀參加追悼會。針對社會上好奇者的傳聞，葉選平還專門發表了一份聲明，「這並不是我們做子女的意見，而是當時中共中央的決定。我們這些子女，至今仍同這幾位女性保持著良好的關係。」

如今中共官場淫亂好色之徒比比皆是，其實，中共的淫亂在延安時期就表現得很突出。當時大量女學生為「革命熱情」湧入延安，每晚的交際舞會促成了不少所謂的革命婚姻。當時每個中共高層人物都亂搞男女關係、換妻成風：45 歲的毛澤東娶 24 歲的江青，劉少奇搭上謝飛，葉劍英娶了吳博（劉少奇和葉劍英皆結過六次婚），鄧小平與卓琳，林彪與葉群，彭德懷與浦安修，劉伯承與汪榮華，賀龍與薛明，薄一波與胡明等等，當時中共師長級以上的幹部離婚率高達 80%。

《同舟共進》在 2012 年第六期有一篇關於延安性亂的報導，文章說，延安「性」事很有特色。1933 年 5 月 18 日，陶鑄在上海亭子間被捕，下了南京大獄。其妻曾志（1911～1998 年）在閩東任臨時特委組織部長，同時相好於宣傳部長葉飛（後為上將、福建省委書記）和游擊隊長任鐵峰，遭組織處分。一個有夫之婦同時和另外兩個男人搞上了。但曾志還不服氣，她說：「當時我思想不通，為什麼要我負主要責任？！只因為我是女人嗎？我並沒有去招惹他們，但我承認在這個問題上確實有小資產階級浪漫情調，我認為戀愛是我的權利……我對葉飛是有好感的……當時，我與他們兩人關係較好，工作之餘較常來往……陶鑄來信說，他被判處無期徒刑，恢復自由遙遙無期。而那時我才 23 歲，我是共產黨員、職業革命者，為革命隨時都要做出犧牲；同時也早將『三從四德』、貞節牌坊那種封建的東西，拋到九霄雲外去了。因此，重新找對象是我的自由，我有權利作出選擇。」

　　這也許就是共產黨員們淫亂的思想根源：他們是來革命的，要砸碎所有人間原有的倫理道德和社會秩序，要打出「一個紅彤彤」的赤龍掌控的「新世界」。

　　文章還說，高崗在西安看到省委領導逛妓院，起初很驚訝。1934年1月，高崗因姦污婦女受到嚴厲處分，但他仍每到一處都找女人。中共紅軍到延安後，他見黨內一些高幹與自己「同好」，自然不但不收斂自羈，還有所發展。隨著權位日高，部屬投好，女人送懷，高崗從西北一直「玩」到東北再到北京，其妻李力群多次向周恩來哭訴丈夫「腐化」。但「生活小節」並未影響高崗政治上一路走強，若非毛澤東權衡利弊棄高保劉，高崗差點取代劉少奇成為中共「接班人」。

　　大批知青聚集延安，婚戀很快成為「問題」。此時，由於性別比例及擁擠的居住條件，在1937年9月「黃克功事件」以前，延安執行清教徒式的禁慾政策，抗大政治部規定學習期間不准談戀愛、不准結婚——全心意心撲在黨的事業上。黃克功死刑宣判大會上，張聞天結語中有「不談戀愛自然是最好」。毛澤東專門到抗大作報告《革命與戀愛問題》，規定三原則——「革命的原則、不妨礙工作學習的原則、自願的原則」，雖解「不准戀愛」之禁，仍須「一切行動聽指揮」，戀愛可以自由，結婚必須批准，打胎則需要組織部介紹信。高崗在批准范元甄刮宮時說：「讓她刮吧，是個可以做工作的女同志。」范很感激：「刮子宮一次、兩次，黨一句話沒說地批准了兩次。」

　　習仲勛與習近平的母親齊心的結合也是他的第二次婚姻。1943年，齊心在綏德師範做學生工作時，與習仲勛相識，次年兩人結婚，當時習仲勛31歲，齊心只有18歲，兩人相差了13歲。

第二節

葉選寧被封為太子黨精神領袖

　　如果說胡耀邦家族的人是公開站出來支持習近平的話，那葉劍英家族的人則是在高層權力幕後為習近平站台。

　　葉家可以說是中共太子黨中故事最多、最傳奇的一家。葉劍英的長子葉選平，曾任中共政協副主席；二兒子葉選寧，曾任解放軍總政聯絡部長；小兒子葉選廉，中共政協委員，凱利集團董事長兼總裁，保利負責人之一，他與「京城名媛」趙欣瑜的緋聞，一直是人們津津樂道的事。

　　葉家出名的還有葉靜子、葉明子、養女戴晴等人，但葉家最出名的不是大哥葉選平，而是二哥葉選寧。

　　在 1995 年 4 月舉行的紀念葉劍英誕辰 98 周年座談會上，與江澤民及所有中共中央軍委成員共同坐在主席台上的葉劍英親屬中，長子葉選平、長婿鄒家華都是人們早已經通過報刊照片、電視新聞熟悉了的身影，而正襟危坐在葉選平身邊的葉劍英次子葉選寧，許多與會者還是第一次謀面。

在整個葉氏家族成員中，長期刻意保持低調的，當屬葉選寧。他在中共解放軍總部系統中，與賀龍、劉伯承等人的後代同為「帥門將子」，但卻因為具體擔任的職務是極少對外公開曝光的解放軍總政治部聯絡部長職務，主管軍隊特務情況工作，而且又對外使用化名「岳楓」，所以關於他的背景資料及個人資歷，外界知之甚少。

眾多中共高幹子女，特別是鄧、陳、葉、王等幾大元老家族的後代們，相互之間矛盾重重，比如鄧、陳兩家後代從不相互走動；鄧、楊兩家後代雖然曾經親如一家，但因為 1992 年的「倒楊」事件便開始交惡。而能夠在他們之間起到矛盾調合作用和內部凝聚作用者，便是葉選寧。

「我們這一代人的精神領袖」的說法，據說首次出自陳雲的女兒陳偉力之口；而鄧小平的長子鄧樸方更是謙虛地表示：「我與選寧比，一個在天上，一個在地下。」可見，「眾多太子黨只服葉選寧」的說法，毫不誇張。

首鋼董事長周冠五之子、首鋼國貿公司副董事長周北方出事、被判死緩後，經商的太子黨們即議論：周北方敗就敗在抱住一條鄧家二公子的粗腿便自認為萬無一失，如果他當年是投靠在葉選寧門下，即使出了事情，葉選寧也會保他不進監獄。不過也有人議論說：周北方那種太過招搖的行事作風，就是想投靠葉選寧，也不會被收編。

母親曾憲植的坎坷一生

葉選寧的生母曾憲植，是葉劍英的第三任妻子。她是湖南湘鄉人，是曾國藩九弟曾國荃的第五代孫，生於 1910 年，小葉劍英 13 歲。

有文章評論說，眾多中共元老夫人中，像王光美、卓琳那樣出身富豪者有之；如江青那樣年輕時依仗個人姿色而藝壇留名者有之；如張茜

（陳毅元帥妻子）那樣容貌出眾而又堪為賢妻良母者亦有之，但她們中間家庭門第最高者，遠無法與曾國藩這一中國近代史上屈指可數的頂尖家族相比。更何況，曾氏本人不但才貌雙全，同時又生就一副俠肝義膽。

曾憲植 15 歲考入湖南省立第一女子師範學校，不但學習成績總是居於前例，還是學校籃球隊的投籃強手。20 年代初中期的中國，女子進學堂尚屬「新生事物」，女學生打籃球無疑更少見。曾憲植的叛逆性格可見一斑。

當時湖南女子第一師範的校長是中共「革命老人」徐特立。在他的影響下，曾憲植於 1927 年 1 月投考了國民政府軍官學校武漢分校的女生隊，成為中國歷史上第一批女兵中的一員，不久即擔任葉劍英所在的軍官教導團準尉文書，並隨葉劍英開往廣州，參加廣州起義（國民黨稱之：廣州暴動）。事件失敗後，轉往香港從事地下活動。

1928 年春，不滿 18 歲的曾憲植正式加入中共，隨即與葉劍英結婚。婚後，中共本來計畫令曾氏隨夫前往蘇聯留學，後因人數超額，曾氏便主動提出把名額讓給別人。接下來曾氏被派往上海工作，就讀於華南大學，不久即被捕。被地下黨營救出獄後，隻身前往日本留學，卻又逢日本政府清查在日中國革命黨人，不幸再次被捕。好在其家庭出身委實顯赫，日本人對曾國藩的後代居然另眼相待，這才逃此一劫。

1931 年曾氏回國後，有幸與葉劍英見面，並奉中央之命，雙雙前往中共蘇區。但成行之前，卻又考慮到她長得實在太漂亮，擔心化妝打扮後經過國民黨封鎖線時，容易惹人注目，夫妻只好再次分手，曾氏二次去了香港。

西安事變後，曾憲植奉調武漢《新華日報》工作，葉劍英以八路軍駐南京代表身分進入國民黨統治區，夫妻再次見面。1938 年初，曾氏懷了葉選寧後三進香港，於當年 10 月在香港生下了她這一生中唯一的

孩子葉選寧。1939 年曾氏被派往八路軍駐桂林辦事處擔任交通聯絡工作，襁褓中的兒子只好暫留香港。

1941 年，曾氏終於盼來調往延安的機會，但此時的葉劍英不但已經另娶，而且已經生下了女兒牛妞（即後來成為電影導演，因一部《原野》轟動一時的葉向真）。

直到 1989 年去世，曾憲植房間內只有兩張照片擺在明處，一是她在武漢與另幾位女生隊員的合影——17 歲女兵的英姿；另一是她在香港懷抱葉選寧的母子照——27 歲少婦的倩影。人們感慨：無論是毛、劉、周、鄧的太太，還是葉劍英之外的其他九大元老的妻子，相信都會在這兩張照片面前自嘆弗如，甚至自慚形穢，曾氏的親朋好友自然就更不理解葉劍英，怎麼就會將如此一位集美貌與賢良於一身的難得妻子輕易拋棄？他們哪裡知道，中共的好色淫亂就像傳染病一樣，很少有人能夠倖免。

中共進城之初，葉劍英主要在廣東工作，葉選寧則在北京高幹子弟的寄宿學校就讀，每逢寒暑假就留在生母身邊。葉劍英調北京工作後，葉選寧則一直在互無往來的生父與生母身邊穿梭。

22 歲那年，葉選平考進北京工業學院無線電系，畢業後不久，即趕上「文革」。當時，康生、江青等人在毛澤東的支持下，一度將葉劍英的六個孩子及他們的配偶，或投入監獄，或逼出北京，葉劍英本人也一度被「疏散」到湖南。

葉選寧在北京被關押一段時間後，又被發配湖南株州無線電廠實習，接著又轉到江西上饒。1974，一次工傷事故將他的右臂整個切斷。事情彙報到周恩來處，周氏親自下令搶救，當地醫療部門才把斷臂幫他接上，但從此右臂功能全無。

而此時的曾憲植早已經被下放到衡水的全國婦聯幹校，不但每日被

罰專司掏糞工作，而且還被迫在槍決死刑犯現場陪綁，使她精神和身體受到極大的折磨。據幹校同事回憶，年近花甲的「阿曾」每天渾身沾滿稀糞，一天勞作下來，腿都抬不動，不可能為自己清洗，弄得許多同在一起的勞改分子都嫌惡地躲開她。1974 年，胳膊上還吊著繃帶的葉選寧前往幹校探母時，幾乎不敢相信監管人員帶來的那位叫花子打扮而且還一身糞臭的老婦人就是自己多年失去音訊的母親。

葉選寧少年時代的玩伴對他最深的印象，就是從來沒有見他哭過。但這次在幹校見到母親的慘狀，再訴說起自己失掉一隻胳膊的遭遇，他終於再也控制不住眼淚。曾憲植更是一個輕易不在人前落淚的人。當年千里尋夫到達延安，面對丈夫另組家庭的殘酷現實，曾氏不但沒有落淚，而且還能冷靜地控制住自己的情緒，向包括葉劍英在內的首長們彙報自己的工作。而這次面對殘了一隻胳膊的親生骨肉，她仍然沒有落淚，直到送走兒子，被好友問及「阿寧的胳膊為什麼吊著繃帶」時，她這才把強壓住的眼淚一灑而盡。

葉選寧回到北京後，提筆給周恩來寫了封信，報告了母親的遭遇。抗戰後期，曾氏曾任鄧穎超的祕書，與周恩來夫婦關係極為密切。周氏就此專門請示毛澤東後，曾氏才得以回到北京。但她的所謂「問題」，一直拖到毛澤東死後才給予平反。返京後，曾氏又回到她從 1950 年開始居住的全國婦聯機關大院，占居兩間各 10 平方米的小屋，冬日必須在外屋生煤球爐取暖。這樣的居住條件，她孤身一人住了 30 年。

除了個人生活的簡樸，曾憲植給人更深的印象則是她的俠肝義膽。無論是 40 年代初的中共延安整風，還是中共建政之初的鎮反、肅反；無論是 50 年代的反右鬥爭，還是 60 至 70 年代的文革運動，曾憲植每次都是扮演「右傾」角色，而且每場運動中都有一些人被她成功地保護下來。從幹校回到北京後，自己的問題還沒有解決，她又開始營救別人。

比如當時還被關押在秦城監獄的時任公安部副部長凌雲（後來擔任中共第一任國家安全部長），就是在曾憲植的努力下獲釋。正因為這樣，曾憲植在「文革」中被編排的主要罪名便是階級異己分子的「大黑傘」，以至後來她在廣州與葉選寧一家住在一起時，孫子小紅和孫女鏡子都戲稱奶奶是「大黑傘」。

葉選寧的胳膊致殘時，毛澤東已經在北京重用葉劍英。於是，葉選寧的工作關係得以調回北京，先是在中國科學院任華羅庚數學方法推廣隊隊長。工作了一段時間後，葉劍英才弄明白兒子迷上了華羅庚的數學「優選法」，為此還特別召見了華羅庚一次。不久葉選寧即調國務院僑辦二組任副組長。撤組建司後，繼任副司長。

1976 年的天安門事件過程中，葉選寧出於對毛澤東、江青夫婦的憎恨，和對周恩來的感恩，表現得是中共元老子女中最大膽的一個。不但與葉辦工作人員合謀到天安門抄詩詞送給父親看，而且還自己親自寫了一首詩，跑到天安門貼到紀念碑上。事後江青等人在北京市的特務人員根據記錄下來的汽車牌號，查到了葉家頭上，而此時的葉選寧早已把北京市的特務水平打聽得一清二楚，知道他們根本就沒有錄影設備。於是，一句死無對證，躲過了追查。

當時，右臂失去功能的葉選寧已經練就了一筆剛勁中透出瀟灑的左手行書。「四人幫」垮台之後，前往葉家或前往曾憲植家中致賀的人們，都忘不了安慰葉選寧一句，而他卻總是說兩句笑話堵回對方對他的同情。如此表現，不由得葉劍英對他這個二兒子不另眼相看。

獨臂將軍的軍火特務生意

文革結束後，葉劍英的威望如日中天，自己不用說話，其子女們

的工作安排自然有人主動「建議」。於是，長子葉選平進入國家科委任局長，次子葉選寧則進入國務院，在副總理兼國家經委主任康世恩處當祕書。

80 年代初，鄧小平、葉劍英、王震三人在一起商量請榮毅仁「出山」，籌辦國家信託事業。由榮氏牽頭的中國國際信託公司（簡稱：中信）成立之初，中國大陸的軍火出口完全由這家公司經理，但不久便帶動成立了軍方的兩家最大的公司，保利科技有限公司和凱利實業有限公司，前者由在解放軍總參謀部裝備部任職的王震、鄧小平子女掌控（王震後代全部掌控中信公司後，保利公司則全部交給鄧家）；凱利公司則由剛剛從國務院脫掉幹部服改穿軍裝、直接被任命為解放軍總政治部對外聯絡部副部長的葉選寧牽頭，親任公司董事長兼總經理。

中共太子黨之間的關係是盤根錯節、彼此相連的，比如，葉劍英家族和王震家族就結成了親家。葉選寧的妻子錢寧戈是錢益民之女，錢信莎之妹，澳門居民，澳門葡京賭場合資人、畫家。他們的兒子葉弘娶了江寧，葉選寧的女兒葉靜子生於 1975 年，13 歲就到美國留學，後來她嫁給了王震的長孫、王兵的兒子王京陽，從而使凱利集團具有「堅實的」軍方和官方背景。

1984 年，葉選寧正式穿上軍裝，1988 年在中共恢復軍銜制首次授銜時，即獲授少將軍銜。葉選寧四年軍齡即官拜少將，在中共軍史上極為罕見，官媒還把他稱為「獨臂將軍」。

由於總政對外聯絡部其實就是軍隊的特務機關，葉選寧的權限非常大，想做什麼誰也管不了。這時葉選寧對外改用岳楓這個假名。查中共第八屆中共人大代表名單，多數人都知道其中的蕭榕就是鄧榕；但外界卻很少有人知道，中共第八屆中共政協委員中的岳楓其實就是葉劍英的二公子。

1993 年第八屆中共政協會上，葉選寧當選為政協委員，這樣更有利於他身著便裝在港、澳、台以及美國、日本等地進行民間活動，當時北京政壇內風傳江澤民早在 90 年代初即表示要給葉選寧一個總政副主任頭銜，並晉級中將，葉選寧堅辭不受。

據說葉選寧與江澤民素來不睦，他在軍中任職期間，曾有意避開與時任軍委主席的江一同出現在一個活動中，但葉選寧和習近平的關係一直很近。

2012 年 10 月有人評論說，習近平能坐上中共第一把交椅，與他在軍中的強大勢力有關，而習近平在軍中的「貴人」主要有兩個，「先有耿飆，後有葉選寧」。

耿飆是中共高級將領，與習仲勛交往頗多，耿飆的女兒曾表示，「因為都很熟悉，他們倆性格都很耿直，幾十年來都比較合得來。」在國共內戰期間，耿飆於 1946 年隨同葉劍英參加「北平軍事調解委員會」，任中共代表團副參謀長。在日軍侵華期間，耿飆曾任八路軍 129 師 385 旅參謀長、政委，而 129 師政委就是中共元老鄧小平。耿飆在軍中的關係也頗深，1980 年代後耿飆一度被鄧小平重用，擔任過中共國防部長和中顧委常委等要職。

中共建政後，耿飆於 1978 年任中共國務院副總理，1979 年任中央軍委常委、祕書長，1981 年任中共國防部長，1983 年任人大副委員長，耿飆也是鄧小平組建的中顧委常委。

耿飆任中共國防部長期間，習近平曾擔任過耿飆的祕書，通過耿飆的關係，當時習近平在軍中就有了一定的人脈。同時，在這段時間習近平也有機會隨同耿飆參加一些重要的軍政會議，按觸到中共的一些決策和處理辦法，為他以後從政奠定了一些基礎。

耿飆的女兒耿焱曾向媒體談到過習近平給耿飆當祕書的一些情

況。她表示,在習近平三年的祕書生涯中,「其中兩年我父親在任上,這段經歷應該對他很重要,他可以參加很多中央的會議,參與一些軍隊、地方和外事的工作,有些會議、文件,中央怎麼處理他應該都很清楚。」

習近平在擔任中央政治局委員前曾看望過耿飆,耿焱說:「後來,在中央政治局他(習近平)分管港澳台工作,當年我父親曾負責港澳台工作,近平做祕書時看了很多的資料,還隨我父親接見港澳台的人物。近平說,那時候積累的經驗和知識非常重要,接手工作的時候就不會覺得陌生。」

幫習近平籠絡太子黨軍頭

習近平在 2010 年被選為軍委副主席後,很快形成軍中太子黨勢力。據說這背後的主要功臣就是葉選寧。葉選寧相當看好習近平,對他寄予了厚望,並給予大力支持。

知情者說,葉選寧極為精明,是個神祕和通天的人物,在民間知其者較少,在高層軍界和商界十分活躍,而且人緣關係廣泛。在葉家後代中也最為突出。其大哥、曾任廣東省省長的葉選平有什麼難題還要經常向他討主意。葉選平曾問他對上調北京有何主意,他回答:「要當官上中央,要做人留地方。」所以葉選平當上中共政協副主席後,一度堅持留在廣東。

葉選平在廣東營造葉家的「一統天下」成功,且在葉劍英去世後不但沒有失勢,反而更加有恃無恐,很大程度上得益於葉選寧背後強有力的支持。

另外,葉選寧與李瑞環關係也頗不尋常。兩人經常周末在一起打麻

將，或到郊外釣魚。「六四」後，李瑞環掌管意識形態之初，感到極為棘手。葉選寧點石成金，說出兩個字：「掃黃」。李瑞環心領神會，馬上布置，結果大得人心。當時中國知識分子們因「掃黃」的遮擋而免於首當其衝被嚴厲找後帳。

2010 年後，習近平提拔劉少奇之子劉源為解放軍總後勤部政委，李先念女婿劉亞洲為國防大學政委，原國防部長秦基偉之子秦衛江出任南京軍區副司令。委任胡耀邦女婿劉曉江為海軍政委，習仲勛老部下陳仿仁之子陳勇被提拔為總參謀長助理。

據港媒消息，習近平擔任軍委副主席後，在 2011 年開始的幾個月裡，已經先後同七大軍區的司令員和政委談過話，並親自走訪了北京、瀋陽、蘭州、濟南、成都五大軍區，以及武警及二炮總部。與廣州、南京兩大軍區的領導則是在北京會面。至少他走訪過的五大軍區，目前都在要求本部官兵，領會習在視察部隊時的講話精神。

令人特別關注的是，身為軍委副主席同時又是瀋陽軍區出身的徐才厚，陪同習近平到瀋陽軍區走了一圈，暗中指示瀋陽軍區幹部向習近平效忠。葉選寧曾主動把習近平和徐才厚拉到一起，請徐才厚多多關照自己的「哥們兒」習近平。

瀋陽軍區一位接待習近平視察部隊的團政委曾私下表示，習沒有架子，話能說到點子上。不像一些「首長」，視察走過場，和他們講話也總「隔一層」。這位政委毫不掩飾地表示，下面的幹部、戰士都歡迎習近平，說他畢竟是部隊出來的，了解部隊。

葉家倒薄黨，從猶豫到堅決

早在 2012 年 10 月中共「18 大」前夕，《新紀元》周刊就報導了

葉選寧出場為習近平順利接班壓陣的事。王立軍逃館事件後，葉選寧首先去信中央，要求薄熙來辭職，為太子黨的站隊做出表態。葉選寧在習近平轉向胡、溫當中，起了關鍵的作用。

王立軍出逃美領館，曝光了薄熙來與周永康密謀發動政變，要趕習近平下台的想法。詳情請見《中南海政治海嘯全程大揭祕》一書。

葉選寧一開始就支持把薄熙來打下去，但對如何處置周永康卻有不同想法。葉家開始以為只要放過周永康，周就會老老實實回家養老，而且假如按照胡錦濤、溫家寶的意願，嚴肅處置周永康的話，葉選寧擔憂動靜太大，弄不好會導致骨牌效應，把整個中共搞垮。於是從事發初期直到 2012 年 5 月的京西賓館會議後，葉家都沒有表態支持逮捕薄熙來的同黨周永康。

2012 年夏天，江派曾慶紅、周永康利用毛左「忽悠」釣魚島事件，欲藉民眾的愛國情緒趁機為薄熙來翻案，葉選寧才轉變態度，下定決心堅決替習近平站台，並高調支持習近平打擊毛左和嚴辦薄熙來團夥。

特別是習近平「背傷」事件後，李瑞環、朱鎔基、喬石等開始高調挺習近平，支持習打擊毛左、嚴懲薄熙來，於是葉選寧也開始保習近平接班，支持習近平高調肅清文革餘毒、打擊支持薄熙來的毛左勢力。

當時《新紀元》週刊曾獨家報導，有「第二央視」之稱的香港鳳凰衛視，其實權實際掌控在具有「太子黨的精神領袖」之稱的葉選寧手中。鳳凰衛視自習近平「背傷」事件後開始高調打擊薄熙來。鮮為人知的是，葉選寧還幫習近平擺平了與眾多軍頭的關係，包括拉近習與軍委副主席徐才厚及二炮政委張海陽的關係。在倒薄事件中，葉選寧在習近平與胡、溫聯手合作中起到關鍵作用，又將海外 3000 太子黨伏兵名單移交給習近平。

鳳凰衛視屬於中共「大統戰格局」下的媒體，在胡錦濤的心腹令計

劃全面掌控統戰部後，2012 年 10 月，鳳凰衛視出現首次「激情讚揚」
「六四」民運作家，以及大量挺習近平的宣傳，劉長樂率領的鳳凰衛視
已全面倒向習近平，有分析說，與其說劉長樂「切割」，不如說他正在
按照葉選寧集團的策略在行事。為全面支持習近平，葉選寧為習掃清輿
論障礙。

胡錦濤、溫家寶、習近平政治同盟的最大敵人是極左和毛左。當葉
選寧從習近平那裡得知他上台後會發起對文革遺毒的進一步清算時，鳳
凰衛視也開始先行反思文革、從傷痕文學上批判文革了。在葉選寧的指
揮下，鳳凰衛視全面倒向習近平。

葉將 3000 伏兵交給習指揮

據知情人披露，「總政聯絡部」是中共的另一個特務機關。總政聯
絡部下設三個局，一局、二局、三局。總政聯絡部主要負責對台情報，
而鄧小平的女兒鄧榕實際上是在編的總政聯絡部研究員，對外則是中國
人民對外友好協會副會長。1984 年，葉選寧被任命為中共解放軍總政
治部對外聯絡部副部長，少將軍銜，名義上是凱利公司的總裁，其實卻
是中共三大情報系統之一的掌門人。

葉選寧以聯絡部副主任、主任身分兼任中國凱利實業有限公司總裁
之後，利用自己的獨特人脈關係很快打響了「凱利」的知名度，賺了不
少錢。有了這一大筆預算外資金來源，葉選寧把它基本投入了聯絡部的
情報搜集工作。一時間，總政的情報工作勢頭壓過了總參。

據悉，葉選寧在總政聯絡部任職期間的最大手筆，是輸送 3000 太
子黨成員到海外留學深造，為今後太子黨執政儲備人才，埋下伏兵。這
一行動從 1990 年葉選寧執掌總政聯絡部開始便陸續展開，一直持續到

他 1997 年退役仍然沒有結束。

由於持續時間之長、涉及國家之廣、派遣人數之多都史無前例，因而也被視為是中共軍情史上最大規模的「潛伏案」。這些人都按照當初總政聯絡部的布署，在等待著「盟主」葉選寧的指令與召喚。

據悉，葉選寧不喜歡當時執政的江澤民，但他也沒有急於反江。他的想法是：不希望根正苗紅的太子黨們在當時政壇上過早冒頭，因為時機還不成熟；應該把大批太子黨生力軍轉往海外，一方面深造，充實自己，同時也遠離國內環境，保存實力，以免過早曝光，曇花一現，影響未來真正「太子黨時代」的執政大計。

在習近平即將接任中共總書記前夕，葉選寧同習近平結盟，並宣布將 3000 太子黨伏兵移交給習近平指揮。這些人無論是在國內，還是在海外，都將成習近平最有力的支持者。

第三節

葉選平：學報告 反省環境治理

前廣東省長、中共政協副主席葉選平。（AFP）

有人評論說，「葉劍英家族是中共所有元老的家族中最為昌盛的一支，其子女在中共政壇上多居高位，或坐鎮中央經濟殿堂，或把持南中國最富裕的地區，或在軍隊中官居要職……其長子葉選平辭去歷任 10 年的廣東省省長，但換來了中共政協副主席的烏紗帽，從地方諸侯走進『黨和國家領導人』的行列……」

事實的確如此。葉劍英由於結婚次數多、子女多，加上有頭腦，在抓捕「四人幫」上有所作為，所以，葉家後代普遍得到提拔重用。

葉選平是葉劍英的大兒子。1924 年初葉劍英在廣州與馮華結婚，

1924 年 11 月，葉選平出生，後來馮華又生了葉楚梅，但三年後葉劍英就娶了 18 歲的美女曾憲植，扔下葉選平從小在廣東梅縣長大，直到 1939 年，15 歲的葉選平才來到中共重慶辦事處，1941 年 3 月，葉選平、李鵬等人被送入延安自然科學院學習。葉選平比李鵬大四歲，李鵬進了延安自然科學院中學部，葉選平入大學部機械工程科專攻機械工程學。從此，葉選平與機械工業結下了不解之緣。

葉選平在 50 歲前基本只搞科研生產，從 1945 年的延安兵工廠到 1949 年的哈爾濱工業大學，再到 1952 年赴蘇聯機床廠實習，1954 年任瀋陽第一機床廠副廠長兼總工程師，1960 年任遼寧省瀋陽市機械局副總工程師，1962 年調到北京第一機床廠任總工程師，1973 年任北京市機械局領導小組副組長，1978 年任國家科委三局局長。

等 1979 年習仲勛到廣東開始改革試點後，1980 年葉劍英就把葉選平調到廣東擔任副省長兼省科委主任，後任廣州市委副書記、市長，1985 年任廣東省委副書記、省長，等到了 1991 年，葉選平 67 歲才從省長位置退下來，擔任中共政協副主席直到 2003 年 79 歲。

網絡上流傳一篇李瑞環的文章，駁斥葉選平當官靠「世襲」，稱是無稽之談，時任中共中央政治局常委的李瑞環在談到葉選平時曾說：「我對他比較熟悉和了解，他是『三八式』（1938 年的幹部），留蘇學生，今年 60 歲。解放初，他是『一機床』的總工程師……我那時當木匠。要比起來，他文化水平比我高，參加革命比我早，為什麼我能當天津市市長，他就不能當廣東省省長？」他接著氣憤地說：「說我們的幹部廢除了終身制，現在又來了個『世襲制』，這是沒有根據的。」

不過客觀地看，1980 年代太子黨的提升，與父輩的權勢不無關係，在中共特權社會，徹底否定家庭裙帶關係也是不現實的。

葉選平從 1980 年到 1991 年，11 年間一直在廣東省當副省長或省

長，據說他上任後抓的第一件大事，就是直接促進「廣東省計算機中心科技情報研究所」的興建。這一座落在中山堂西側的 16 層大樓，通過國際衛星通訊網絡，聯繫著世界三大數據庫，用戶能在幾分鐘到十幾分鐘內，查到世界機載信息量的 75％。這為廣東省的經濟發展和科技進步，起到了十分重要的作用。

對於廣東核電站的建設，時任副省長的葉選平也費了心思。據說葉選平為人風趣機靈。他任廣州市長時曾自稱是大司務長。他說：「我這個司務長權力可大得很嘞！要管幾百萬人的衣食住行，連垃圾、糞便都得管。」1983 年春節時，連連下雨，菜也種不上，公廁裡的糞便也清理不出去，他就同外地來的客人開玩笑：「你們要來我歡迎，但有一個要求，不許在廣州市內拉屎撒尿！」在旁的人莫不掩口而笑。

據說，葉選平對工作要求嚴格，廣東省政府的工作人員說，向他彙報工作時，經常要說出確切的數字，不能用「大概」、「估計」、「可能」之類的含糊不清的詞語。

對於廣東取得的成績，葉選平自己絕口不提。當人們問得他無法迴避時，總是解釋說，那是前幾任領導人（習仲勳、楊尚昆、梁靈光等）已為廣東打開了局面，奠定了基礎，他只是「按既定方針辦」。在中共廣東省委全會上，他一再強調，對宣傳廣東的成績要低八度，而對存在的問題則要求講深講透。

在中國爭論「留長頭髮、穿花衣服」好不好的時代，葉選平就公開提倡生活應該豐富多采，流行音樂和古典音樂應該並存。他曾撰文說：「人家說鄧麗君不好，我則弄她個帶子來聽了聽，有什麼？不過是多了點風花雪月之類罷了。有些事，不必反對，每個人都有自己的選擇。」

2012 年 11 月中共「18 大」期間，88 歲的葉選平作為廣東團裡最年長的代表，還不忘站出來表態支持習近平。

在接受《南方日報》記者採訪時，葉選平說，退下來之後，還沒有接受過新聞記者的採訪，今天我們一起讀讀報告。

他說，這個報告篇幅大，內容廣泛，我們要認真學習、反覆研讀、深入思考。比如怎麼深化改革、簡政放權；比如怎麼減少貧富差距、實現共同富裕；比如怎麼克服外需疲軟、充分挖掘內需……不過他感觸最深的是生態文明建設和反腐。

「對生態文明建設的認識和實踐，確實有一個過程。」葉選平回憶起當年在東北當工人時的情景。「那時候住在工廠宿舍裡，旁邊就是瀋陽冶煉廠的車間，煙囱裡的煙都是黃色的，一打西風都吹到我們宿舍來，燻得眼睛都睜不開。那時對廢氣、污水和垃圾的處理還不太當回事。」

1985 年至 1991 年，葉選平擔任廣東省省長，說起這段時光，他擺擺手說，「做了一些工作，但也給後任省長留下不少包袱和難題。」「那時候我們對環境保護依然重視不夠，為了『先把經濟搞上去』，不知不覺地付出了沉重的環境、資源代價。以前出門經常坐火車，回到廣東境內，就看到河流裡沒有清水，全是黑的。後來也逐步意識到這是個問題，但還沒有那麼有力的科學發展指導思想，還沒有強調『不能犧牲環境來發展經濟』。」

不過，葉選平對中共官僚作風憂心忡忡，「剛才有代表提到，各級領導幹部都不同程度存在脫離群眾、不『接地氣』的現象。我覺得必須高度重視。」

葉選平看到的問題，也正是習近平最擔憂的。

第五章
葉向真——
從逃港公主到學佛商人

中共官方媒體大力報導葉劍英與習仲勛對廣東改革開放的「貢獻」，提高了廣東人民的生活，有效遏制了逃港潮，不過官方沒有公布的是，當年在逃港人員中，竟有葉劍英的寶貝女兒葉向真。

1967 年 7 月，中共元老葉劍英的「公主」葉向真與紅衛兵「司令」朱成昭逃港計畫失敗。圖為 1962 年 5 月，六萬名逃港中國人被香港當局驅逐遣返的回程中爭相索取食物。（AFP）

第一節

紅三司與紅公主的戀情

葉向真與劉詩昆的第一段婚姻

葉向真是葉劍英的第五任妻子吳博在延安時所生的孩子。吳博畢業於吳淞中學，原來在新四軍軍部工作，因為南方局缺少速記員，1939年2月周恩來到安徽雲嶺新四軍軍部視察後，特意從新四軍速記訓練班要了兩人帶回重慶紅岩辦事處，其中一個就是支部書記吳博。葉劍英與吳博結婚後，據說日子過得不錯，葉劍英不時親自下廚，做他拿手的廣東狗肉來招待工作人員。1955年，兩人因感情不和離婚。

葉向真在高幹子女雲集的北師大女附中畢業，1960年考入北京電影學院導演系學習。後轉入中央戲劇學院導演系，1966年畢業。

葉向真的第一任丈夫是著名鋼琴家劉詩昆。1959年初，18歲的葉向真在劉詩昆音樂會上與劉相識，1962年秋兩人結婚。1964年1月，生一子，小名毛毛。婚禮後，劉詩昆就一直住在葉劍英的府中。在葉家，

劉詩昆是第一個被抓、也是最後一個被釋放的人。

據說文革初期，在中央音樂學院的批鬥大會上，劉詩昆被宣布為「反黨、反革命分子，是藏在我們身邊的定時炸彈，他是有後台的，你們要看清劉詩昆的後台，那個伸向文藝界的黑手！」劉詩昆為免連累葉向真和她的父親，對妻子說：「我已經被定性為反革命了，妳還沒有被點名，我們離婚吧，這樣才不會牽連到妳，也許還能保住葉帥。」由於當時的公檢法機關已被砸爛，劉詩昆和葉向真最後找到北京衛戍區司令部辦理了離婚手續，平和而遺憾地分手。但葉向真在劫難逃，後來也被抓了。

劉詩昆被關進監獄近六年，受盡折磨，被逼寫揭發材料。他在換房間時撿到了一張破舊的報紙，上面刊登著葉劍英陪同毛澤東接見革命群眾組織的消息。他如獲至寶地將這張報紙藏進了懷裡，心想，葉劍英還沒倒，一定要讓他知道江青的陰謀和自己的遭遇。於是他利用《人民日報》上面的字，黏貼寫成一封信。1971 年「九一三」事件後，林彪倒了，葉劍英隨即主持了中央軍委工作。隨後，被關押的葉家子女全部都被釋放了，唯獨劉詩昆例外。江青以他已經不是葉家女婿為由，繼續關押他。

1967 年，葉向真也遭逮捕。她被關押在九平方米的單人牢房裡，一切與外界隔絕，不知道其他親人已經被抓了起來。她在牢裡鑽研起中醫，試驗針灸。趁提審時，在桌子上撿了根大頭針，又從掃帚上截下一小段鐵絲，在水泥地上磨成針，練習往自己大腿的穴位裡扎。後來，獄醫給犯人看病時，無意間遺落下兩支針。她用這兩支針練習針灸，為出獄後當醫生埋下了伏筆。

「九一三事件」後，葉劍英重新主持軍委工作。周恩來向毛澤東說：「葉帥一個女兒還在監獄裡關著，就是延安出生的那個……」毛澤東說：「一個孩子關她做什麼！」由於周恩來的提醒，1970 年葉向真

重獲自由。她在獄中關了近四年的單人牢房，是葉家子女被關時間最長的一個，其中緣由稍後再談。

葉向真獲得自由後，第一件事就是去探望劉詩昆，劉詩昆將那封用報紙上的字拼成的申訴信塞給了葉向真。兩天後，那封信就直接到了毛澤東的手中，毛發話：「釋放劉詩昆，你們要關心劉詩昆，要讓他搞些民族的鋼琴的東西，要讓他繼續演出。」1973 年 5 月 3 日，葉向真親自開車將劉詩昆接回了葉家，劉詩昆看望了葉劍英，又被送進 301 醫院診病療養。半年後，他身體慢慢康復。兩人就這樣平淡地相處著，隨著時光的流逝，兩人沒有復婚，但一直保持著友誼和聯繫。兩人之間的感情已經變成了深厚的友情。

劉詩昆和第二個妻子蓋燕相差 21 歲。1982 年，劉詩昆去黑龍江省齊齊哈爾演出，認識了文化宮的報幕員蓋燕，她景仰和崇拜劉詩昆，兩人隨後開始通信相戀六年，蓋燕嚮往芭蕾舞，後來改跳中國舞。1985 年，蓋燕離開齊齊哈爾前來北京電影學院進修。有意執導演筒。她每天下課後，就從學校趕到劉詩昆的住處，為他做飯，照顧他的起居，然後再趕回學校上課。這樣的日子一直持續了四年。1989 年蓋燕畢業，兩人正式結婚。1990 年 1 月，在中國備受爭議的劉詩昆帶著新婚的妻子和 300 港幣走過了羅湖橋，成為了香港的永久性居民，這成為香港各大報頭條新聞和當年香港十大新聞之一。

1996 年蓋燕替劉生下一個兒子。蓋燕放棄了自己的專業，協助丈夫在香港創業。他們白手起家，從舉行鋼琴講座開始創業。沒錢登廣告，又不捨得雇人上街張貼廣告，蓋燕就自己在家畫海報，複印之後拎上漿糊前往各個高檔住宅區的布告版張貼。由於劉詩昆在香港音樂界知名度無人能及，舉辦講座，聽眾蜂擁前來。劉詩昆在台上講，蓋燕就守在禮堂門口發名片。十幾場講座下來，派發的名片也隨即帶來了更多的授課

機會。越來越多的家庭打來電話要求劉詩昆為他們的孩子進行鋼琴輔導和教學。那段日子，劉詩昆每周授課六天，每天授課 12 個小時左右。他還在香港創下了一小時 800 元港幣的課時費記錄。

通過授課、出國演出以及出教學錄影帶，一年半之後，劉詩昆在經濟上翻身，幾年裡，夫妻倆成立了鋼琴樂器實業有限公司、鋼琴藝術中心有限公司和音樂教育集團股份有限公司，學生五萬多人。

不過好景不長。據香港媒體報導，2009 年 1 月 8 日下午約六時，69 歲的劉詩昆涉嫌在北角寓所襲擊其妻子蓋燕，蓋燕受傷送院，劉詩昆本人被警方拘捕，至 3 月 5 日早上第三次出庭提堂後，警方決定撤銷起訴。多年來兩夫婦在香港和大陸開辦音樂學校超過 100 間。這對樂壇夫婦於暮齡之年，傳出離婚消息。有指男方不堪多年來被視為搖錢樹，受盡剝削，女方則直指劉詩昆一名女徒弟，有鋼琴公主之稱的孫某是第三者。

第一個綁架中央黑幫的紅衛兵

文革時葉向真 25 歲，當時在中央戲劇學院讀書，擔任學校的學生會主席。她和其他高幹子女一樣，「高舉毛澤東思想偉大紅旗」、「頭可斷血可流，毛澤東思想不可丟」，造反有理，向「資產階級反革命路線」開火，她是中央戲劇學院「造反派」組織「毛澤東主義紅衛兵」的頭頭，後成為首都藝術院校的「造反派」領袖、首都「紅衛兵第三司令部」領袖之一。

多年後葉向真在香港鳳凰台訪談時說：「1966 年，毛澤東先後八次在天安門廣場接見紅衛兵。當時首都治安由父親管，有一次他一回來就說糟了，因為紅衛兵走了以後，在天安門廣場發現了很多金條。實際

是當時紅衛兵抄家，把人家的家底兒都搶了來，金子就放在自己口袋裡，結果一高興，一擠，金條從兜裡掉出去了。」

1966 年在北京工人體育場召開的「批鬥彭、羅、陸、楊反革命集團」萬人群眾大會。葉向真帶頭衝擊了軍事科學院。在毛澤東「一定要將無產階級文化大革命進行到底」的號召下，中央文革小組到各個學校講話，講彭真、羅瑞卿、陸定一、楊尚昆這些人都是反黨的，不應該讓他們養尊處優，應該讓他們到群眾面前，接受批判。

1966 年 12 月，葉向真響應江青中央文革小組的號召，策劃組織了「綁架」彭真事件，只用了七分鐘的時間，就把彭真、羅瑞卿搶走了，引起了以後的全國綁架；她組織了公開批鬥彭、羅、陸、楊等人的萬人群眾大會。這是全中國首次公開揪鬥中央一級的「黑幫」，轟動全國。

1972 年，葉向真改名江峰進入北京醫學院改行學醫，兩年後在解放軍 301 醫院實習。實習結束後，她留在了這家醫院，開始了七年的外科醫生生涯。1976 年「四人幫」倒台後，葉向真重返文藝界，1978 年任南海影業公司導演。同年調到中國新聞社電影部。1979 年先後拍攝兩部大型紀錄片《正是星光初現時》和《秋光明媚話體壇》。

1981 年葉向真執導了第一部故事片《原野》，是根據劇作家曹禺 1937 年創作的作品《原野》改編，作品描寫的是在民國初年北方一個偏僻農村裡，被惡霸地主焦閻王奪取土地、活埋父親、賣了妹妹、搶走未婚妻的農民仇虎，從監獄逃出後向惡霸地主復仇的故事，揭示了在黑暗畸形的社會中對人性的扭曲和摧殘。該片 1983 年在意大利威尼斯國際電影節上獲最優秀影片推薦榮譽獎，但在中國長期遭到禁演，中共審查認為此片是男女主人公亂搞男女關係，教唆犯罪，宣揚有婦之夫通姦和宣揚暴力復仇。七年後該片才允許在大陸公映，1988 年該片獲得第 11 屆大眾電影百花獎最佳故事片獎。

　　葉向真 1981 年在執導《原野》時，認識了電影的攝影師羅丹，後與他結婚。羅丹是錢壯飛（中共著名的地下工作者）的外孫。1982 年，葉向真調到北京電影製片廠任導演。1983 年導演了影片《風吹嗩吶聲》，引起夏威夷等三個電影節的關注，但這部片子卻是「只准內銷，禁止外銷」。1985 年她執導了影片《三寶鬧深圳》。指導這部電影後她揮別影壇，跟著丈夫在香港生活、經商，為香港某公司董事長。

　　葉向真現在是中共政協委員、國際儒學聯合會普及委員會副主任、中華孔子學會副會長。她大部分時間生活在北京，過去的一切對她而言似乎已成過眼雲煙。有媒體感嘆，她的一生真是充滿傳奇，不過，葉家這位「紅色公主」最傳奇的卻是她和紅三司司令朱成昭的戀情以及他們想逃往香港的「壯舉」。

「司令」與「公主」的未竟情

　　葉向真是最早一批參與文革的紅衛兵。文革始於 1966 年 6 月，瘋狂於當年的 8 月，又叫紅八月，在一個月內，僅北京一地便有 1772 人被活活打死，受不了折磨而自殺的人無法統計。8 月 5 日，北京師大附中副校長卞仲耕，被該校紅衛兵活活打死。8 月 18 日毛澤東在天安門接見紅衛兵時，對北師大附中紅衛兵頭頭、中共中央東北局第一書記宋任窮的女兒宋彬彬說：「要武嘛！」第二天宋便改名為「宋要武」。文革第一波暴行席捲全國。

　　毛接見的紅衛兵屬早期紅衛兵。早期的紅衛兵必須是相當級別的高幹子弟。他們宣揚「老子英雄兒好漢，老子反動兒混蛋」的血統論，這是長期階級鬥爭教育的結果。這些「紅五類」子女自認根紅苗正，穿上他們革命老子的綠軍裝，紮上腰帶，以示出身的高貴和革命性，這種裝

扮立即風靡全中國，成了紅衛兵的樣板著裝。他們照例要革別人的命，除了已打倒在地的「黑五類」（地、富、反、壞、右）以外，加上黑幫、臭老九，統稱之為「牛鬼蛇神」，並大肆批鬥出身不好的學生和老師。

中共很多太子黨都是這第一批紅衛兵的成員，他們成立「聯動」和「西糾」等組織，搞暴力革命，參與打人害人的事，這裡面包括鄧小平的女兒鄧榕等人。如薄熙來不但踹斷父親薄一波的三根肋骨，還帶領「聯動」分子打死「兩彈一星」元勛姚桐斌。當時很多紅衛兵都在無知中欠下血債。

相比之下，習近平算是因禍得福的「幸運兒」了。由於習仲勛在1962 年就被打倒了，習近平當時已成為「反革命分子」，根本沒有資格參加紅衛兵，因此習近平在晉升中基本沒有任何來自中共內部的阻力。

不過早期由太子黨們參加的紅衛兵，很快就被平民百姓子弟參與的紅衛兵所取代，太子黨的血統論很快被紅衛兵的汪洋大海所淹沒。

朱成昭的首都三司

朱成昭比葉向真小幾個月。他出生在安徽，其父在文革前是上海建工局一個副局級老幹部。朱成昭 1960 年畢業於中國最好的中學之一——上海市上海中學。因品學兼優，一畢業就被抽到上海的計算機研究所，作為未來的專家培養。朱在那裡工作了兩年，已經擔任了課題組組長。由於在工作中他感到自己在科學基礎知識的貧乏，決定再去讀大學。受到當時最為流行的《勘探隊員之歌》的影響，他報考了北京地質學院。1962 年入校後，正值階級鬥爭之風盛行，朱和不少同學一起被兩次派出參加「四清」。

文革爆發，朱成昭是地質學院水文系學生，他和一些同學一起給

地院工作隊鄒大尤提了一些意見，被隊領導辱罵，並被劃為「第三類學生」，在工作組整的黑材料中已經定下「送去勞改」。朱成昭和幾個同學因此不滿，開始「造反」，在 8 月 8 日成立了地院「東方紅公社」。

因為他們不搞「血統論」，只要反對劉少奇派出的工作組，不論出身誰都可以加入，很快一躍成為地院最大的造反派組織。在其示範下，同樣的造反組織紛紛成立，他們與只准「紅五類」參加的老紅衛兵對著幹。這些組織後來成為首都三司的主力。

「地院東方紅」成立後，立即到地質部揪鬥鄒大尤。鄒大尤是地質部副部長，文革初期任地質大學工作組組長。1966 年 8 月 23 日到 10 月 24 日，地質東方紅上千人，聯合其他造反派組織，連續四次到地質部。第一次絕食靜坐逼得工作隊長鄒大尤不得不在第二天到地院接受批判。第二次想獨占地質部，與幹部子弟紅衛兵造反組織「西糾」發生武鬥，15 天後撤走。第三次，把地質部黨委書記兼副部長何長工也綁架回學校祕密關押。第四次，把地質部的領導幹部全部打倒了。

1966 年 9 月 6 日，朱成昭牽頭成立了「首都大專院校紅衛兵革命造反司令部」（後來被稱為「首都三司」）。當時，「首都三司」是北京近 50 所高校的約 60 多個紅衛兵組織的聯合體，總部設在北京市勞動人民文化宮的太廟，受到大多數人的擁護。不僅全北京市各學校都有「三司」的支持者，還在全國 44 個城市都設立了聯絡站。

首都三司從來沒有設立過「司令」一職，發起人朱成昭自稱總負責人。當時蒯大富因反對清華大學校黨委而被工作組打成「右派」，藏在地質學院。毛澤東的女兒李訥（化名肖力，北大學生）找到蒯大富要他回清華成立組織，周恩來和中央文革小組多次要朱成昭設法支持蒯大富，以「減輕中央壓力」。朱成昭派過一支地院東方紅的戰鬥隊去清華幫助蒯組織隊伍。為了樹立蒯大富的威信，朱成昭又讓蒯擔任三司的第

二把手，讓蒯大富在三司成立大會上代表發言，後被誤傳為三司「蒯司令」。

兩「公主」結交朱成昭

毛澤東對朱成昭四進地質部的情況瞭如指掌。毛的女兒李訥在釣魚台中央文革辦事組工作，毛澤東自 7 月起便一直派他的女兒李訥任直接的聯絡員，到各高校活動。朱成昭在地質部靜坐時，李訥就在場。「地院東方紅」四進地質部打倒領導幹部，正符合了毛發動「文革」對付當權派的主旨，而老紅衛兵一直陷在破四舊、鬥知識分子和黑五類裡面。於是毛與中央文革小組轉而支持和利用「三司」，朱成昭、王大賓等受到了毛、林、周、康及中央文革成員的多次接見，許多他們想做又不方便做的事情就鼓動「三司」的人去做。

李訥穿梭在各大學造反派組織之間，了解他們的動態，支持他們的「革命行動」。中央文革辦公室也不便問她的去向。李訥經常去朱成昭那裡。那時沒有手機，每當毛澤東或者江青要李訥回家，電話打到釣魚台，中央文革的人就找朱成昭。找到朱成昭就找到李訥了。首都三司成立等一系列重大活動，李訥一身學生打扮，到那裡也不會引起別人注意。除了朱成昭、蒯大富、聶元梓、韓愛晶等幾個人造反派領袖知道她是毛澤東的聯絡員外，一般人不知道她的身分。

葉劍英的女兒葉向真，在文革一開始就扯旗造反，在中央戲劇學院組建了「毛澤東主義紅衛兵」，當時在中戲是受打壓的少數派。1966年 9 月，葉向真到地質學院求援，認識了朱成昭。葉向真把電影學院、音樂學院的造反派聯合起來，與朱成昭一起組建了「首都紅衛兵第三司令部」。兩人在不少政治觀點上非常一致，戰線一致，不久就墜入情網。

這對朱的思想有不小的影響。

　　1966 年 10 月 3 日《紅旗》雜誌發表社論後，原來保工作組的造反組織迅速瓦解，反工作組的少數派組織迅速壯大，以朱成昭為首的「首都三司」，成為全國造反派的先鋒與一面旗幟。朱成昭成為紅極一時的名人，他被視為代表中央，葉向真也成了全國聞名的紅衛兵頭頭。

第二節

葉向真綁架彭真立「大功」

　　文革中葉向真幹下的最為轟動、影響巨大的造反行動，就是「綁架」彭真，並組織公開批鬥彭、羅、陸、楊等人的萬人群眾大會，開了文革中對中央一級「黑幫」公開批鬥示眾之先河。

　　1966 年 12 月的一天晚上，一群來路不明的紅衛兵乘坐兩輛汽車來到位於正義路的彭真住宅大門前，把一封信交給了門衛。趁門衛進屋看信之機，紅衛兵們強行衝進了大門，把剛剛睡下的彭真從被窩裡搶走，並巧妙地擺脫了隨後追來的警衛人員。

　　早在 1966 年 3 月，由於毛指責「北京市委針插不進，水潑不進，是獨立王國」，主持北京工作的彭真就被扣上了「包庇壞人」的帽子。後來他被免除職務，住在家裡，等待批判。

　　毛澤東最善於拉一派打一派。所以能順著毛的旨意衝鋒的人，往往很快得到重用。這也是毛能一貫翻手為雲覆手為雨的祕訣。

　　葉劍英積極支持毛發動文革，獲毛信任。葉劍英參預並主持 1966

年 3 月會議對羅瑞卿的揭發批判。毛澤東決定讓葉任中央書記處書記、中央軍委副主席、並接任軍委祕書長。5 月在批彭真「二月提綱」的會議上，葉劍英拍著桌子責問彭真與羅、陸、楊為一個反革命集團。第一批政治局的當權者彭、羅、陸、楊被打倒後，毛掌握了首都控制權、軍警控制權、宣傳控制權。葉劍英又支持「五一六通知」，支持毛澤東「炮打司令部」和通過文革「16 條」的決定，因此被補選為政治局委員。北京市委倒台後，葉劍英負責北京市的治安保衛工作。

據報導說，彭真被劫持的消息周恩來得知後，問中央文革，中央文革的其他人誰也不知道彭真的去向。戚本禹提出：「是不是葉向真把彭真抓走了？」葉向真文革後回憶這件事時，對這段往事如是講述：

「當時我們有一種單純的革命熱情，我們一看毛主席定了性了，就認為一定就是這樣了。中央文革小組把紅衛兵召去開會，說應該做這件事。學生都這樣，指哪兒打哪兒，在這種號召之下，我們就做了。江青為此還把我請到釣魚台跟她一起喫飯，說：怎麼能讓這些反革命在家養尊處優，要讓他們見群眾嘛！」

「我們抓了彭、羅、陸三個人，除了楊尚昆，因為找不到他住的地方。這件事馬上驚動了周恩來總理。他打電話問戚本禹是誰搶走的。戚本禹說：『可能是葉向真，我們打聽打聽。』不到五分鐘，他說是葉向真。」

「周恩來跟什麼人沒有談判過，我當時是個 25 歲的小姑娘，哪裡是他的對手。」周恩來一見面態度和藹，微笑地對葉向真說：「你把彭真藏在哪了？」「我來幫你們批鬥彭真好不好？」「彭、陸、羅、楊應當一起批判嘛。你們知道楊尚昆在哪嗎？我知道。我把楊尚昆帶來，咱們一起批判好嗎？」

「我們當然聽總理的話，就老實交代藏在中央樂團的音樂大廳。後

來真的開會的時候，他們四個人都到了。」

　　葉向真主持公開批鬥彭、羅、陸、楊等人的萬人群眾大會，周恩來和中央文革的人一起來參加大會。那是全國首次公開揪鬥中共中央一級的「黑幫」，轟動一時。從此開創了在社會上揪鬥老幹部的先例。

朱成昭接周恩來密令抓彭德懷

　　首都三司做的最大的事情，是把彭德懷從四川抓回了北京。經過朱成昭等一些親歷者的回憶，事件的真相已經確鑿無疑。

　　1966 年 11 月中旬的一天晚上，在人大會堂一樓南部的一個小型會議室裡。中共中央領導人召見首都紅衛兵領袖。出席會議的中央領導人有周恩來、陳伯達、康生、江青、張春橋、姚文元、關鋒、戚本禹等多人，陣容與往常的重大接見沒有什麼兩樣。被召見的紅衛兵頭頭只有聶元梓、朱成昭、韓愛晶、蒯大富、譚厚蘭、葉向貞、聶樹人七人。這次會上江青說：「你們不是很能嗎？你們為什麼不去抓海瑞？聽說他在四川經常上街看大字報，與人談話，很消遙自在麼！應該把他抓回來，要他交代問題，接受群眾批判！」在場的人都知道，這「海瑞」指的是彭德懷。也都知道，江青在這場合說這話是得到了毛澤東首肯的。

　　文革的先聲是 1965 年批判《海瑞罷官》，毛跟親信說過「海瑞」就是彭德懷。彭德懷因為上萬言書提醒「大躍進」餓死人的錯誤，1959 年在廬山會議被毛及其親信批倒。毛罷了彭德懷的官，他忌諱自己被影射成暴君。於是毛一改讚揚海瑞的態度，開始批海瑞。批海瑞就是批彭德懷，消滅一切替彭翻案的可能性。這就不得不提到毛發動文革的根本動機。

　　毛發動文革的主要動機就是樹立自己絕對被敬畏崇拜的權威，不惜

一切代價堅持自己的「三面紅旗」（「總路線」「大躍進」「人民公社」）的正確性，鏟除身邊可能在他死後出現的赫魯曉夫（赫魯曉夫揭批斯大林的罪行，毛非常恐懼不滿）。毛在用三面紅旗搞壞、搞亂、搞得數千萬中國人餓死之後，被迫同意劉少奇等人停止實行三面紅旗。劉少奇等人在經濟恢復上的成績和工作講話，有意無意否定了三面紅旗和毛的權威。劉以及對現實有思考的人都比較同情彭德懷。劉少奇當面對毛表示不同意他在黨內搞「批判資本主義當權派」的鬥爭後，毛澤東決定必須發動文革，通過忠於他的幼稚的學生來掃除劉少奇和彭德懷之類（赫魯曉夫分子），將一切不可靠的人推入萬劫不復的深淵，徹底熄滅任何質疑之聲。

在江青煽動抓彭德懷的這次會後，朱成昭接到周恩來的祕密命令，把彭德懷從四川抓回北京。

朱成昭曾派了三批人去成都。第一批王大來、錢信等人在 12 月 15 日進入成都彭德懷的住處，與彭就文革以及黨史上的一些問題有過長談，結果被彭感化，認為彭講的都是「真話、實話」。最後對彭同情到了「毛主席和黨中央可能現在不了解彭的情況，他們有責任把彭目前的情況和他們的看法向毛主席和黨中央和中央文革彙報」的地步。

第二批是王大賓。他隨第一批抓彭成員一起回京與朱成昭商量。因為朱成昭的安徽老家「三年自然災害」中也餓死了成千上萬的人，朱成昭對彭德懷一直持同情態度。朱成昭等人把在四川時與彭的談話記錄交給了中央文革，被訓斥為「嚴重政治錯誤」。

中央文革的戚本禹又給韓愛晶打電話，讓韓愛晶馬上派北航「紅旗」戰鬥隊的人赴川抓彭。在這種情況下，朱成昭派出第三批胡樂成等100 餘人去成都，這時，彭德懷已經被北航紅旗的人馬抓走。地院東方紅依仗人多勢重，把北航紅旗的人打得落花流水，搶走了彭德懷。

被彭德懷策反 朱成昭被革職

1966 年 12 月 27 日，彭德懷被以火車押解到北京，到達地院後，朱成昭怕韓愛晶來搶人，安排彭德懷住在自己的房間過了一夜。不過朱成昭和他沒有過外面流傳的「祕密預審」、「徹夜長談」等接觸，他甚至沒跟彭講過一句話。

據朱成昭自己說，他很認真地看了彭隨身攜帶的小箱子裡的絕密材料，內容是彭對八屆八中全會決議的逐條反駁，以及對「大躍進」的保留看法。朱成昭看後心裡受到很大震動，認為彭講的是大實話，他是冤枉的。他本來對「大躍進」以及文革中打倒越來越多的老幹部等問題，有自己的思考，這些思考在彭德懷那裡得到了印證，對他轉變對文革的看法無疑有極大影響。朱沒有對彭進行批鬥。

朱成昭對文革看法的變化，進而又影響到了葉向真。1966 年底到 1967 年初，朱成昭召集三司骨幹頭目連續開會，談出他對文化大革命的看法：「導演是騙子，演員是瘋子，觀眾是傻子。」準備公開炮打中央文革。王大賓在會上持反對意見。

會議內容馬上被中央文革獲知，陳伯達寫批示給朱成昭，警告他：「不要掉到茅廁裡去，成為茅廁裡的石頭。」朱與葉都懷疑是王大賓告的密。中央文革讓朱成昭作檢查。朱成昭決定以「檢查」為名公開自己的政治觀點。

1967 年 2 月 4 日，朱成昭在地院作公開檢查，因為這是「首都三司」和「地院東方紅」一把手的檢查，共有三萬人參加。朱成昭在會上談了他的「八大觀點」：

一、大串聯搞亂了全國；二、整風軍訓實無必要；三、中央文革運動群眾；四、中央文革抓人太多；五、中央文革對老幹部打擊面太大；

六、中央文革太左；七、在軍委和中央文革之間，站在軍委一邊；八、大聯合大奪權早了。

由於朱成昭藉「檢查」為名系統「放毒」，影響了很多對文革有懷疑的群眾。2月8日，中央文革派閻長貴到地院宣布這是「炮打中央文革，反對中央文革」。朱成昭被勒令「閉門思過」。從此，朱成昭的「地院東方紅」一把手之位被王大賓取代，「首都三司」一把手之位為蒯大富所取代，副手是王大賓。

攜手南下捲入逃港潮

1966 年底 1967 年初，當時一些「聯動」中的高幹子弟紅衛兵，因為自己的老子也被打倒而炮打中央文革，北京高校還出現炮打康生、戚本禹的大字報與傳單；上海出現炮打張春橋的大字報與傳單。毛澤東在內部小範圍對江青與中央文革的一些言行與做法提出了批評。據說是李富春將毛澤東的這些批評意見，洩露給了葉劍英與副總理。葉劍英對文革中紅衛兵的打砸搶行為本來不滿，更不希望軍隊被搞亂。這時候，他開始當面指責文革小組。結果，被扣上了「二月逆流」反對文革的帽子。葉劍英被解除了在黨中央和軍隊中的實際領導職務。

1967 年 4 月，葉向真被「造反派」專政。朱成昭、葉向真都被中央文革打擊並排除在文革運動之外，他們有了充分的時間在一起享受愛情。1967 年 7 月，他們離開北京，第一站到了廣州。出走的消息很快被中央文革得知。戚本禹宣布他們「偷了地質部國家機密，企圖偷越國境。」

廣東是葉劍英的老家，也是他的大本營，那裡親朋好友眾多。葉向真與朱成昭去廣東可以解釋成去那裡玩。為什麼戚本禹認定他們是要叛

國呢？因為從廣東逃向香港已經出現過兩次大的高潮，在極度貧困和政治高壓下，很多人選擇冒死逃港以求生。當時，從廣東偷渡到香港的至少有十幾萬人。尤其是年初「馬思聰逃港」轟動了世界。

1967 年 1 月，著名音樂家馬思聰夫婦與一兒一女成功逃到香港，後由美國駐香港領事陪同飛抵美國。他抵港第二天，全港報紙和電台都報導了這一消息，從而掀起了又一輪以知識分子和知青為主體、長達10 年的逃港潮。逃亡群眾來自廣東、湖南、福建、黑龍江等 12 省、62個市縣的各個階層。

如果朱成昭與葉向真叛逃成功，那將比馬思聰還要轟動。一則朱成昭是全國最大且威望最高的紅衛兵組織的「司令」，全國各地都認為首都三司代表中央。二則葉向真不僅是首都三司的紅衛兵領袖，也是軍隊帥爺的「公主」。儘管他們已被排擠在外，但大範圍的人並不知情。他們的叛逃無法向世人交代。

叛逃驚動了中共。周恩來親自派公安部副部長于桑趕到廣州，將朱成昭和葉向真抓回了北京。受株連者多人。朱葉二人與許多三司領袖被隔離審查。「地院東方紅」第四把手楊雨中在審查時被逼跳樓自殺。朱成昭沒有害怕，他在 8 月 15 日所寫的《我的檢查與交代》中，提出擔心全國武鬥以及兩派分裂將會在文革後造成經濟和人心兩方面的「極大後遺症」。這不能不說是一個真知灼見。1967 年 8 月 20 日，朱成昭和葉向真被公安部謝富治宣布「組織反革命集團」，正式逮捕，關進了監獄。

葉向真從監獄裡出來後，變得呆傻了，不會說話，聽到收音機或者別人的說話聲就緊張，一年後才逐漸恢復正常。她改了名字叫江峰，到首都醫學院學醫，後來在專為中共高幹看病的 301 醫院（中國人民解放軍總醫院）做了七年外科醫生。沒幾個人知道這個江醫生就是當年的紅衛兵頭頭葉向真。

1987 年，三司領袖紛紛被釋放，韓愛晶、蒯大富、王大賓都下海經商，他們憑著當年在三司的關係，個個生意興隆。但當年三司的戰友沒有幾個照顧葉向真的，大概因為她現在的丈夫是羅丹而不是朱成昭吧。

葉向真在香港不談政治，吃齋念佛，成了虔誠的佛教徒。進入新世紀以後，葉向真對儒教產生極大興趣，致力研究孔孟之道。

朱成昭歲月蹉跎空餘恨

朱成昭被關押了八年以後，1975 年被送到湖北某勞改農場作為反革命分子勞動改造。在長達十多年的牢獄和勞改歲月中，他一直把葉向真當作自己心中至死不渝的戀人，還寫了許多動人的情詩。其中一首詩寫道：「何處覓向真，北京監牢中。坐牢不要緊，真理有認同。咫尺天涯遠，相見在夢中。醒來望明月，牽手越秀叢。」

朱成昭不知道的是，1971 年林彪事件後葉劍英重新主管軍委工作，周恩來向毛提及葉向真還在監獄裡，毛澤東釋放了葉向真。葉向真被釋放後便向朱成昭的朋友們表示，周恩來要她不要再和他們來往。葉也就從此斷絕了與朱的來往，並冀望在她的一切歷史呈現中抹掉這一文革之戀的存在。

朱成昭於 1980 年 6 月才被正式平反。據說當時中共中組部要將他與張志新一樣樹為反文革典型，但最後被葉劍英一筆勾去。一直到 1985 年，朱成昭才被分配工作，到了江蘇省第四地質水文大隊。90 年初他下海到上海經商，一度事業上也是轟轟烈烈，但最後被三角債拖垮，退出商界，研究文革。1998 年因心肌梗塞在北京猝然逝世，年僅 57 歲。他曾與訪談他的記者相約來年在北京再暢談一次紅衛兵運動，卻成未竟心願。

第三節

葉選基：莫忘文革的歷史教訓

2011 年 10 月 6 日，葉劍英、胡耀邦、華國鋒、彭真、習仲勛、陸定一等人的後代在北京舉辦「人民的勝利——紀念粉碎『四人幫』35 周年」座談會，來自理論界、學術界等人士共 300 人參加了座談。

葉劍英弟弟葉道英的兒子葉選基，在座談會上是主要發言人之一。葉選基的妻子呂彤岩是中共元老級上將呂正操之女，葉選基擔任主席的國葉集團，是葉氏家族在香港註冊的旗艦公司。葉選基給座談會定調說：「徹底否定『文化大革命』，是我們這一代經歷了這場浩劫的人們的共識。解決了『四人幫』，結束了『文化大革命』，給全黨和全國人民帶來的是什麼呢？」

與會者都表示，要銘記決策者的歷史功過。據說毛死後，對如何解決「四人幫」問題，中共高層意見不一，有的說開會解決，有的說區別對待，區別對待主要是指如何處置江青。江青是毛澤東的妻子，當時毛澤東仍有至高無上的權威，「誰反對毛主席，全黨共誅之」。

華國鋒審時度勢，認為這兩種方法都不成，因為「四人幫」在各省各部門都有爪牙，還掌握著輿論工具。開全會，會開出亂子，開政治局會也不行，「四人幫」搗亂，會公開分裂，不可收拾。只抓三個人不行，必須把江青也抓起來，否則無濟於事。華國鋒下定決心要除去「四害」。

華國鋒回憶說，毛喪事結束後，葉劍英來看他。華國鋒說：「我首先把自己的想法告訴他。因為這句話，別人不好先講，必須由我亮明態度。他見我態度堅決，很高興，完全贊成這個辦法。」正是由於華國鋒決心下得早、下得好，所以在毛死後不到一個月，就將「四人幫」隔離審查，結束了十年動亂。

與會者還認為，粉碎「四人幫」到11屆三中全會這兩年的歷史，是扭轉乾坤的兩年，這是胡耀邦的提法。「文革」是不是一個民主運動呢？不是，充其量是一種專制操縱下的民主運動。你必須按照最高權威意志來活動，只有最高權威所不滿意的，所不喜歡的，你才能夠質疑他，批判他，比如劉少奇、鄧小平、彭德懷。這種按照最高權威的指揮棒來運動，不能稱做民主，更不能稱做大民主。

葉選基一再強調，必須守住徹底否定「文革」的底線，「極『左』思想曾給黨和國家帶來一場劫難。這個歷史的經驗教訓，我們千萬不要忘記。」

葉向真也在會上發言說：「文革之所以能夠發動，具備一定的思想基礎，與當時的政治社會體制也有很大的關係。長期以來，我們黨沒有認真執行民主集中制，發生了文革也沒有辦法阻攔。在那個時候，哪裡還有黨內討論？沒有了，領袖怎麼說就怎麼幹吧。」

她認為，今後要以民主和法治的方式解決問題：「習近平同志在黨校提到領導幹部要學習歷史，這個問題太重要了。現在全國人民都應該很好地認識到這一點。」

第六章

劉源—— 習軍中頭號太子黨同盟

中共前國家主席劉少奇的長子劉源是個複雜人物，他從一個超級紅色貴族的顛峰，跌到中共政治鬥爭對象家屬的谷底，曾經「像狼一樣憎恨世界」。後又因父親被平反而重新走上仕途，由文官進入軍界，成為習近平的左膀右臂。真可謂命運多舛，一波幾折。

（Getty Images）

第一節
複雜家庭與文革兩面

　　2012 年 6 月，大陸網站流傳一張照片：「2012 年清明，劉源將軍在韶山向毛銅像敬獻花籃」。網友卜榮華在《劉源上將的話令我震驚！》一文中寫道：「劉源說：反毛小丑們打著我父母的旗號反毛，其用心是險惡的！中國人民要擦亮眼睛千萬別上當！再說我父母從來沒反毛，對毛是很尊敬的，只是路線不同，經這 30 年檢驗，我父親的方法有問題。」

　　人們無法考究劉源是否說過這樣的話，不過官方報導說，2007 年 9 月，劉源在軍事科學院黨委會議上公開表示，「四人幫」被判刑後，劉源的母親王光美聽說李訥身患重病、生活幾乎不能自理，於是經常帶著老保姆去李訥家幫忙，劉源也經常把毛家的人和劉家子女召集在一起吃飯聊天。2008 年劉少奇誕辰 110 周年，劉源還邀請了李訥的兒子王效芝和朱德的孫子朱和平參加。

　　劉源在太子黨中人脈很廣，這是不爭的事實，不過人們也有點困惑，他如何看待父親的慘死。小時候劉源住在中南海，經常看見毛澤東，

當時他對毛的印象比他父親還好，因為劉少奇對孩子的態度很嚴厲和冷淡，而毛澤東會逗孩子玩。當然無論兒時記憶如何，劉源是不可能忘記自己的父親是如何死在毛的手中。

共產黨整自己人從不手軟

1949 年中共掌權後，只會搞殺人整人的政治、而不懂經濟建設的毛澤東，逐漸在黨內失去威望，特別是 1958 年毛搞了「大躍進」、浮誇風，農民虛報糧食產量，畝產 1000 斤的虛報成畝產萬斤，結果各地按原定的畝產 15.5％交公糧，結果把家裡原有的存糧都上交了還不夠，接下來又是人民公社吃大鍋飯，浪費糧食非常嚴重，所以到 1960 至 1963 這三年，儘管國家糧庫是滿的，還出口支援亞非拉，並低價賤賣糧食以換取黃金外匯來搞衛星上天，但中國卻餓死了至少 3000 萬農民。於是到 1966 年前，劉少奇這個國家主席的「威望」，遠遠超過了毛澤東這個共產黨主席。

正如《九評共產黨》講述的歷史事實，中共是個嗜血成性的惡魔，連中共黨員內部都互相殘殺。毛澤東發動文化大革命，目的就是利用群眾運動把劉少奇打下去。為了一己之私的權謀而犧牲整個國家的利益，這就是中共黨魁的所思所想。

劉少奇被抓後，劉的妻子王光美也因「美國特務」的罪名被抓，劉家孩子都被趕出家門，無家可歸。在劉少奇 70 歲生日那天，毛澤東和周恩來特意囑咐給劉少奇帶去一個生日禮物：當時很少見的收音機。目的是讓他聽八屆 12 中全會的公報：「把叛徒、內奸、工賊劉少奇永遠開除出黨，並繼續清算劉少奇及其同夥叛黨叛國的罪行！」

這一下把劉少奇的精神支柱徹底打垮了。劉的病情急劇惡化。由於

長期被綁在床上，一動也不能動，他的頸部、背部、臀部、腳後跟都是流膿水的褥瘡，疼痛難忍。由於他疼起來時一旦抓住衣物或他人手臂就不撒手，後來就把他兩手各塞進一個硬塑料瓶子裡。到他臨去世時，兩個硬塑料瓶子都被握成了葫蘆形。

1969 年 10 月，劉少奇已經渾身糜爛腥臭，骨瘦如柴，氣息奄奄。他被扒光衣服，包在被子裡，用飛機從北京空運到河南開封。當劉發高燒時不但不給用藥，還把醫護人員全部調走。劉少奇死時已經沒有人形，蓬亂的白髮有二尺長。兩天後的半夜他被按烈性傳染病處理火化。劉的死亡卡片上寫著他早年當中共地下黨時的一個化名：劉衛黃；職業：無業；死因：病死。

王光美也受了 12 年牢獄之苦。她被關在秦城監獄裡，受盡折磨。據女兒劉亭亭回憶說：「我媽說：『我非常盼望他們能提審我，那樣至少還有人跟我講話，否則我覺得自己連講話的能力都沒有。』我媽後來跟我講，她曾跟我爸示意過要不要吃安眠藥（結束生命）。我爸說：『妳不能讓他們給妳下結論，不行。』所以她後來再沒想過自殺，她就靠這種信念一直活下來。」

九子女多悲苦 劉濤偷渡外逃

劉源是劉少奇的第六個孩子。劉少奇先後娶六妻，共育有九子女，第一個妻子是包辦婚姻的周氏；第二個妻子叫何葆貞，生下兒子劉允斌、劉允若，女兒劉愛琴，何死於國民黨監獄；第三個妻子是長征時的謝飛，結婚四年後，快 40 的劉少奇和 26 歲的謝飛離婚，娶了 17 歲的新四軍護士王前，生下兒子劉允真，女兒劉濤。

後來王前和劉少奇離婚，朱德又給劉少奇介紹了王健（王珍），

但婚姻只維持了幾月,據說女方受不了,精神出了毛病。最後一個妻子是天津最大資本家的女兒王光美,王光美是研究生。兩人生育了兒子劉源,女兒劉平平(後改名「王晴」)、劉亭亭、劉瀟瀟。

人們評價劉少奇是:「慣於玩弄女性,在男女關係上不能說很亂,但很不嚴肅,就跟玩兒戲一樣。」

文革時,劉的九個孩子都經歷了從「一人之下,萬人之上」的塔頂到墜入深淵的巨變。長子劉允斌在內蒙古臥軌自殺;長女劉愛琴被關在「牛棚」裡遭著毒打;次子劉允若在監獄裡罹患脊椎結核,被折磨得死去活來;18歲的女兒劉平平被逮捕入獄,後來被驅逐到山東沿海的一個養馬場勞動改造;17歲的兒子劉源從監獄出來以後上山下鄉;六歲的小女兒劉瀟瀟被保姆趙淑君撫養長大;劉亭亭中學畢業後,先是被分配到順義維尼綸廠,後調到北京儀器儀表廠,做了一名普通工人。

最奇特的是劉少奇的第五個孩子,女兒劉濤。1976年夏天,她和第二任丈夫以及丈夫的父母,一起跳進波濤洶湧的雲南瑞麗江,希望偷渡到緬甸。當他們奮力游向對岸時,劉濤的公公婆婆被激流捲走,她和丈夫、小姑被聞訊趕來的邊防民兵救起,押送回京。

據目擊者介紹,1976年,中緬邊境的瑞麗江畔,劉濤試圖越過波濤洶湧的瑞麗江,偷渡到界河對岸的緬甸,被當地武裝民兵發現,抓住押回北京。

「那天,東方剛剛朦朦見紅,有幾個女民兵慌慌張張跑來,在民兵隊長家竹樓下大喊:『隊長,不好了,有幾個人在江中往對面的木姐方向游去。』民兵們在隊長的指揮下,駕著四條細長的竹木船向江心衝去。前面兩個黑影很快就被大浪沖到了下游,向伊洛瓦底江滾滾而去,手搖的木船根本追不上他們;幸好另外幾個隔得近一點,被民兵拖上了木船。

船靠岸了,大家一看,其中一個是苗條漂亮的女孩,有人抱了幾床

薄毯，把濕漉漉的女孩包裹起來。

　　偷越國境的女孩被審了半天，只說了一句話：『我叫劉濤，什麼都不想給你們講，要講我要向公安部的華國鋒部長講！』」

　　這個偷渡團夥共有五個人，三男兩女。後來有回憶文章說，被水沖走的兩人是劉濤的公公婆婆，救上來的，一個姑娘是劉濤的小姑，還有小姑的丈夫。美國之音記者求教了《北京之春》總編胡平，根據胡平的介紹，當時劉濤已和萬潤南離了婚。被水沖走的並非萬潤南的父母。

　　在劉家子女裡，劉濤算是個異類。她母親王前在文革時大力揭發劉少奇的自私、貪婪、無情，對劉少奇深感厭惡。雖然劉少奇是文革的犧牲品，但文革初期，他也同樣非常積極地批鬥他人，只是最後的報應落到了自己的頭上。嚴格地說，劉少奇不值得同情，因為是他自己違背良心，把毛樹成了一個神，結果自食惡果。很長一段時間裡，劉濤都被排除在以王光美為核心的劉家圈裡，直到最後劉家又發達了，王光美經歷各種人生百味之後，才又接納了劉濤。

第二節

山西八年：「像狼一樣憎恨世界」

　　在劉少奇的九子女中，1951年2月出生的劉源無疑是最出眾的。文革前，劉源享受著特權子弟的所有優惠待遇，他和薄熙來是號稱「貴族小學」的北京實驗二小六三班的同學。劉源小時候生活很好，也特別淘氣。1963年3月5日斯大林逝世十周年那一天，他帶了幾個同學背著教師躲到一個教室裡，在桌上點了幾枝香，擺了一些糖果，又在黑板上畫了幾棵松柏，然後就趴在地上磕起頭來，說是供奉斯大林伯伯。

　　1964年，13歲的劉源就成為中南海警衛部隊的一名列兵，他在北京四中讀初二的同時，還在夏天參加軍隊培訓，並在部隊裡被選進國旗護衛隊。1966年文革剛開始時，15歲的劉源也曾狂熱過一陣，甚至和劉平平等一起積極參與了紅衛兵的抄家活動。1966年8月5日，毛澤東發表《炮打司令部——我的一張大字報》，劉源被部隊退回；接著，他在北京四中參加了中學紅衛兵組織——西城區糾察隊；1967年初到4月的一段時間，他與西糾的參與者們蹲了公安部的監獄，後來被毛澤東

放出。

劉少奇被批鬥後，劉源和鄧小平、彭真、薄一波、楊尚昆等人的孩子一起，成了人人喊打的「狗崽子」。為此他四處逃難，躲避抓打，和彭真等人的孩子一起翻窗戶躲到五層樓樓頂。沒有飯吃的時候，他還同彭真的孩子一道去賣血，但因為沒有證明被醫院拒絕。

時間撥回到了 1968 年 12 月 24 日清晨，北京火車站。那時，被毛澤東利用完了隨手拋棄的年輕人，響應毛「知識青年到農村去，接受貧下中農再教育」的號召，奔赴陌生的農村。用林彪的話說，就是像犯人那樣去「勞動改造（勞改）」。

那時劉家子弟已經四分五裂、各奔東西。那天只有妹妹劉亭亭一人為他送行。劉源一頭扎進擁擠的車廂裡躲了起來，不敢見也不想見妹妹。哭成淚人兒的妹妹在如海的送行人堆裡尋找著，一個個窗口查看著，呼喊著。火車啟動了，劉源才擠到車門口，隔著玻璃門與妹妹瞬間相視，只聽妹妹喊了一聲「源源哥！」就一晃而過。劉源回憶說：「當時，我胸中既沒那種響應號召的狂熱，也沒對走進充滿艱難困苦的未知世界的恐懼⋯⋯」

火車進入山西後，學生們沒有想到的是——人們夾道歡迎，鑼鼓喧天。很快，劉源等 27 位知識青年被分配到山陰縣白坊村勞動鍛鍊，劉源被安排單獨住在一間破草房裡，別人是接受「再教育」，而劉源是接受「改造」。

白天用半原始的工具和方法勞累了一整天，晚上還要沒完沒了地接受批鬥。終於有一天，他再也忍受不了了，在夜裡舉行的批鬥會上，劉源突然狂怒地操起一把火鉗，「騰」地跳到門口，發瘋般喊道：「你們還有完沒完？要不想讓我活下去，我就先跟你們拚了，出來一個我捅一個！」同學們一個個都愣住了。

劉源在山西雁北被監督勞動了八年，期間兩度被關進監獄。為了上北京尋找多年杳無音信的爸爸媽媽，劉源曾深夜從鄉村逃出，憑著口袋裡僅有的一把黃豆充飢，白天在貓耳洞裡躲藏追捕，夜間在山道上趕路，晝伏夜出三天三夜，才扒上火車。

劉源在回憶這段經歷時說：「我甚至都不敢完整地回顧山西的經歷，那太令人不寒而慄了。但是那一幕幕、一場場景色都深刻在我心裡，不時地浮現腦際，不讓我安寧。我想任何一個曾無言地與父母生離死別的孩子都會有這樣的感覺。」

「誰曾目睹過父母在侮辱的刑場上，在拳打腳踢中訣別？誰曾親眼目睹有人往才九歲的小妹妹嘴裡塞點著的鞭炮？大家能想像我心裡的滋味。我咬著牙，一聲沒吭。」

「從十幾歲起，我就在鞭子下勞改，在鐐銬的緊鎖中淌著鮮血。多少年，在幾千個日日夜夜裡，每小時我的心都在流著血和淚，每時每刻都忍受著非人的待遇和壓力。我緊緊咬著牙，不使自己變瘋。」

「我走過唾沫和侮辱的狹道，曾幾次被拋入牢房，在那裡埋葬青春；在餓得發瘋的日子，我像孤兒一樣生活著，像狼一樣憎恨世界，我咬著牙活下來。」

淳樸的民眾感化了仇恨之心

不過，劉源當狼的日子並不太長。官方文章這樣寫道：「然而，人間自有真情在。在山西農村，劉源更切身體會到中國農民的樸素真誠、博大慈愛的胸懷，他們並不對劉源表示歧視，相反給他以保護，給他以珍貴的溫情。『慢慢地，我仇恨一切的冰心開始融化。』

白天，劉源像農民一樣辛勤勞作；晚上，他挑燈夜讀。他幫農民算

帳，給他們扎針號脈，他給貧窮單調的農村生活留下一片笑聲⋯⋯」

1975年秋，劉源離開了生活了七年的白坊村。他是最後一個離開那裡的知青。官方文章說：「走的那天，幾乎全村的人都出來為他送行。許多老人、大嫂和媳婦都哭成了淚人，劉源也泣不成聲。他這時深深地感到，自己生命的一部分已經永遠留在了這片貧瘠的土地上。

回到魂牽夢繞的北京後，劉源被安排在北京二里溝汽車廠（後來的北京二汽）當普通工人。剛進廠不久，又適逢『四五』天安門事件，劉源自然又成了被清查的重要對象。工人們心照不宣地把他保護起來，他的師傅、老工人田文奎甚至為他擔保：『我白天黑夜和劉源在一起，他沒有問題！』工人們熱情地教他生產技術和工藝管理，傳授各種知識規程，還經常拉他到家裡撮一頓。拉拉家常，發發牢騷，彼此的信任與融洽再次溫暖了他的心。」

給鄧小平寫信才上了大學

1977年8月21日，劉源從北京長安街沿途的高音喇叭中聽到恢復高考的消息，他仔細看了招生簡章裡面並不涉及家庭出身，於是決定報考，當時他的父親頭上還壓著「全國最大走資派」的帽子。

不久，26歲的劉源接到通知，說他年齡超過25，不讓報名。一氣之下，劉源給鄧小平寫了封信：「小平叔叔，我是劉少奇的兒子劉源。我這幾年從農村又到工廠，聽說您恢復工作抓高考，很高興，大家都很振奮。我想考大學，現在廠子裡不讓考，如果因為我父母的原因、我的出身不讓我考，我很不服氣，何況你這個招生簡章並沒有這麼講。讓我考我考不上，是我自己的事情，誰也不怨⋯⋯」

信不長，就一頁紙，劉源用鋼筆書寫工整，在信封上寫著「中共中

央鄧小平副主席」，然後貼了四分錢郵票，在住家永安裡附近隨便找了一個郵筒投了進去。10 餘天後有了結果。「具體怎麼批的不知道」，只知道鄧小平批給當時的北京市委書記吳德，吳德轉批給北京市負責高招的人，最後由廠裡教育處通知劉源，說是可以報考了。

　　1978 年初的一天，劉源終於收到北京師範學院歷史系的錄取通知書，那一刻，他有些激動。此時，距離父親辭世已近 10 年，母親還被關押在秦城監獄。劉源清楚地記得，3 月 8 日，自己正式入學。

王光美是心狠手辣的迫害狂

　　王光美無疑是文革的受害者，但她同時也是這一罪惡歷史的製造者之一。歷史學家宋永毅在《爭鳴》雜誌上評論說，歷史的真相往往是矛盾和弔詭的。在中共 50 多年的政治運動中，中共黨內的受害者和迫害者的身分常常是合二而一，密不可分。受害者也常常先是迫害者，在意識形態上，受害者和迫害者並沒有任何不同。比如王光美的「桃園經驗」，就開了文革政治迫害的先河。

　　文章說，王光美在中國政治舞台上的地位，並不僅由她作為外交花瓶第一夫人的身分而定，而是她和夫婿劉少奇一同創立河北四清運動的「桃園經驗」，又稱為「關於一個大隊的社會主義教育運動的經驗總結」（1964 年 9 月）。如果我們今天再閱讀一下王光美在全國大力推廣宣講的「桃園經驗」，便會驚訝地發現：它們是毛的文化大革命某種形式的預演，至少為毛的文革在方法上、形式上和思想上提供了難得的經驗。而劉少奇的悲劇在於：其所創立的經驗，最終成了毛澤東打倒他本人的利器。

　　首先，「桃園經驗」在中共最高層開創了「夫人參政」的極壞範例，

使毛澤東隨後啟用江青作為他發動「文化大革命」的先鋒和打手有法可依、有章可循。其次，王光美創立的「桃園經驗」採取「群眾運動」（其實是「運動群眾」）的方式，主張另組「階級隊伍」，進行「奪權鬥爭」，又為毛的文革提供了思路。

最後，劉王合創的「桃園經驗」中，逼、供、信和殘酷的體罰現象比比皆是。為文革中的逼、供、信和打、砸、搶提供了極壞的樣板。在中共的 11 屆三中全會後，這些在劉、王直接指導下搞出來的「經驗」，全部在複查後作為冤、錯、假案平反，可見當時逼、供、信之風的酷烈。

文革中青年學生到桃園去調查這個「四清」樣板時發現：「在王光美的指使下，工作隊大搞逼供信。對幹部實行跟蹤、盯梢、罰站、彎腰、低頭、燕飛、拘留。連敲帶詐，讓幹部脫了衣服到外面凍著。工作隊動不動就掏出槍來威脅幹部……王光美住的四隊武鬥最凶。在鬥爭四隊隊長趙彥臣時，王光美到場見趙彥臣正在罰跪，就鼓動說：『你們搞得好，搞得對。堅決支持你們，就用這個辦法搞下去。』在王光美的唆使下，體罰之風，越演越烈。」這裡值得一提的是：「燕飛」就是文化大革命中批鬥人時極為流行的「噴氣式」酷刑——它很可能發源於「桃園經驗」。據海外新聞媒體的不完全統計，在劉、王直接指導的「四清」中，共逼死幹部群眾 7 萬 7560 人，在全國城鄉共整了 532 萬 7350 人。這些「四清」成績，複查中被證明絕大多數是冤、錯、假案。

文革初期迫害清華無辜師生

文革初期，劉少奇故伎重演，一心想在清華大學再創一個文化大革命的「桃園經驗」，再一次派王光美以「普通工作組組員」的名義去清華大學直接指揮運動，而她立刻成為「太上（女）皇」。

在王的指揮下，工作組不但立刻把校長蔣南翔和所有的副校長全部打成「黑幫」，而且殘酷迫害無辜師生。工作組一進校，就責令全部幹部，包括教研組正副主任「靠邊站」、「上樓」接受批鬥。清華群眾形容當時的亂鬥場面是「遊街一大串，鬥爭一大片，勞改一大隊」。全校500多名幹部中，被王光美指導的工作組打入「黑幫勞改隊」的竟占了70％之多，對普通師生，只要是對中共有過一點批評，抑或對工作組有過一點非議，也立刻打成「反革命小集團」。

一時清華園內冤獄遍地、「右派」叢生。據文革後統計，10年中清華大學共有包括武鬥致死的「不正常死亡者」48人，其中被工作組迫害致死的達三分之一左右！當時年僅20歲左右的工化系學生蒯大富因為「革命」過頭，對工作組提了一些意見，立刻被王光美和劉少奇打成「反革命學生」，就地監禁批鬥，也搞得他差一點自殺。結果這一事件被毛澤東利用，成了打倒劉少奇的一招妙棋，蒯大富成了赫赫有名的清華大學造反派、紅衛兵井岡山兵團的「蒯司令」，王光美反而成了「反革命」。

1967年4月10日，清華大學井岡山紅衛兵在全校批鬥王光美時，很多人都認為：王光美言行虛偽做作，整人、心腸狠毒，雖然造反派鬥她的大會有些過分，但這也是她在清華作惡多端的報應。

應當指出的是，王光美在文革後只是強調自己受迫害的那一面，而對於自己從四清到文革迫害別人的經歷，卻做了種種辯解。比如，她在不少場合仍然把她在四清運動中製造出來的「階級鬥爭」和後來的「反腐敗」相提並論，來證明自己殘酷迫害別人的正確性乃至預見性。這些都是她毫無反省和懺悔的一面。

一個微妙的變化

值得一提的是：文革結束後，王光美對迫害自己丈夫致死的毛澤東的態度，逐漸發生了微妙的變化。在劉少奇還沒有正式平反的 80 年代，王光美和她的子女還基本上對毛作了一定程度的揭露。據說她在看歌頌周恩來保護劉少奇的電影時拂袖而去，因為周其實是迫害劉致死的罪魁禍首之一——劉的項目組長。在劉少奇追悼會的悼詞中，據說她還堅持刪去了「毛主席的親密戰友、好學生」等令人作嘔的字眼。

但從 90 年代開始，隨著她的兒子劉源步入政壇，不久又在武警擔任了總政委，她的兩個女兒也一一成為特權階級——海外中資公司的老闆，她竟然一反常態、開始肉麻地諂媚殺夫仇人毛澤東了。最噁心的例子便是她對評劇藝術家新鳳霞說：「鳳霞，我們都是毛主席的好學生。」以至新鳳霞十分鄙視地說：「她男人都被毛主席整死了，她還說這樣的話，你說壞不壞？」

王光美的言行，蘊藏更深的還是她對於她家庭的特權利益的切實維護，尤其是對於兒子劉源進入中共最上層的政治圈的權謀考量。由她牽頭的劉、毛兩家後人「相逢一笑泯恩仇」的聚會，其實是劉源一手策劃的「政治秀」。

劉源從軍以來，雖然已經官拜武警總政委和軍事科學院政委，但是離開總政治部主任或更高的位子還有距離。據說其中的原因和劉少奇原來在軍界並沒有根基，而忠於毛澤東的老軍頭們對劉少奇的兒子頗懷戒心有很大關係。為此，劉源策劃了這一個異乎尋常的聚會，主要是為了向軍界表明：他雖然是劉少奇的兒子，但也是忠於毛澤東的。而王光美為了兒子的飛黃騰達，自然也心甘情願地作了這一「政治秀」的主角。

第三節

最亮政治明星的兩次遭貶

北大競選：中國一定要民主

　　劉源給大學同學留下的最深印象是：第一，舞跳得極好，用他自己的話說：從小就經常跟著爸爸媽媽出入高幹舞場，所以看也看會了。班裡每次開舞會，劉源都如王子一般。當時他正在同中共元老曾山的女兒、曾慶紅的妹妹談戀愛，曾經把這位女友也帶到班裡的舞會上。曾山的女兒同劉源一樣跳舞跳得好，加之一副漂亮的身段，所以他們倆一出場即令人驚羨。不過劉源在舞場上也很注意不要「脫離群眾」，往往是看到哪位同學靜坐在旁邊被冷落時，即主動上去邀請。

　　1980 年 11 月，北京地區高校大學生舉辦了一場有聲有色的競選人民代表的活動。劉源是北京師範學院在校門口貼出「競選聲明」的第一個選民。他在一次答辯會上講到自己參選的個人動機：「……這十幾年，我與全國人民共同經歷了一場可怕的大災難。我的家中死了四個，六個

進監獄。……今天，回顧以往的苦難，我絕不允許讓別人，讓我們的子孫後代再經歷這樣的痛苦！我必須站起來為人民說話。為了避免災難重演，就必須鏟除產生封建法西斯的土壤，實現民主，不管有多難，路有多長，我們必須從現在起就去爭取民主。」（《開拓——北大學運文選》第 352 至 353 頁，香港田園書局 1990 年）

因為競選演說充滿感情地回憶了他作為前中共國家主席之子在「文革」中的悲慘經歷，競選初期劉源的當選呼聲最高，他的主要支持者是校內的幹部子女（太子黨的雛形），他們組織了專門的競選班子，為劉源大造聲勢。

當時劉源已恢復了「皇太子」的身分。不過，仍有不少人對劉源的家事提出質問。比如有人問到他的妹妹劉亭亭已為北京師範學院錄取，為什麼後來能轉到中國人民大學上學？（1981 年，劉亭亭大學未畢業即考入美國波士頓大學重新學習本科。四年後，她又考取該校商學院碩士研究生，讀了一年之後又考入哈佛大學商學院再讀兩年。畢業後先是在紐約給著名的美國大財團洛克菲勒公司做股票生意，小有發達之後即辦起了自己的公司）。

劉源在答辯會上為自己辯護說：「15 歲成了最黑最臭的『黑崽子』又躍而成為『最高』的高幹子弟，一種典型的隔閡又把我與人民分開，不少人又避開我，猜疑我，誤解我。這兩次重大的變化，都只因為出身。可以說，在平反後，我千方百計與大家打成一片，消除誤解，但是不行。我苦思苦想，這絕不是任何人的過錯，更不能責怪誤解我的同志，這是社會造成的，是社會中那些封建等級觀念要把我與人民隔開，這種隔閡必須靠我自己來打破。我不首先站起來能靠誰呢？只有與封建專制殘餘去搏鬥，與人民一塊，一鍬一鍬填平封建觀念的鴻溝，我才能永遠在人民的懷抱中；只有我主動讓人民審視、檢查我，拋掉榮辱雜念，為民主

而戰，才能贏得人民的信任，才不愧為人民養育的兒子。因此，我出來爭當人民公僕，義不容辭！」

劉源在答辯會上愈說愈激動，贏得了不少女同學的眼淚和男同學的掌聲。他在答辯的最後呼喊道：「中國要民主，一定要實現民主！我願意打衝鋒，向封建殘餘勢力和一切惡弊宣戰！與特權決裂。只有大家都動員起來，中國的前途才是光明的。否則，不堪設想。」

從那時起，劉源就跟薄熙來、習近平等太子黨一樣，覺得自己對這個政權的統治，比普通百姓多了一份責任，不過這份責任裡面，多少成分是為了這個國家與民族，多少是為了自己從父輩延續下來的特權？也就是說，多少是出於公心，多少是為了私利？這也許只有從他們執政後的行動來看，而不是由他們來說。薄熙來就是個例子。他能貪腐600多億人民幣，無論他嘴上把「共同致富」的口號喊得多響，他心裡想的只是自己更多地撈到好處。

談對毛澤東、劉少奇的看法

對毛澤東的功過，劉源當時評價說：「縱觀毛主席一生所為，籠統地、不客氣地說是這樣：民主革命時期毛主席有很大功，也有過。17年有很多過，但也有很大的功。『文革』大難，他應負主要責任，但與林彪、『四人幫』的性質截然不同。」

有學生問「在中國實行多黨制好不好，社會主義國家是不是只適用一黨制？」的問題時，劉源回答：「在目前不會有，也看不到產生第二個與共產黨相爭的大政黨……純粹從理論上看，如果有幾個能代表人民的大政黨並存，多黨制與社會主義並不矛盾，而且有好處。起碼是能使不同意見的存在合法化，又能在競爭中保證真正的優秀分子來當領導。

總之，我國社會主義多黨制問題主要是更有待於進一步實踐的問題。」

劉源在回答他父親的功過是非問題時說：「劉少奇同志不是完人，有錯誤，尤其有嚴重錯誤。尤其是解放後，他的一點錯誤就可能是全黨全國的大損失。掌握多大的權力，也必須負多大的責任。我認為我們黨所犯的錯誤他全有責任，如反右、批彭，雖然他曾極力反對，之後又設法補救解放，這些都成為文革打倒他的大罪狀。但我認為他反右、批彭負有責任。少奇同志最大的錯誤就是沒能制止『文革』的發生，沒能制止這場禍及全國全民全黨的大災難。他作為國家主席，黨的副主席，一線工作的主持人必須負有責任。因為這些災難並不是一朝一日醸成了，基礎也不是一年、兩年打下的。」

當時人們就看出了劉源思想中的一些積極因素和相對於「草民代表」的太子黨局限性。那時的平民學生往往比劉源的思想更開放，對共產黨專制集權的否定也更徹底。後來，北師大官方「選舉辦」向選民們推舉學校御用學生會的負責人蔣孝愚（蔣畢業後效命北京團市委及中共北京市委大學部，成為中共鎮壓歷次學運的馬前卒，後為北京青年政治學院黨委書記），遭到劉源及「草民代表」的共同抵制。

但不久劉源對官方強姦民意的譴責聲突然減弱，而「草民代表」則始終堅定地站在「選舉辦」的對立面，這就使得許多選民認為劉源同官方有了默契，許多選民認為，劉源在對毛澤東及鄧小平等人的評價上官腔太足，另外對魏京生的問題態度曖昧，所以他的選票數大跌，沒有選上。

大學畢業去農村 血統論再現

大學畢業後，劉源完全可以留在北京工作，但他選擇了到父親慘死

的河南農村工作。在後來給中學老師的一封信中，他這樣敘述自己當時的想法：「在大學的四年裡，我經歷了所謂『個人命運』的天翻地覆的變化，從『最黑的』變為『中國頭號高幹子弟』（都是別人的話），而我的精神上也經歷了一段極為劇烈的痛苦時期。我衝出逆境之時，才發現在我和周圍人們之間隔了一道無形的牆，我曾努力去推倒這牆，可是自己的力量那麼微小、單薄，過去許多事情上也失去了群眾的同情、理解和支持。我曾努力去做，證明我同大家沒什麼兩樣，是個極普通的人，但枉然。……經過近一年的思索，我明白了，我不能強求任何人理解我，只能以自己的行動來贏得人民的信任，以幾年、幾十年的不懈努力來拆除那道牆。」

言外之意，在中國那個環境下，「血統論」不但文革時存在，在其他時候也依然存在。他劉源天生就跟他人不一樣，天生就是革命後代，肩負著把革命紅旗扛下去的使命。這就是劉源以及眾多太子黨的想法。

在太子黨中，劉源無疑是為數不多的具有政治企圖的人，與習近平、薄熙來一樣，他們都希望實現自己兒時的夢想：像爸爸那樣，成為對社會有影響力的人。

據一位曾與薄熙來面對面談話一個半小時的記者說，薄熙來充滿承繼中共江山捨我其誰的自信，並把胡錦濤和溫家寶這樣的平民子弟高層，輕蔑視為「暫時代共產黨管理江山的家奴」，認為最終權力應該交回中共紅二代手中。這可以說是太子黨們「憂國憂民」的主要原因：不想讓自己父輩打下的天下，被搶或毀在他人手中。

再說，劉源的親生母親王光美是個很會處理人際關係的女人，為了兒子的前程，她早就在精心安排。1978 年底王光美出獄不久，就帶著劉源、劉平平，來到剛擔任中央紀委第一書記的陳雲家裡表示感謝。陳雲立即接待了他們。劉源回憶說：「說實在的，我們去的時候只是就中

央紀委放我母親出來這個批示，向他表示感謝，但陳雲一見面就提出了父親的平反問題。」

在和鄧小平的一次會面中，王光美提及兒子要求參加高考的信和鄧的親自批覆，對此表示感謝，鄧小平微微一笑，沒有作答。但鄧小平、陳雲都公開講過，要培養自己的子弟（也就是太子黨），「自己的孩子才可靠啊。」

劉源大學畢業準備到河南農村工作，官方媒體報導說：「力促孩子向再生父母（指人民群眾）報恩還情，王光美甚至找到了北京市領導，為他能出北京到農村而『說情』。王光美從不為自己和家人的利益講什麼話，而對走這一次罕見的『後門』是無悔的。」

其實真實情況是，經歷文革後，中共對其幹部的任命也提出了新的標準要求。也就是劉源畢業一年後官方公布的幹部隊伍的「四化」（革命化、年輕化、知識化、專業化）。作為中共高幹子女，他們當然提前知道了這個政策的變化，於是，近水樓台先得月，他們就先下到基層，從下去那一刻起，他們就等待著被提拔上來。

從公社幹部到副省長的躍升

1982 年 1 月，劉源在大學畢業前夕加入了中共，不久他來到父親慘死的河南省新鄉縣七里營公社。雖然他要求先做一名普通農民，但地方當局很快就安排他在公社負責管理社隊辦的小工廠、小企業，並先後擔任了管理區長和七里營公社（鄉）黨委副書記、七里營鄉副鄉長。那時正值平反冤案的時候，很多中共老幹部落實政策官復原職，劉源在公社黨委、管委 17 個正副書記主任中，當了個「恭陪末座」的副主任，人稱「公社第 17 把手」。1983 年 4 月，劉源經縣人大常委會全票選舉

為新鄉縣副縣長，負責抓全縣的多種經營和工業生產；1984 年又全票當選為新鄉縣縣長。

1984 年 12 月，劉源以較大的知名度當選為鄭州市副市長，分管城市建設、對外經貿和計畫工作。劉源擔任鄭州市副市長期間，的確做了幾件為人稱道的好事。他最得意的政績是由他一手主持的天然氣進城的主體工程，原計畫三年完成，實際上不到兩年就完成了，使 4 萬 3000 戶鄭州市居民結束了用煤火燒飯的時代，鄭州市大部分居民都用上了天然氣，這在大陸城市中還是第一個實現的。

回憶在北京跑項目的那些日子，用劉源自己的話來說，就像個「上訪戶」。他利用在北京人際關係熟的條件，在國家計委和石油部之間穿梭往來。

在鄭州，受人美言的還有一件事，那就是劉源讓他們住上了新房，使鄭州市人均住房面積由原來的 3.3 平方米提高到 6.3 平方米，這對於當時擁有 80 多萬居民的鄭州市區來說，的確不是個小事情。

1988 年 1 月，河南省七屆人代會爆出一條轟動全國的大新聞：不是官方提名的 36 歲的劉源，經人民代表直接提名為候選人，投票選舉中一舉當選為副省長。100 多名代表在推薦理由中說：「我們推薦劉源為候選人，並不是因為他是劉少奇同志的兒子，而是因為他謙虛謹慎，工作敢想敢幹而又任勞任怨，有突出的政績。」

不過知情人清楚，這背後是有人在鼓勵和安排。劉源比習近平大兩歲，1985 年胡耀邦直接將習近平空投到福建省廈門任市委常委、副市長，而劉源的提升，和趙紫陽很有關係。

1987 年中共 13 大前，趙紫陽建議副省長一級幹部在省市人大的選舉中應該實行黨內差額選舉制，1988 年初，在河南省第七屆中共代表大會上，許多代表對省級幹部的候選人名單不滿意，一是認為可供「差

額」的比例太小，二是在名單上的人年齡普遍偏大。於是，眾多代表聯名推舉劉源做副省長候選人。河南省委立即就此事請示中央，得到總書記趙紫陽的回覆是：「尊重人民代表的意願。」有了這個批示，劉源高票當選為「中國目前最年輕的副省長」。

1988年，劉源已經是河南這個中國農業大省的副省長，而習近平還只是廈門的副市長，而薄熙來只是大連市的宣傳部長，薄比劉低了兩級。曾提拔胡錦濤的宋平，當時曾就劉源一事向中共高層遞了一份專門報告，對他大加褒揚，那時的劉源是中共第五代接班人的首選。

唯一反對「六四」鎮壓的太子黨

上任省長後，劉源分管工業、交通和安全。為了跑項目、跑資金，用劉源自己的話說：「有時碰到那些關鍵人物，我這個省長也像個孫子似的，不過好在咱們一來年輕，二來又不是給自己辦事，當當孫子也不覺得丟人！」

但劉源在擔任四年多副省長之後，並沒有如願以償地升為省長或省委書記，最後不得不離開河南。

劉源從科級鄉長升到副省長，總共只用了六年，換句話講比坐火箭還快，這中間隔著十幾級，即使半年提一級，都夠緊的。

最初在劉源、薄熙來、習近平三個太子黨中，劉源是最領先的，但等到1989年後，劉源很快就從正看好的仕途上調走了，雖然武警水電支隊政委也是官，但那是個冷板凳。後來經過一番努力，他又調回了總後勤部擔任政委，但在三位太子黨競爭中，劉源實際上是最早出局的。

有人稱，劉源仕途受阻，關鍵是河南的官場太複雜，但據知情人向《新紀元》透露，1989年「六四」事件後，劉源是中共高幹子女中唯

一與「六四」鎮壓劃清界限的一個，這才是他仕途受阻的最關鍵因素。不過官方報導曾放煙霧彈，稱 1989 年 5、6 月間，劉源「夜以繼日地苦勸大學生保持理智情緒，並成功地勸回了一批從河南到北京聲援的大學生。」

劉源自己也公開否認他的落敗是因為官場權鬥，他說：「在人與人惡鬥上，你們十個捆一兜，也沒我見識多。整人跟打仗差不多一回事⋯⋯」「河南社會極其複雜，人稱『出生入死』之地。這裡，我為河南說句公道話，我大學畢業分配到河南，恰恰是一路『升』；所見鬥得最厲害的人，又恰恰多數不是河南人，而是在河南工作的外地人。『八九風波』後，省班子矛盾暴露，鬧得一塌糊塗！中央工作組進駐八個月，僅其中一次民主生活會，就開了 22 天！最後，省委書記、省長，四個副書記、三位副省長，撤的撤，調的調，降的降，退的退。我仍安然度過⋯⋯」

不過劉源並沒有像他所說的那樣安然度過。有人爆料說，劉源調離的原因是因為河南省主要領導到中央參了他一本，稱他在工作上越來越不稱職，連省委和省政府召集的會議都經常不參加。有一次省委開會到處找不到他，後來才知道他到山裡打獵去了。

劉源可能是因為「六四」事件對共黨政權失去信心，所以才得過且過。據說當時中共八大老認為：趙紫陽的父親被中共屠殺後使趙要改變共產黨，於是害怕與趙紫陽有類似經歷的劉源被重用後會仿效趙紫陽，恰恰此時有對他的投訴，於是就給了劉源去武警當閒職的調令，由「官員層」發配到「勞務層」。這其中薄熙來的父親薄一波在裡面上竄下跳起了很重要的作用，由於薄一波把一封舉報江澤民的信扣在手裡，以此脅迫江澤民，於是薄熙來在江澤民的提拔下直線上升，迅速超過了劉源的官級。

兩次仕途受挫：當水警 掛閒職

不過，劉源並沒有被堵死升官之路。1992 年 5 月，劉源接到中央命令，出任中共人民武裝警察部隊水電指揮部第二政委兼副主任，後任政委，同年晉升武警少將警銜。政府部門走不通，就走軍隊，武警水電部隊是修大壩的，和真正的軍權相去甚遠，這種曲線變動，也是有心安排的。

誰在暗中主使呢？劉源在紀念楊尚昆的一篇文章中公開提到，「1991 年，楊爸爸主動對我說，小平叔叔幾次講過軍隊與地方的幹部要互相交流。當時，我並沒有意識到什麼。不久，中央調我到武警水電部隊。」

中共武警水電部隊接受武警總部和國家電力部、水利部的雙重指揮，完全是工程兵性質，其下屬支隊分布於全國各地，哪裡有新建水電站，哪裡就有他們的任務，並沒有軍權，直到六年後的 1998 年，劉源才轉任武警總部副政委，開始涉入掌控和平時期的武警這個暴力機器的權力圈，兩年後的 2000 年，劉晉升為武警中將警銜，2003 年 7 月，劉源才真正轉到軍隊，任中共人民解放軍總後勤部副政委，並獲得中將軍銜。

出人意料的是，本來想在軍方一路升遷的劉源，兩年後的 2005 年，卻被貶到軍事科學院這個閒職上，直到六年後的 2011 年，才殺個回馬槍，重新回到解放軍總後勤部擔任政委。上任不到一年，他就公開挑戰三軍頭，並把谷俊山挑下馬，而谷俊山卻發出了「同歸於盡」的狂言，令中南海震驚不已。

到底劉源在總後經歷了什麼？看到了什麼驚天祕密？遇到了怎樣的對手，不得不敗走麥城呢？他的東山再起、鹹魚翻身，到底是誰在背後發力呢？

習近平的太子黨盟軍

第七章
軍中腐敗與總後祕密

劉源主掌解放軍總後勤部以後，做了幾件大事，其中最轟動的是協助習班子打掉軍中最大的貪官之一谷俊山，使其後台、軍委副主席徐才厚和江家幫貪腐祕密浮出水面。

（AFP）

第一節

江澤民親信王守業與谷俊山

江澤民惡績：軍艦走私猖獗

講述劉源在總後勤部的遭遇之前，讓我們先介紹當時中共軍隊的狀況。

在江澤民擔任中共軍委主席之前，軍隊是不許經商的，但江上台以後，由於他自己貪腐在先，無法阻止他人的效仿，於是軍隊高層也跟著貪腐，最後形成了「上梁不正下梁歪」的局面。在「悶聲大發財」的思想指導下，軍隊不但經商，而且還販毒、走私，無惡不做。

1998 年 9 月全國走私工作會議上，時任的總理朱鎔基總理稱，近年每年走私 8000 億，軍方是大戶，其走私金額至少 5000 億，以逃稅為貨款的三分之一計，便是 1600 億，這些所得全未補貼軍用，八成以上進了軍中各級將領私人腰包。

軍隊走私，大多動用軍艦、軍用專列、軍用汽車等，甚至還出動

士兵。民眾評論說，以保衛國防的武力保護軍人走私，真是殺雞焉用牛刀！要掃平海關緝私船，甚至攻打海關，也輕而易舉，有的是機槍、大炮、真要動高科技武器，也易如反掌。有消息稱，從 1999 年 2 月 2 日到 2 月 22 日的 20 天裡，中共解放軍各軍、兵種，各大軍區、各省軍區之間及內部為私吞走私費用，發生了大小數百場戰爭。

朱鎔基曾在會上講，光是 1998 年上半年，軍隊開槍、開炮，打死海關緝私人員、公安、武警、司法幹部 450 多人，打傷 2200 多人。中共軍隊走私，可以讓軍方氣象台和軍用通訊為其服務，可以冒用總理簽字，隨便蓋軍委副主席的印章。

1998 年 11 月中旬，中共中央軍委、中央軍紀委在北京西山召開了軍委生活會議，江澤民、朱鎔基、張萬年、遲浩田、張震等都講了話。據遲浩田講，從 1994 年以來，軍隊所辦經濟實體的資本、收入，有80％被高、中級幹部私人挪走。會上還有人披露說，「軍隊經濟實體移交過程中已發生 130 宗殺人滅口、攜巨款潛逃等惡性事件，其中湖北省軍區參謀長，遼寧省軍區後勤部辦公室主任、濟南警備區後勤部代部長等已攜巨款逃到海外。」

也有在國內被抓的。中共海軍副司令員王守業在 1997 年至 2001 年五年間，在總後勤部任副部長兼基建營房部長期間，濫權貪污、挪用公款高達 1 億 6000 萬元，一審被判處死緩。王守業是當時軍方公布涉及贓款數額最高、職務最高的將軍（軍銜中將）。

王守業：被胡錦濤留下活口

王守業，1967 年大學畢業參軍入伍，先後在第 38 集團軍、北京軍區後勤部基建營房部、總後勤部基建營房部任幹事、助理員、工程

師、處長、副局長、局長、副部長，1995 年晉升為總後基建營房部長，2001 年晉升為解放軍海軍副司令員。中將軍銜，中共人大代表。

王守業原有妻子和兩個女兒，但因其生性風流導致夫妻關係不和，其妻與他早已分居。人稱王守業是個混世魔王，他的情婦少說也有七、八個，幾乎遍布全軍文工團，來自北京軍區、南京軍區、總政、總後及陸軍學院，「一個都不能少」。

在多名情婦中，相對固定、時間最長的是蔣雯（音）。蔣原係某大軍區的文工團演員。兩人交往始於 1996 年前後。當時王憑著他的少將基建部長的權勢地位，輕易便將她調至北京，從此包養起來。兩人有長達八年的私情，且生有一私生子。王最後栽在情婦蔣雯手裡。

2001 年晉升為海軍副司令員後，王守業打算與蔣分手，並要求獲得與蔣所生之子的監護權。蔣某提出 500 萬元巨額賠償的要求。二人因此鬧翻後，王又威脅蔣的安全。蔣擔心被滅口，就到中央軍委、海軍司令部上訪告狀。蔣又串聯王守業另外兩名情婦，聯名給中共中央政治局、中央軍委主席、副主席寫控告信。

據稱，王守業被告發 58 次，才告准了。其情婦前後告了兩年，還天天跑到海軍大院門口散發控告傳單，終於引起有關部門關注，並立案展開調查。

有評論文章說，王的情婦中有幾個在文工團，令人聯想到文工團的某種作用。在和平時期，文工團的作用完全可以由社會上的一些文娛團體來提供，為什麼還要花那麼多寶貴的軍費來養著這麼多吃飯的人？莫非另有它用？有人戲稱，有一種女人，美國叫勞軍女郎，日本叫隨軍侍女，中國叫文藝女兵。美國的勞軍女郎、日本的隨軍侍女是制度性的為普通士兵瀉火，中共的文工團是潛規則下為領導洩慾的。

2001 年，年近 60 歲的王守業本來已面臨退休。在這一年的 3 月 8

日，時任海軍副司令員的賀鵬飛（賀龍之子，中將軍銜）因病在京逝世，終年 56 歲。五個月後，經中央軍委任命，王守業履新海軍第二副司令員，分管後勤工作，軍銜也由少將晉升為中將。

在王守業不斷升遷的過程中，尤其在 1995 年後，不斷有內部人士舉報王守業在營房建設上的經濟問題。「王守業的問題並非一天兩天積累下來的，告他的人從未斷過，但越告他升得越快。」總後勤部基建營房部一位退休人士稱。

在王守業瘋狂斂財的五年時間裡，有四年被評為「優秀黨員」、「優秀幹部」，還立過兩次三等功。王守業晉升海軍副司令員時，據稱中央軍委紀委一關就未通過，認為王守業「生活作風放蕩、工作散漫、好大喜功」，但由於當時王所在的總後勤部對他的鑑定幾近「完美」，關鍵是背後有江澤民撐腰，於是他終於突破中央軍委紀委這一關，順利升為海軍副司令員。

王守業於 2005 年 12 月 23 日被中央軍委紀委「雙規」，半年後的 2006 年 5 月，軍委最高檢察院才介入王案調查。軍方紀委人士稱，王守業所涉經濟問題源於內部舉報，當時調查發現，在其北京、南京的兩處寓所，查獲現金 5200 萬人民幣，現鈔美元 250 萬，在其辦公室小金庫帳號內還有存款 5000 餘萬元人民幣，涉案金額已經上億元。

2006 年 6 月，中共官方宣布，王因「道德敗壞」、「利用職權索賄、受賄」和「涉嫌嚴重違紀違法」被中央軍委免除其海軍副司令員職務。據說王守業在被批捕時曾欲拔槍自殺，但自殺未遂。經檢查，王守業隨身公文包中有德國製消聲手槍，已上了子彈，這說明王守業已預感到他的末日來臨。

由於貪腐 1.6 億人民幣，王在一審判處死緩，等到了 2006 年 12 月 14 日北京作出終審判決時，又改成了無期徒刑。據說其減刑原因是在

覆審時，王又交待出軍方高層數百人，包括江澤民的心腹幹將賈廷安受賄 500 萬。親自處理王案的胡錦濤為留活口對付江澤民，二審時把王的高達一億多的貪腐案減成 1000 多萬，改判無期徒刑。

谷俊山：王府井將軍府的主人

沒想到六年後，接任王守業那個「總後勤部基建營房部長」位置的谷俊山，同樣因為貪腐而落馬。由此可見，中共的貪腐主要不是個體失誤，而是制度缺失。

谷俊山 1956 年 10 月出生於河南濮陽，平民出身。他像倒台的鐵道部長劉志軍一樣，走的是自己女人的裙帶關係。谷俊山的妻子是軍方高幹之女。谷於 2007 年 6 月接任營房部長，2009 年升任總後勤副部長，2011 年 6 月晉升中將。

據說，谷俊山把上海最中心地區的地價評估為 2000 萬一畝，但賣給地方老闆卻是 20 億一畝，一下淨賺了 100 倍。這樣的事他在全國十幾個省都幹過。谷出門不光是坐飛機，而是全部是坐專機。他把全軍的拆遷辦公室給解散了，弄三個自己的親信把持公章，在全國範圍內變賣軍產。他還把軍隊給退休老幹部蓋的 400 多棟高級公寓，以他個人名義送給私人；他還把公共建築樓送給資本家，並要求對方必須刻上他個人的名字。谷俊山還把他當過國民黨的父親的墳墓修成了陵園，規格跟南京雨花台的烈士陵園差不多。

谷俊山在寸土寸金的北京朝陽區 CBD 商務區繁華地段耗資上億元為自己營造的一個銷金窟，名曰「將軍府」。占地 20 餘畝，裡面有三個別墅群，「白玉為堂金作馬」，奢侈勝過皇家。院子裡種了幾棵樹，每一棵樹的價值都達 40 萬人民幣。谷俊山不光自己貪，其家人也跟著

貪腐。其弟是河南家鄉有勢力的房地產商,仰仗哥哥之勢生產軍隊用品起家,強占土地開發。

據說,谷俊山的落馬跟歌手湯燦有關。38 歲未婚的湯燦是湖南株洲人,有八分之一的俄羅斯血統,曾師從中國音樂學院著名聲樂教授金鐵霖。湯燦 2010 年 9 月被特招入伍。《經濟觀察報》記者仇子明在微博爆料說:中紀委已掌握湯的床上名單,其中包括前深圳市長許宗衡、原中央電視台台長焦利、河南開封市原市長周以忠等。

谷俊山為什麼如此肆無忌憚,原因就是他財大氣粗,長袖善舞,又精於算計,多年來四處經營,上下打點,營造了一個靠山強大、後台很硬的政治圈子,一有事情,軍中大老就會為其撐腰。

當初他在總後勤部基建營房部任部長的時候,一直想再上層樓,時任總後勤部長的廖錫龍就不同意。手眼通天的谷俊山居然沒通過總後,直接由中央軍委任命為總後副部長了,讓不少人為此大跌眼鏡。其後台就包括軍委副主席徐才厚。

不僅如此,谷俊山在培植黨羽親信方面也有一套,他的一個祕書剛 35 歲就被他提拔到總後某局任正師級局長,結果引發十幾個下屬單位聯名告狀,說他任人唯親,但因上面罩著,後來也是不了了之。據知情人說,谷俊山胃口極大,其涉案金額已經達到駭人的天文數字,相比之下,王守業的貪污案只能是小巫見大巫了。

岳飛有句名言:「文官不貪錢,武官不惜死,天下太平矣。」當今中共文官都貪錢,武官皆惜命。唱歌將軍、跳舞將軍大行其道;叛徒將軍、腐敗將軍大有人在,不愛武裝愛紅妝,這樣的軍隊會有什麼戰鬥力?

第二節

解放軍總後勤部的驚天祕密

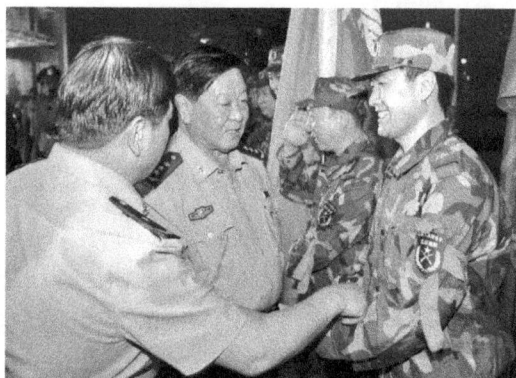

在劉源之前的中共解放軍總後勤部政委孫大發（中）被舉報涉入活摘器官罪惡甚深。（新紀元資料室）

劉源 2003 年 7 月任總後勤部副政委，2005 年被調到軍事科學院任閒職政委，為何劉源只待了一年多就離開總後，六年後他又怎樣重回總後掌握實權呢？他在總後看到聽到了什麼呢？

部隊軍醫的黑心錢

目前中共陸軍都歸入了四總部：總參謀部、總政治部、總後勤部和總裝備部。總後勤部是管錢管物的，是軍隊中最直接接觸利益的部門，

其中，軍隊醫院和軍隊營房建設等都直接歸總後勤部管轄。

中共軍隊的貪腐嚴重，不過相比於走私貪腐，更血腥更殘暴的事發生在總後，連希特勒都沒敢幹出的惡事，連日本 731 部隊都沒做出的罪行，中共軍隊都幹了，而且還是在光天化日之下反覆幹的——從活人身上摘下血淋淋的器官，移植到一個花錢買器官的病人身上，醫生從中賺取人血饅頭式的黑心錢。

據中國醫科大學第一附屬醫院的國際移植網絡支援中心費用表顯示，當時在中國做一個腎移植需要六萬多美元，肝移植 10 萬美元，肺和心臟器官要 15 萬美元以上，而這些器官卻免費來自於被活活害死的法輪功學員。

2006 年 3 月，繼兩位證人指證瀋陽蘇家屯醫院活體摘取法輪功學員器官之後，一位瀋陽老軍醫給《大紀元》獨家爆料說：「蘇家屯地區的醫院僅僅是全國 36 個類似集中營的一部分，但是目前的法輪功學員基本上還是在監獄、勞改營、看守所較多，只有需要的時候才大規模調動。目前全國最大的關押法輪功的地區主要是黑龍江、吉林和遼寧，僅在吉林九台地區的中國第五大法輪功集中關押地就有超過一點四萬人被集中關押。……在我接觸的資料中中國最大的法輪功關押地在吉林，只有代號是 672-S，關押人數超過 12 萬。」

老軍醫還透露說，「中共中央同意將法輪功作為階級敵人進行任何符合經濟發展需要的處理手段，無須上報！也就是說法輪功如同中國許多的重刑犯一樣，不再是人，而是產品原料，成為商品。」由他經手、假冒法輪功學員家屬在器官移植書上偽造簽名的，就有六萬份。也就是說，至少六萬名法輪功學員被殺害後，他們的器官被移植給了有錢的病人。

被祕密抓捕的上百萬好人

　　法輪功是一種教人按照「真善忍」來提高自己的修煉功法，通過五套簡單的動作，能迅速讓人淨化身體和心靈。調查顯示，法輪功祛病健身有效率高達 98％以上，人們學煉法輪功後，成為社會上的好人，好人中的好人。然而在 1999 年 7 月 20 日，江澤民一意孤行發動了對法輪功的鎮壓。當時中國有一億多人學煉法輪功。為了維護憲法賦予的合法煉功環境，法輪功學員自發地來到北京上訪。

　　據北京公安內部消息，截至 2001 年 4 月，到北京上訪被抓、有登記紀錄的法輪功學員就達 83 萬人次。為了不讓中共株連所在工作單位和地方派出所公安局，大批法輪功學員不報出姓名，也就無法作登記。有消息說，2001 年 10 月，北京公安局通過計算每天街頭饅頭售出量的猛烈遞增，估算出當時來京上訪的法輪功學員至少 100 萬。

　　由於北京公安無法將不報住址的法輪功學員遣送回原籍，北京監獄個個爆滿，上訪學員還在源源不斷進來，中共各地勞教所也爆滿了，於是中共將法輪功學員祕密轉移到不為人知的地下監獄、勞教所或集中營關押。就這樣，數十萬計的法輪功學員（主要來自東北、華北及各地農村的法輪功學員）從此失蹤了。而共軍總後勤部所屬單位作為負責押送管理被抓法輪功學員的主要部分，他們在殺人偷盜器官上就「捷足先登」了。

全軍器官移植會被緊急叫停

　　2006 年 5 月 10 日，就在活摘器官被曝光兩個月後，大陸媒體報導說，「接上級指示，全軍器官移植會緊急推遲」。負責承辦該會議的長

征醫院器官移植研究所（全稱：解放軍第二軍醫院第二附屬醫院上海長
征醫院解放軍器官移植研究所）在其緊急通知中寫道：「接上級通知精
神，原定於 2006 年 5 月 12 日至 14 日在上海光大會展中心召開的全軍
器官移植學專業委員會成立暨首屆學術會議因故推遲，具體時間另行通
知。」

據「追查國際」調查，在中國 150 多家部隊醫院中，絕大部分都開
展了器官移植業務，他們原計畫都要參加這次上海會議的。隨意瀏覽這
些軍隊醫院的網頁不難發現，軍隊實施器官移植手術的數量相當驚人。

比如中等規模的濟南軍區總醫院泌尿外科已完成腎移植手術 1500
餘例。畢業於上海第二軍醫大學的李香鐵科室，創出 24 小時內連續實
施 16 例腎移植手術的全國紀錄，其導師李慎勤一人就做了 1000 餘例腎
移植。在預計召開的全軍器官移植大會上，李香鐵是大會學術委員成
員，李慎勤是大會顧問。

全軍器官移植中心主任石炳毅公開表示，2005 年全國進行了近萬
例腎移植、近 4000 例肝移植，到 2006 年達到歷史最高峰：兩萬例，而
1999 年全國僅有 4000 多例腎移植，肝移植數幾乎為零。

總後勤部政委孫大發的升官祕密

2006 年 5 月 7 日，瀋陽老軍醫再次向《大紀元》披露了「中央軍
委處理涉外宗教問題」的會議內容，他說：「近日總後勤部負責人（中
將軍銜）向全國各地方相關軍事機構轉發了在北京祕密結束的一個會議
精神，要求『針對特別軍事監管管理區（即集中營）問題的信息大量外
洩』問題，『進一步封閉法輪功的信息渠道，強化保密體系，並重申了
對洩密行為的嚴厲處罰。』」

　　細心的讀者可能會有個疑問：為什麼中央軍委召開處理法輪功這個「首要政治問題」會議時，傳達貫徹落實會議精神的，不是軍隊總政治部的人，而是總後勤部的人呢？法輪功跟後勤部有什麼關係呢？

　　長征醫院網站上有一篇報導說：「2006 年 4 月 6 日上午，解放軍總後勤部政委孫大發中將在大學和醫院領導的陪同下視察了我器官移植研究所。」當時，全軍器官移植會將在 5 月 12 日召開，此前的 2006 年 1 月 17 日，孫大發還代表總後黨委向第二軍醫大學附屬東方肝膽外科醫院院長吳孟超頒發了 100 萬元獎金，吳孟超也是這次全軍器官移植會議的首席顧問。

　　官方材料顯示，孫大發 1945 年 11 月出生於安徽金寨，國防大學碩士畢業。1993 年曾與李智舜合著《高技術戰爭謀略》一書，據說對未來戰爭中中共軍隊怎樣立足於相對落後的信息武器裝備，如何施計用謀等研究很深，孫大發也因此被軍頭們稱為科技戰專家。

總後部長廖錫龍的發家史

　　現任中共人民解放軍總後勤部長廖錫龍（1940 年 6 月～），出身平民，成名於中越戰爭中收復者陰山一役，因戰功被鄧小平任命為副軍長，不過 1999 年 12 月，江澤民又把者陰山重新交還給了越南政府。

　　1999 年 4 月 25 日之後，妒嫉心極重而又心胸狹窄的江澤民決心置法輪功於死地而後快，但中共政治局常委會上，其他六人都反對鎮壓。於是江背後耍陰謀，強迫其他人表態同意鎮壓法輪功。江找到了時任成都軍區司令員、黨委副書記的廖錫龍，要廖助他一臂之力鎮壓法輪功。

　　廖口頭常說的一句話就是：「北京怎麼說，我們就怎麼做。」廖當然知道，江找到了自己辦事，這絕對是一個往上爬的好機會，一定要抓

住這難得的機遇。於是廖夥同成都軍區情報處祕密編造假情報，稱從法輪功的郵箱裡獲取了法輪功搞政治、要推翻共產黨的郵件。

與此同時，江澤民還指使曾慶紅、羅幹命令在紐約的情報人員謊稱，法輪功有海外背景，拿了美國中央情報局數千萬的資助。於是，江澤民拿著誣陷法輪功的假情報，要挾政治局常委其他人員，逼全體政治局常委表態同意鎮壓法輪功。

廖錫龍不僅是江澤民迫害法輪功暴力機器的驅動器，也是中共惡黨迫害法輪功的急先鋒。廖由於執行江的邪惡政策不遺餘力，很受江的賞識，2002 年他被江提升為中央軍委委員、解放軍總後勤部長，並負責把活摘器官產業化、軍事化，當作一場戰爭來指揮。於是 2002 年後，中國器官移植迅速發展，到 2006 年被曝光前達到了頂峰。

301 政委文德功涉入甚深

據知情人透露，主管活摘業務的是總後勤部長，而總後政委負責對外宣傳和消聲。2005 年 7 月，孫大發任總後勤部政委不久，海外曝光出蘇家屯事件，孫大發因在瀋陽軍區主管活摘器官，於是他被推到了前台救火。孫向全國各地相關軍事機構轉發了北京祕密會議精神，「針對特別軍事監管管理區（即集中營）問題的信息大量外洩」問題，「進一步封閉法輪功的信息渠道，強化保密體系，並重申對洩密行為的嚴厲處罰。」

2007 年，移植學會醫療事務主管和世界衛生組織顧問 FrancisL. Delmonico 醫生訪華時，負責接待的不止有中共衛生部長陳竺和副部長黃潔夫，軍方人物也占了一半，其中包括軍隊 301 醫院的政委文德功。由於中國器官移植的來源不透明，涉嫌犯罪，國際移植界一直拒絕接受

中國醫生的論文。

　　當時人們很納悶，文德功不是移植醫生，與衛生部也沒有任何瓜葛，為什麼他會出席這個重要的國際會議呢？原來文德功在擔任 301 醫院政委前，曾經是總後勤部政治部副主任，對活摘器官的流程和如何應對西方人當然得心應手。

　　2003 年 7 月，劉源調任總後勤部當副政委，當時孫大發還在南京軍區任職。兩年後，按理說劉源可以從副職轉正，「意外」卻發生了。2005 年 7 月，中央軍委把孫大發從南京調到北京，做了總後勤部政委，當了劉源的上級，五個月後的 2005 年 12 月，劉源調任軍事科學院當政委。直到 2010 年 12 月孫大發退役後，2011 年 1 月，劉源才回到總後勤部任政委。

　　毫無疑問，劉源對活摘器官是知道的，至於他是否積極參與活摘，是否犯下反人類的罪行，那得經過考證才能得出結論。不過有一種可能是，劉源看不慣總後殺人取器官的惡行，才決定從富得流油的總後，調往清水衙門任閒職。

第三節

新民主主義的追隨者

調入軍事科學院 裁軍立功

2003 年至 2005 年，劉源在腐敗透頂的總後被稱為「礙手礙腳」，最後被排擠出了總後。當時軍事科學院的政委溫宗仁上將屆齡退役，騰出了這個大軍區正職的空位，於是，2005 年 12 月，在孫大發從南京調到北京任總後政委五個月之後，劉源離開總後，到軍事科學院當政委。

中共軍事科學院是中共中央軍委領導下的軍事研究中心，也是中共軍隊的重要智庫。劉源在軍科院期間，適逢中共軍隊第十次大裁軍：在「九五」期間裁減軍隊員額 50 萬的基礎上，2005 年前再裁減員額 20 萬，於是他參與了裁減人數最為集中的總後系統四所院校向地方整體移交的工作。

有知情人士對《新紀元》表示，習近平對劉源在裁軍問題上的表現很滿意，因為習近平上任後，也將面臨進一步裁軍的問題，這是前任遺

留下來的難題。於是習近平準備提拔劉源，以便讓他幫忙處理這一大難題。據說，劉源、劉亞洲等太子黨軍方人士，是習近平在軍隊中的最大依靠，隨著習近平的上台，這些軍中太子黨也覺得到了出頭的時候。

2011 年 1 月劉源重新回到總後，但他引起外界注目的卻是 2011 年 4 月 24 日，他率領一幫少壯派軍人參加了他的智囊、密友張木生在北京召開的《改造我們的文化歷史觀》一書的新聞發布會暨研討會。劉源在序中先是用讚美的口吻介紹了張木生的成長經歷，接著談了自己的戰爭觀。

他說，「歷史寫滿殺戮血祭」，「戰爭來自人的慾望，人慾不滅，消滅不了戰爭！」「誰都逃不脫、躲不開戰爭。」

劉源曾要求拋售美國國債以懲戒美國，而少將朱成虎更坦言應放棄中國不首先使用核武器的戰略，利用核戰爭毀滅敢於挑戰中國的任何國家，包括美國。與會軍隊少壯派宣稱：「民主、自由、人權、人生而平等，這都是一些沒有實質意義的概念；我是一個軍人，講什麼東西都跟安全聯繫在一起，尤其是國家安全，至於普世怎麼普世，我表示懷疑。」他們那種「存在就是合理」的強權邏輯和赤裸裸的國家主義、軍國主義的言論，令外界非常吃驚。

有趣的是，同時出席研討會的還有中國重量級的自由派編輯，包括歷史和政治雜誌《炎黃春秋》的吳思，以及《財新》雜誌的胡舒立等，但劉源並沒有讓他們暢所欲言。

新新民主主義的虛幻理論

劉源、張木生提出的「回到新民主主義」的目的，就是典型的要為共產黨「重塑合法性」的左派思維。他們認為，一切都可以改變，但中

共一黨專政的核心是不能變的。

中共的一黨專政有三種模式:文革前是以工人農民為基礎的一黨專政,文革中是領袖專政與群眾專政直接結合的一黨專政模式;文革後,鄧小平時期特別是江澤民時期,是建立在精英基礎上的一黨專政,工人農民都變成了弱勢群體,於是就出現了統治危機。

劉源們看到這種危機,他們不願從根本上放棄中共的專政體制,於是提出了向工人農民讓步的對策。具體有三條:一要把國家現有的巨大存量資產,變成社保基金、福利基金,「解決 70％還沒有富起來的人的民生問題」;二是要允許工人、農民「有組織」,共產黨來當裁判,以此建立合法性。三是允許發展資本主義,同時又能夠駕馭資產階級。

張木生相信這種在一黨專制構架下的改良結果是「制衡會有的,憲法會有的,不同派別在一個黨內也會有的,輿論的公開和自由,包括思想的自由和獨立,在一個黨內最後也是能解決的。」

然而真正看清中共邪惡本質的人會覺得他們的想法「太天真」,是不合實際的謬論。

紅二代與薄結盟 薄罵胡是「漢獻帝」

劉源這些左派觀念,跟當時在重慶高舉左派旗幟的薄熙來不謀而合。

《開放》雜誌報導,根據王立軍交代和中共中央調查,劉源曾與薄熙來結盟,紅二代和軍方少壯派合謀,待薄「18 大」入常、掌控政法系統、時機成熟後,廢黜「習阿斗」,取而代之,實行更嚴厲的統治。劉源是否參與薄熙來的政變還有待調查,但劉源一直支持薄熙來的唱紅打黑卻是否認不掉的事實。

有消息稱，薄熙來問鼎中央最高權力，既有政治局常委周永康作後台，也有一大批有相同國家主義和血統論意識形態的紅二代，特別是一些少壯派將領的支持。薄熙來和這些紅二代權貴子弟結盟，形成了一股強大的勢力，對胡溫中共中央及繼任習近平、李克強中共中央構成很大的威脅，這也是促使胡溫果斷出手解決薄熙來的重要原因。

薄熙來和紅二代結盟的第一個共識是他們強烈的「江山意識」。他們認為共產黨的江山是他們的父兄打下來的，只有他們才是繼承江山的真命天子，即文革時一度盛行的「老子革命兒接班」的血統論。薄熙來的狂妄和野心即來自於此。

薄熙來曾公開表示，胡錦濤和溫家寶這樣的平民子弟，只是暫時為共產黨管理江山的家奴，最終權力應該交回到中共紅二代手中。薄曾向一位記者說，現任九個常委智商很低。據說在王立軍交給中共中央的薄熙來私下談話錄音中，可聽到薄熙來罵胡錦濤是「漢獻帝」，江澤民是「現代慈禧太后」，習近平是「劉阿斗」。

張木生暴露太子黨上位野心

張木生可謂紅二代中的積極分子。張木生 1980 年代初進入中共中央書記處農村政策研究室，跟隨杜潤生參與農村改革設計；現為中國稅務雜誌社社長，其政治思想左傾，父亦為中共前高官。

1965 年 7 月張木生初中畢業，同陳伯達之子陳小農一起到內蒙古插隊落戶。「文革」爆發後他們回到北京。張回到母校，卻沒有鬥爭老師的心思，而是與一些在校學生一起組織了一個紅色少年公社，想效法青年毛澤東，辦講習所，搞共產主義實踐，至少可以認認真真地讀些書。他們的想法得到了當時一些中共中央領導的支持，講習所幾乎就要在湖

北紅安辦起來了，但是由於 1967 年 1 月掀起的「紅色風暴」使各級組織一下子癱瘓，於是辦學校的計畫落空。

1967 年冬，張木生去了大寨，然後回北京待了一段時間，第二年春天又回到他插隊的臨河，與六、七個從北京來的知青一起辦起了講習所。這其中有一位叫李秋夢的知青，在講習所幹了一個月，覺得沒意思便回生產隊自薦當上了隊長，並試著推行小包乾、增加自留地、辦副業，沒想到竟使生產隊增產十幾萬斤糧食。

這件事深深地刺激了張木生，在大量讀書和思考的基礎上，1968 年秋張木生寫出了三萬字的長文《中國農民問題——關於社會主義體制的研究》，在知青中間颳起了一陣「張木生旋風」。文章對斯大林體制、農業學大寨、知青下鄉、包產到戶等問題提出了許多不同的看法。文章引起了極大的反響，也招來一股猛烈的批判。

張木生近年來大力推銷劉源父親劉少奇的新民主主義，說要重樹共產黨的合法性。批評者指劉少奇的新民主主義其實仍然是中共傳統極權主義，僅是去掉了毛的階級鬥爭這部分，可說毫無新意。

據北大教授錢理群說，張木生在接受記者採訪時，一再提及「未來的當政者」，強調「我們國家已經被一些軟弱無能、沒有血性的領導者帶入了一場嚴重的政治和社會危機當中」，「下一屆最高領導者絕不會允許目前的狀況再延續下去」，「會有人很高地舉起（旗幟）」，「用很高的政治智慧來解決當時他所面臨的問題」，說這樣的「下一代的領導人」有「一批」，並且點名說劉源就是這樣的「非常有理想」的共產黨員。張木生一席話暴露了劉源急於上位的政治野心。

當然相比之下，更有鐵腕的薄熙來才是紅二代心目中最有血性的領導人。如果說劉源的新民主主義還只限於出書開討論會的紙上談兵，而薄熙來唱紅打黑的重慶模式則顯得頗有「成效」，薄的重慶模式自然被

紅二代們視為重樹共產黨合法性，保住共產黨江山的可行性實踐。為宣揚劉源新民主主義不遺餘力的張木生，也為薄熙來推銷重慶模式。據他自己說，他為重慶衛視拍片當顧問，去講了一次，「贏得了重慶領導層的一定信任」，他與薄熙來另一重要助手重慶市長黃奇帆細談過兩次，為重慶出謀劃策。

2011 年 12 月 23 日，張木生利用他在學術界的人緣，組織召開了一場題為「用非意識形態方法看待重慶模式」的討論會，請來左中右學者甚至老牌民運人士陳子明為重慶模式背書，肯定薄熙來的成功。張木生為重慶模式定音說：「重慶是一個在新的歷史時期和新的環境下一個內陸改革開放，一個政治經濟文化全面改革的一個高地初始狀況。」

很多人對文革時被搞得家破人亡的薄熙來為什麼還要大搞唱紅運動感到迷惑不解。「唱紅」實際上就是表現紅二代的「正統」價值觀，是他們江山意識形態的文化表現形式，也是他們重樹共產黨合法性的一個手段。早在薄熙來搞唱紅之前，中國的毛派和紅二代已大力宣揚提倡紅色文化，比如搞紅色旅遊之類。薄熙來不過是拿過來搞大而已。

北京一位知情學者說：「雖然中國和世界在文革後已發生天翻地覆的變化，中共紅二代許多成員穿西裝，飲紅酒，安排子女到哈佛讀書，但思想非常僵化，他們的思維方式和語言表達還停留在過去，和他們一些人談話，可以說簡直無法溝通。如果這些毛澤東時代的活化石們要搞什麼模式什麼理論，也只能在共產黨的過往去尋找資源。」

第七章 軍中腐敗與總後祕密

習近平的太子黨盟軍

第八章

揪出谷俊山 牽出江派腐敗鏈

　　劉源在中共「18 大」前公開出來力挺胡錦濤、習近平，被視為軍中倒薄第一人。特別是他配合習近平整治軍中貪官，反腐打老虎的策略，2012 年 1 月 27 日，拿下解放軍總後勤部副部長谷俊山。此舉招致江派海外喉舌攻擊劉源。江系出身的國防部長梁光烈、總參謀長陳炳德、總政治部主任李繼耐也先後發聲。局勢一度變得錯綜複雜。

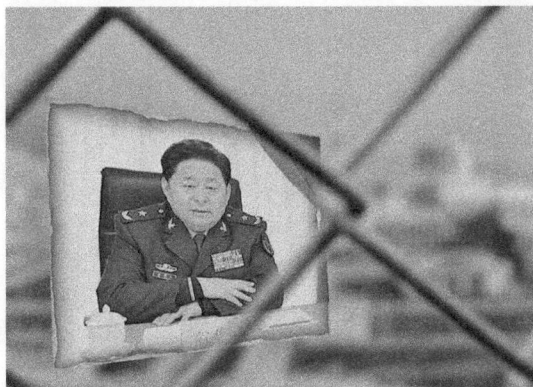

谷俊山是江澤民、曾慶紅、周永康、吳邦國這條貪腐鏈在軍隊的執行人。（大紀元合成圖）

第一節

谷俊山的後台很硬

軍委擴大會上當面炮轟三巨頭

2011 年 12 月 25 日至 28 日，中共在北京舉行軍委擴大會議，內容之一就是「18 大」的軍隊代表人選問題，與會者近百人，包括中央軍委全體成員，以及各總部、各軍兵種、各大軍區和各省軍區的主要負責人。

會議開始時還是黨文化的老俗套，尤其此次會議是選「18 大」代表，更是個個發言重點就是擺成績，對於失職只是虛晃一槍。對於這種黨八股式的會議，人們早就厭倦了，於是會場上不少人閉目養神。

輪到總後勤部政委、上將劉源發言時，他張口就說，開會之前準備了一份講稿，但臨時決定說些不同的話。頓時會場安靜了。劉源提到互聯網上被廣傳的一張名為「將軍府」的照片，一名軍官在寸土寸金的北京繁華地段為自己建造的官邸，耗資上億元，占地 20 餘畝，內有三座

別墅群，極度奢侈。

就在眾人猜測這名軍人是誰時，劉源話鋒一轉說，這樣的案例在軍中不止一例，這樣的貪腐規模還不算最大的。他從貪污軍產、盜賣軍火、賣官鬻爵等方面一一道來，讓眾人瞠目結舌，誰敢在大會上講這些醜事呢？！

接下來更令人吃驚的事發生了，劉源的發言矛頭直接對準坐在主席台上的軍中三巨頭：郭伯雄、徐才厚和梁光烈。就聽劉源說，「你們三位軍委負責人，在領導崗位上已經多年，對於軍中的嚴重腐敗，更是有著不可推卸的責任！」

在「偉光正」統治下，敢在大會上當著眾人的面，追究自己上級的責任，這是中共統治63年來罕見的！大家一時不知所措，全場沉寂了很久後，就聽劉源接著說，腐敗在軍隊中已經如此根深柢固，廣為蔓延，要堅決鏟除，不達目的，死不罷休。「無論一個人的職位有多高，後台有多硬，我都不會善罷甘休。」劉源甚至說：「我即使丟官，也要與腐敗鬥爭到底！」

這時會場上有人開始悄聲咬耳朵，聲音逐漸由小而大，大會變成了無數個小會，整個會場亂成一團。據會議工作人員形容，突然進來看到這場面，還以為是發生了軍事政變。

據現場目擊者介紹，在會場大亂的過程中，主席台上的胡錦濤和習近平面無表情、不動聲色，顯然是早已知情。被點名的郭伯雄、徐才厚、梁光烈哪裡受過這個，不約而同轉頭去看胡、習的態度，看到兩人「沒有任何反應」，只能轉回頭對劉源的發言不予還擊。最後，徐才厚以主持人的身分要求大家安靜，說繼續討論。

這回可是真正的討論了，發言者分成了兩部分：一部分認為廢話少說，軍中首要任務就是拿腐敗開刀；另外一部分騎著牆兩邊和稀泥，說

了一車話等於沒說。支持劉源意見的大多是少壯軍官，於是香港媒體報導此事：《軍中少壯派掀起 18 大戰火──軍隊腐敗劉源拍案而起，三大軍中巨頭意外遭遇政變》。

　　發言中，劉源還以陳賡之子被索賄為例子，描述中共軍隊腐敗到了何種地步。陳賡是中共的著名元老，1955 年被授予大將軍銜。他的兒子陳知建 1945 年出生，其所屬的第 14 軍的前身就是陳賡的晉冀魯豫野戰軍第四縱隊。2003 年，58 歲的陳知建任職重慶警備區副司令，軍銜是少將，時逢警備區班子換屆，本來陳知建應該順理成章地升為司令，但由於不肯出大價錢「買官」，於是司令一職掛到了別人頭上，而陳知建則一怒之下提出要提前退休。不過由於年齡未到，一直沒有被批准。2010 年，65 歲的陳知建提出，在正式退休時能夠掛上中將軍銜，答覆竟然是：如果錢能夠到位，中將軍銜不成問題。

「我不出頭，誰能出頭？！」

　　當天下午，劉源又回到總後勤部召開了黨委擴大會議，會上他說：「沒有正常的、正當的黨內鬥爭，就沒有黨的生命。……我重回總後工作，感謝大家的支持！恰巧，碰上這夥兒人，撞上這攤兒事，不論好歹，當政委的不擔當，誰來擔當？我不出頭，誰能出頭？！

　　「前一段，廖部長衝我吼過一嗓子：『老子上戰場，就沒怕過死！』我一怔，當即大聲說：『好！我沒上過戰場，但我死去活來多少次了。為捍衛黨，我發過誓；作為軍人，就不怕上戰場犧牲！我一定跟你廖部長綁定了！』同志們，在事關黨和軍隊生死存亡的鬥爭中，我們大家必須緊緊抱在一起，『合軍聚眾，重在激氣』（《孫臏兵法》），豁出命來，終生不渝，像歷史上一樣，把害黨禍國的亂臣叛將、貪官污吏牢牢

釘在恥辱柱上，讓這幫傢伙遺臭萬年！」

2012 年 1 月 27 日是初五，人稱破五，劉源在總後高層會上宣布了雙規副總長谷俊山中將的問題，不過，劉源說的是「這幫傢伙」而不是「這個傢伙」，目前光揪出了谷俊山一人，好戲應該還在後頭。

谷俊山牽扯出吳雙戰、江澤民

谷俊山的後台絕不僅僅是軍委的三巨頭。據《動向》報導，谷俊山升官的「恩人」是武警司令吳雙戰上將。當時吳雙戰買通了曾慶紅和江澤民，讓江把晉升谷俊山為少將當成「一項拜託」交給了胡錦濤。於是2003 年 7 月，谷俊山當上了少將。

而吳雙戰上面的保護傘，除了主管武警的政法委書記周永康之外，還有人大常委會委員長吳邦國。當吳雙戰因為嚴重貪腐而被調查了四個月之後，周永康和吳邦國把吳雙戰從武警現役轉到中共人大內司委任副主任。

由此可見，谷俊山是江澤民、曾慶紅、周永康、吳邦國這條貪腐鏈在軍隊的執行人。谷貪得越多，上供主子的錢也就越多，他因此也就越安全，貪起來也就越張狂。

劉源與吳雙戰之間還有一段糾葛。1997 年吳雙戰以武警副司令兼參謀長之職晉中將銜時，劉源還只是一個少將銜的武警副政委。劉源看不慣吳的貪腐做法，那時二人的矛盾就很深，這也是 2003 年劉源從武警轉到總後，另起爐灶的主要原因。

由於深知谷俊山的後台黑幕，所以劉源在拿谷俊山「開刀」之前，才放話說不惜拋棄現有地位和身家性命，同時，他也事先徵得胡錦濤同意，有人撐腰之後，才敢動這個貪腐大老虎。

不過即使這樣，谷俊山的反擊還是讓所有人，不光是劉源，還包括胡錦濤、習近平都大吃一驚。

谷瘋狂報復 劉源遭梁光烈暗箭

據說谷俊山在被雙規前已經獲得消息，但他並沒有逃跑，反而不以為然地說：「要完大家一起完。」他自己驅車到北京東郊一處核設施，企圖製造人為核洩事件，以至於北京軍區立即組織核安全清查緊急行動，連軍隊醫院的核醫療設備都不放過。此舉令中央軍委驚恐萬狀，而不得不誘勸其放棄衝動，以保家人不受追查。

知情人還透露說，劉源曾一度懷疑谷在食物中給他投放微量放射性物質，經過半月體檢後才發現是虛驚一場。

不過，有人給《新紀元》爆料說，谷俊山提出「要完大家一起完」，不光是指核輻射的洩露，還包括核心機密的洩露。總後負責組織活體摘取法輪功學員的器官，憑藉谷俊山的精明，他不可能不把這樣的證據掌握在手。一旦中南海要拿他的貪腐開刀，谷俊山就會以在國際社會曝光中共的反人類罪行作為威脅，換取自己的免死令牌。

2012 年 1 月 27 日，劉源對谷俊山動手，谷「因違紀被免職，正在接受調查」，不過三天後，被公認是江派喉舌的明鏡網，率先開始了對劉源的攻擊。1 月 30 日，明鏡發表題為《劉源出手，中將谷俊山落馬》的文章，但配圖卻是「劉源與毛新宇」，文中把堅決要整頓內部腐敗的劉源，與江系出身的國防部長梁光烈、總參謀長陳炳德、總政治部主任李繼耐對立起來。

文章說，面對劉源發起的反腐衝擊，梁光烈在北京軍區、國防大學強調要確保部隊的安全「穩定」，並要求保持部隊的「正常秩序」。陳

炳德也在解放軍總參謀部黨委擴大會議上表示：確保部隊「高度穩定和集中統一」。李繼耐則稱，堅持不懈地抓基層打基礎「保穩定」。言外之意，劉源在製造不穩定。

文章還說，「鹿死誰手難以逆料」，「縱觀歷屆中共換屆之際，軍隊的人事安排，都難以逆料。當年炙手可熱的楊尚昆、楊白冰兄弟於14大召開前夕的最後關頭卻意外出局就是一例。」

劉源是第一個公開倒薄的軍人，然而明鏡網卻給劉源扣上一頂挺薄的大帽子。薄熙來被抓第四天的3月19日，明鏡網發表文章《劉源上將病中仍挺薄熙來，外界瘋傳其受到牽連也被軟禁》，圖片用的是2007年在薄一波追悼會上，劉源與薄熙來等薄家子女的合影。當時去參加追悼會的太子黨人數很多，劉源絕對想不到這些照片五年後居然成了江派喉舌用來「證明」其參與薄熙來謀反的旁證。

文章說，「劉源因為二期肺癌，在解放軍301醫院動手術。」「這是他第二次因為癌症動手術。不過，他在病中，仍然非常關心『二哥』薄熙來的命運。在『太子黨』中，比薄熙來年齡小的稱呼他為『二哥』，因為薄熙來在薄一波的兒子中排行老二。」明鏡網還說很多人「對胡溫採取宮廷政變的方式撤換薄熙來，大為不滿。劉源、陳元仍力挺薄熙來。」

雖然文章標題稱劉源病中力挺薄熙來，但內容裡卻沒有拿出任何事實來證明劉源如何挺薄熙來，讓人覺得這個結論是該文自說自話。

第二節

緊跟胡錦濤 公開站隊最積極

2012 年 2 月 6 日夜晚王立軍出逃美領館、7 日被帶到北京之後的第三天，2 月 10 日，總後勤部機關緊急召開全體大會，要求集中利用 20 天時間、分四個階段展開「講政治、顧大局、守紀律」學習教育活動。這算是全國最先站出來、對胡表忠心的站隊活動，這與劉源的政治敏感密切相關。

在坊間流傳的講話中，劉源大肆吹捧胡錦濤，「胡主席、中央軍委實在太英明了，高度信任我們總後黨委，從善如流，明查秋毫，乾脆利索，一錘定乾坤！否則的話，不堪設想。⋯⋯」劉還引用廖錫龍的話對軍內進行警告，在腐敗滋長的情況下，「將來上戰場，是要吃黑槍的。大家都有槍有彈，從背後給你來一槍，咱們保衛國家是另一回事，反正不保衛你。」

劉源在講話中還暗示，拿下谷俊山是獲得胡錦濤許可的，這是胡溫對江派的又一次出擊。

成功與薄切割 生死選擇

有消息稱，劉源參與了薄熙來的謀反政變，薄許諾劉今後成為軍委副主席。不過這個說法卻沒有其他旁證來加以肯定。

2012年4月26日《解放軍報》刊發了《郭伯雄調研駐京軍隊院校：要不聽不信不傳政治謠言》一文，報導稱，劉源也參與了這一調研。

此前4月19日傳出劉源的智囊張木生無法到美國開會，劉源處境危險的說法。因此，軍報的這次報導劉源陪同顯然是「有的放矢」。

薄案後，軍頭紛紛轉向，胡錦濤和習近平聯手之下，已牢牢控制了軍隊。2012年5月23日，兩人一起會見北京軍區第10次黨代會代表的陣勢，就充分說明了這一點。

當時中共軍委副主席郭伯雄、徐才厚，中央軍委委員梁光烈、陳炳德、李繼耐、廖錫龍、常萬全、靖志遠、吳勝利、許其亮參加會見。這中間至少有三人與薄熙來有舊，梁光烈曾出席2010年秋天由薄熙來牽頭搞的軍事演習，徐才厚和吳勝利上個世紀在大連與薄熙來過從甚密，他們的集體亮相，並公開表示「堅決聽黨指揮」，聽從胡主席調遣，說明他們已經跟風倒向，不管是發自內心還是虛情假意，至少表面上軍隊從地方到中央都歸順了胡習，軍中薄黨一致拋棄了野心膨脹的薄熙來。

其間有跡象顯示，在中南海的追查下，原成都軍區副司令員阮志柏可能是畏罪自殺，並非官媒所言因病去世。有熟悉軍內生態的人士說，貪腐之風已侵蝕軍隊，即使他不是非正常死亡，原本年事已高，聽到風聲，心中有鬼，擔驚受怕，也會猝死。總之，有相當一批過去與薄熙來明來暗往的軍頭，慌恐緊張，紛紛倒向，轉而效忠胡習。

2012年6月9日，301醫院在海南設立的分院正式開業，官方報導劉源出席了典禮。此前大陸網上傳言劉源被解除了軍職，不過據北京消

息人士向《新紀元》證實，劉源曾患肺癌，並動過兩次手術，薄案後，劉源晚期肺癌發作，一直住在醫院中，好像也沒有特別有效的治療方案，所以一直拖著，健康狀況也令他難以公開露面。

胡溫受薄、周、劉源夾擊 非常緊張

據說，早在薄熙來出事之前很多年，紅二代的空前活躍和高調已經引起胡溫的關注。2011 年張木生講了胡溫不作為、「抱著炸彈擊鼓傳花」後，即刻有人當面向胡錦濤打了小報告，胡聽後勃然大怒，以至胡直接出手干涉重慶對李莊案的處理。

李莊第二季的漏罪案開庭前，中共司法部等中央部委指出李莊案存在問題，要求撤案，但驕橫的薄熙來無視中央，堅持起訴，結果是胡親自從海南叫祕書打電話給薄熙來要重慶放人，這給薄熙來重大打擊。

李莊案遇挫後，薄熙來低調許多，對唱紅打黑為特點的重慶模式重新包裝，遂有張木生召集左、中、右學者開討論會挺重慶模式（以前只找左派），但外圍對胡溫的攻擊並未降調。自 2008 年以來，在重慶的支持下，毛派網站「烏有之鄉」開始攻擊胡、溫，重慶方面還指使人在網上爆溫家寶的黑材料。

胡溫這次處理薄熙來事件，相較於陳希同和陳良宇案件，可說緊張萬分，特別是要軍方各部隊表態效忠，原因就在於薄熙來背後有一大批手握重兵的少壯派權貴子弟，而且還有掌控全國政法委大權、可以調動全國武警的政治局常委周永康。要拿下薄熙來這樣的中共元老之子，還必須徵得其他中共大老的首肯。稍有失手，胡溫班子將前功盡棄。

不過，越來越多人看清重慶模式的本質：一個 3200 萬人的城市，竟設立 300 多個文革式專案組，建數以千計「打黑基地」，裝 50 萬個

攝像頭，抓了 600 多個「黑社會」，將數千人送進監獄，讓 3 萬 1000 人逃亡，罰沒民企資產 1000 億，令無數中產與有產者心理完全崩潰。

據網上消息，已被雙規的薄熙來親信交代，薄熙來王立軍計畫要在重慶殺 3000 人。薄熙來說，不狠狠地殺他一大批，不能建立我們的威嚴，無法鎮服猖狂的「黑社會」。他還說，「六四」就是殺人太少才使得現在還有人敢於翻案，這種教訓必須接受。

也有消息說，薄熙來計畫在全中國殺 50 萬「漢奸」，凡是支持西方民主制度的，都有可能被當成漢奸而被處死。薄熙來的這些腔調，是標準的毛式語言。人們很慶幸薄的垮台中斷了一批法西斯主義傾向的紅二代的權力夢，否則這批人一旦上台，中國將倒退回毛式極權社會，屆時中國將再度血流成河。

肅清文革遺毒 認清馬克思的成魔之路

2012 年 3 月 14 日，溫家寶在人民大會堂兩會記者招待會上公開表示要依法處理王立軍，並暗示薄熙來搞的所謂「重慶模式」是文革遺毒。儘管中共把文革稱為中華民族的「浩劫」，但 30 多年後的今天，文革依舊是個禁區，官方把文革歸咎為「林彪、四人幫」的罪行，最多補上一句毛澤東的一點「過失」，而不允許人們進行討論、研究和反思，文革為什麼會產生呢？文革中出現了哪些罪過？如何避免文革的再次出現？每個人從中學到了什麼？

民間有很多反思文革的文章，概括起來可以了解到，文革之所以能夠出現，至少有三大原因：一是馬克思列寧主義的思想基礎，二是共產黨根據馬克思主義學說建立了一個集權專制的制度，三是與黨魁毛澤東的個人因素直接相關。

　　馬克思勾畫出的共產主義餡餅是：「消滅私有產權，建立一個生產資料公有制的、沒有階級、沒有國家、沒有政府的、各盡其能、按需分配的社會。」不過讀過一點佛經或了解一點天堂描述的人都知道，這個共產主義社會跟宗教中描述的極樂世界和天堂很類似。這樣的天堂怎麼可能在人間實現呢？

　　前不久在海外流傳一本書《馬克思的成魔之路》，裡面介紹到，儘管共產黨宣稱無神論，但馬克思從始至終是個虔誠的教徒。17歲時馬克思還是一名基督徒，不過18歲上大學時，他遭遇了一件非常靈異的事，之後就變成了一個虔誠的撒旦教徒，也就是崇拜供奉魔鬼撒旦的邪教信仰。他的自白詩歌、家人對他的稱呼（親愛的魔鬼、牧師）、他周圍的撒旦教朋友，他的髮型、祈禱方式，他同意的撒旦教女婿、他選擇的撒旦教徒墓地等等，都充分證實了馬克思撒旦教徒的身分，他的使命就是在「幸福生活」的謊言召喚下，讓恐怖大王復活，讓人以「不信神」的藉口來「反對神」，從而墮入地獄、毀滅人類。

　　當然，馬克思不能直接號召人類走向地獄，那樣沒人會聽他的。於是他編造了一個謊言：用共產主義理想作為誘餌，誘導那些想反對現有制度的「無產階級先鋒隊」的「革命分子」匯集在他的旗幟下，並通過暴力革命的強制破壞方式，打破舊世界，通過這些少數分子的專制統治，來脅迫廣大民眾走馬克思道路，最後達到其毀滅眾人的「魔鬼使命」。（詳見看《新紀元》周刊2010年11月的200期封面故事）

　　馬克思根本不關心共產主義理想能否實現，或如何去實現，他只是借用「大同世界」來包裝他那個反對現行人類體制的叛逆思想，說白了，馬克思只想「推翻現有一切制度」，他只想走到這一步，至於推翻舊制度後能否走向共產主義，他心知肚明，那是絕對不可能的。地球上的物質怎麼可能無限度的「極大豐富」，人怎麼可能想要什麼就有什麼，按

照需要來分配社會財富，人的需求慾望是有限度的嗎？

　　共產主義只是一個無法實現的謊言，徹頭徹尾的謊言。馬克思盜用美好高尚的理想，把人性中醜惡的妒嫉心、爭鬥心、惡暴之心等包裝美化。那些最先參與「革命」的人，不是就看到你家有好東西而我沒有，於是我就以革命的名義來搶劫瓜分你的財產嗎？馬克思主義的最大本領，就是把罪惡的東西包裝成美好的東西，從而用暴力和謊言的方式讓人來跟隨。

　　文革時出現的那些謊言攻擊和暴力打砸搶，有人認為只是人們的一時衝動，其實，這是馬列主義信徒的必然行為：只要馬列主義還在中國盛行，文革式的暴力革命就必然會出現。馬克思稱：「如果無產階級本身還是一個階級，如果作為階級鬥爭和階級存在的基礎的經濟條件還沒有消失，那麼就必須用暴力來消滅或改造這種經濟條件，並且必須用暴力來加速這一改造的過程。」

並非不知文革危害 只為自己奪權

　　文革帶來的危害深深地傷害了幾代中國人、每個中國人。單單從社會道德這一層面來看，文革摧毀了整個民族的獨立思考與獨立人格，取而代之的是在強權和高壓下，違背良知、放棄道義的「低頭認罪屈服」。文革不光在物質上毀滅了中國 5000 年傳統文化留下來的各種文物，更是從精神上摧毀了中華民族的道義脊梁。

　　無論是過去的毛澤東、劉少奇、鄧小平、周恩來們，還是現在的薄熙來、孔慶東們，他們其實並不是真的想要給百姓帶來福祉，而只是想藉馬克思這套虛假理想來實現他們個人掌權的目的。正如人們常說的：「得到權力是第一位的，理論是第二位的。」

不拋棄馬列邪說，不引進民主自由，文革還會重來。所以很多人說：「馬列主義不息，民主憲政不興。」由於中共不敢反思文革，而且目前中共執行的政策也是基於馬列主義，所以文革遺毒在中國還很盛行，不徹底反思文革，還會有更多的薄熙來出現。

1999 年文革已經重複了一次

其實，文革已經重複出現了一次。

在文革 1976 年結束 23 年後的 1999 年，江澤民對上億修煉「真善忍」的法輪功群眾舉起了屠刀，江採用的也是文革手法：鋪天蓋地的造謠「批判」，如稱劉源母親王光美是「美國特務」，黨魁說你是你就得是，不過，事後證明那些證據都是編造的。同樣，江澤民稱法輪功勾結海外特務要推翻共產黨，又編造出所謂煉法輪功導致 1400 人死亡、法輪功學員「天安門自焚」等等謊言，但沒等迫害結束人們就發現，中共的這些誣陷都是跟文革造謠一樣，全都是整人害人的謊言。

比如中共官方宣傳，從 1992 年法輪功開始傳出以來，到 1999 年 7 月，全中國有 1400 人因為修煉法輪功而死亡，但調查發現，那些死者根本就不是因為煉功而死亡的。

如比較有代表性的謊言是中央電視台那個「剖腹找法輪」案例。當時央視去馬建民家編排節目時，馬建民的兒子一再聲明其父的死與法輪功無關，並且拒絕在電視上表演。馬建民本人及家族都有精神病史。但央視為了迎合江澤民迫害法輪功的政策，討好公安部以撈取政治資本，硬把馬建民的死說成是「剖腹找法輪」。

有人推算過，假設這 1400 人都是「煉法輪功」的，當時法輪功傳播七年，平均每年 200 人，即使總共只有 200 萬人煉法輪功，其每年死

亡率也只是萬分之一。據中國統計年鑒 1998 所載：全國平均死亡率是千分之 6.5，這樣算也差出 65 倍。而修煉法輪功的人數公安部調查後稱有 7000 萬，超過中共黨員人數，所以江澤民才說法輪功在與共產黨爭奪群眾。更何況法輪功實際人數有一億。中共編造的這個謊言，反而證明修煉法輪功大大降低了中國人的死亡率。

「天安門自焚」更是江澤民搞的「陽謀」。江下令要讓百姓仇恨法輪功，於是羅幹在河南找了幾個人來假冒法輪功學員，到天安門自焚。但這個世紀偽案很快被聯合國教科文組織發現是中共導演的一齣假戲，藉以製造仇恨，為鎮壓升級找藉口。

劉源的自救之路

習近平 2010 年 10 月任中共中央軍委副主席，隔年 1 月 19 日就調劉源任總後政委。據聞習仲勛的老戰友曾推薦「二劉」協助習近平治軍，二劉即劉源、中共元老李先念的女婿、國防大學政委劉亞洲。

外界普遍認為習近平與劉源的關係不錯。習近平也曾如此自述：「那時候從北京下去的人，有劉源和我。我們倆不謀而合，都要求走跟工農相結合的道路。基層離群眾最近，最能磨練人。」

目前身患肺癌的劉源，據說只是在維持生命，治療組還沒有找到有效的治療方法。回顧劉源的一生，有人說，他主要是擔任副職：公社副主任、副縣長、副市長、副省長、第二政委兼副主任、武警部隊副政委、總後勤部副政委。好不容易熬到總後政委時，已經得癌症了。這也許應了民間那句話：「平生只帶八顆米，走遍天下不滿身」。

中共「18 大」後，劉源既沒有升官，也沒有遭貶，他的原封不動令很多人認為與薄熙來案密切相關。

第九章

劉源扮習近平反腐武將 徐才厚被查

與王岐山發動反腐戰爭同步，劉源迅速雙規了軍隊總後副部長谷俊山，並牽出其後台、軍委副主席徐才厚。而徐正是江澤民刻意培養的黑手黨，在軍中大肆培植親信、買賣官，特別是與薄熙來勾結，瘋狂迫害法輪功群體、活摘器官。其中的黑幕正逐步揭開。

徐才厚（左）缺席 2013 年 3 月 5 日的人大會議，隨即傳出徐被雙規。若傳聞屬實，則是一薄（薄熙來，右）一厚，中共一年二委員落馬。圖為 2012 年兩會期間徐與薄親密互動。（Getty Images）

第一節

「哼哈二將」要打大老虎

中共「18 大」後，劉源沒有像人們預期的那樣進入中央軍委，各種傳聞稱他是靠邊站了，不過兩會後，劉源高調露面，並成為習近平在軍隊中的主要幫手，有人還把劉源和王岐山稱為習近平反腐的「哼哈二將」。這背後的故事很多。

西方主流媒體評論 2013 年中共兩會說，59 歲的習近平以中共幾十年來最快的速度，攀上了黨、政、軍所有權力的顛峰。不過習是在人民呼籲解決經濟增長放緩、腐敗猖獗和抗議環境嚴重污染的危機時刻登上中共權力頂峰的。這些問題直接危及中共生存的合法性，習近平及中共第五代新人嚮往一種開明的獨裁，希望維持共產黨統治而無需作出重大變革，但中國民間對政治改革的需求已經到了必須解決的地步。

習近平集中共總書記、中央軍委主席和國家主席三位一體。得到這樣一個三權獨攬的顛峰位置，胡錦濤用了兩年，江澤民用了四年，而習近平只用了幾個月。為此，習近平公開在黨、政、軍會議上三謝胡錦濤，

而由此結成的胡習聯盟，更是「團結一致」地瞄準了他們共同的政敵：江澤民派系腐敗分子。

2012 年 11 月的中共「18 大」上，胡錦濤出人意料地裸退，將黨、軍實權移交給習近平。習近平不但在閉幕式上對胡錦濤表示感謝，在接見「18 大」全體中共黨代表時，習以新任中共最高領導人的身分對胡做了肯定。這是習第一次公開感謝胡。

「18 大」結束的第二天，11 月 16 日在軍委擴大會議上，官媒發表了胡習二人「親切」握手的照片，習在會上再次對胡表示感謝。2013 年 3 月 17 日，人大閉幕式上的講話中，習近平給胡錦濤留了 17 秒的謝幕掌聲，胡則起身鞠躬回應，會上習近平第三次對胡錦濤表示了感謝。有媒體稱，「兩人一個轉身、一個起立，潛移默化間展示了二人之間聯盟的政治感情。」

習近平的「反腐哼哈二將」露面

與往年喧囂的兩會結束後中共政壇出現一段相當平淡的日子有所不同，2013 年兩會前後，中共政壇異常熱鬧，原因至少有二。一是十年一遇的換屆，新人上台必然要新官上任三把火，但這還不是主要原因，更主要的是，習近平是在腐敗直接威脅中共生死存亡、將要「亡黨亡國」的關鍵時刻上位的，隨時都有火山爆發、隨處都有危機冒出，這樣的險惡環境下，哪怕「新君」想坐下來品味一下新生活、享幾天清福，都成了不可能。

於是人們看到，「18 大」剛一結束，習近平就發動了反腐戰車，短短三個月，就有原重慶市北碚區委書記雷政富、廣東省揭陽市委書記陳弘平、山東省農業廳副廳長單增德、山西省公安廳副廳長兼太原市公

安局長李亞力、四川省委副書記李春城等 20 多個官員落馬，這還不包括被桃色緋聞貶職的副部級高官衣俊卿，和被大陸媒體公開舉報的副部級高官劉鐵男、前湖北政法委書記吳永文被捕押送北京、汕尾政法委書記陳增新被調查等內幕新聞。

首先出來在中共官場和政府部門反腐的主力是習近平的太子黨盟軍、「18 大」上由金融副總理改行到中紀委當書記的王岐山；幾個月後的兩會上，人們看到了第二位習近平的太子黨盟軍、中共前國家主席劉少奇的兒子、現解放軍總後勤部政委劉源。

如果說王岐山是在地方上替習近平反腐，那劉源就是在軍隊裡替習近平抓貪，這一前一後、一左一右、一文一武、一明一暗的配合呼應，讓人戲稱他二人是習近平反腐的「哼哈二將」。

劉源、習近平、薄熙來的三角關係

1980 年代，劉源和薄熙來、習近平是三個最引人注目的從政的太子黨。薄熙來 1949 年 7 月出生，年齡最大，其次是 1951 年的劉源，習近平出生在 1953 年 6 月。當眾多太子黨下海撈錢、悶聲大發財時，這三人卻在中共官場仕途上苦熬。由於兒時的相識、青少年時期的相伴、青壯年時期的相似經歷，讓這三人的私交一直都不錯。特別是習近平，據說他對誰都很友好，跟誰都能交朋友。有趣的是，當初誰也沒有想到，最後是習近平這隻烏龜賽過兔子贏得了頭獎，恐怕連習近平自己都沒有想到會是這個結果。

三人剛開始官場角逐時，跑得最快的是劉源。1988 年劉源被提為中國農業大省湖南省的副省長，此時的習近平還只是福建省寧德地區的地委書記，而薄熙來剛被提拔為遼寧省大連市的宣傳部長，劉源遙遙領

先。不過由於 1989 年「六四」後劉源受牽連，加上其他事，這隻跑得最快的兔子卻偏離官場跑道，1992 年被貶到武警水電部隊當了個第二政委兼副主任。

隨後異軍突起的是薄熙來。1999 年 8 月江澤民到大連視察，薄熙來為了討好江澤民，不但在大連的人民廣場違規豎起了江的巨幅畫像，還迎合江澤民的「私下點撥」，加大力度迫害法輪功。據薄熙來最信任的司機王某某披露，江澤民對薄熙來講：「對待法輪功要強硬，才能有上升的資本。」於是一心想當官的薄熙來，不顧最起碼的良知道德，很快把遼寧變成殘酷鎮壓法輪功的最邪惡地區之一，而且最先在大連犯下了活摘法輪功學員器官的慘絕人寰的罪行。（詳情請見新紀元出版的新書《薄谷開來案中奇案》）

2004 年，當薄熙來從遼寧省長的位置調到商業部，雄心勃勃地準備四年後接任中共副總理時，習近平還是浙江省委書記，而劉源剛到總後勤部當副政委。

2007 年薄熙來因迫害法輪功被國際社會判決犯下反人類罪行而遭溫家寶貶到重慶之後，江澤民原來選定薄熙來作為江派接班人的機會受阻，為了權衡和過渡，習近平被突然提升為上海市委書記，同時增補為中共政治局常委，此時，習近平才開始遙遙領先當年的兩位小夥伴。

2010 年習近平擔任中共軍委副主席後，回頭提拔劉源。2005 年劉源從總後被排擠到「清水衙門」軍事科學院當政委，2011 年 1 月被習近平提拔重回總後當政委。事後證明，習把劉安插到總後也是別有深意的。

等到 2012 年 2 月王立軍出逃美領館，引爆了薄熙來、周永康圖謀政變取代習近平的驚天黑幕，隨後這位想當「薄澤東」的野心家淪為階下囚。此時的劉源，依仗習近平的信任和重用，原本仕途順利，在「18大」有望進入中央軍委，不過卻被捲進了薄熙來案件中。

劉源仕途受阻的真實原因

外界普遍認為，劉源「18大」官位受阻，是因為他和薄熙來的糾葛。不過《新紀元》獲得的信息是，此說法並不準確，因為劉源是最早公開站出來宣誓效忠胡錦濤的，是最先與薄熙來切割的人。

2012年2月10日，王立軍出逃美領館、被帶到北京之後的第三天，其他人都還一頭霧水時，劉源就在總後勤部機關召開緊急全體大會，要求總後機關集中利用20天時間、分四個階段展開「講政治、顧大局、守紀律」學習教育活動。這算是全國最先站出來對胡表忠心的站隊活動。從這也能猜測劉源對高層推倒薄熙來的祕密早有所聞。

那為什麼劉源沒有在「18大」高升呢？這是中共內部各派力量較量的結果，因為在2011年12月25日至28日，劉源已經公開站出來，替胡錦濤和習近平挑戰江澤民在軍隊中的鐵桿親信谷俊山。2012年1月27日，就在王立軍出逃前10天，劉源在總後高層會上宣布雙規副部長谷俊山。從那時起，劉源作為習近平的太子黨同盟軍，已經開始在為習近平鏟除軍中腐敗效力了。

谷俊山1995年時還只是個上尉，2002年前後進京，擔任總後勤部營房基建部辦公室主任，2009年又升任總後勤部副部長，2011年被授予中將軍銜。相比之下，劉源從少將升到中將用了七年，谷俊山卻只用了兩年。

谷俊山以貪腐囂張和膽大出名。他敢拿敢要，什麼都不怕。據說他收賄黃金以公斤計，行賄黃金更以百公斤計。劉源被胡錦濤和習近平任命為總後政委時，谷俊山知道，他最大的挑戰來了。於是谷俊山向劉源發出了明確的信息，要麼同流合污，要麼等著走人，谷的囂張態度令劉源忍無可忍。

如前所述，2011 年聖誕節期間的軍委擴大會議上，劉源手舉一張軍方高層官員的豪宅照片，突然發表了一番令人目瞪口呆的講話，說軍隊裡的一個腐敗分子耗資上億元，在北京黃金地帶占地 20 餘畝，建造了三座別墅群，號稱「將軍府」。幾乎直接點出總後副部長谷俊山。

劉源公開直指主席台上的三位軍委副主席郭伯雄、徐才厚和梁光烈，稱「你們三位軍委負責人，在領導崗位上已經多年，對於軍中嚴重腐敗，更有不可推卸的責任！」

此番舉動被外界認為劉源代替胡錦濤和習近平動搖了江派的軍中根基，惹怒了江派頑固勢力，在「18 大」前後的激烈政治角逐中，劉源成為兩派討價還價的棋子，最終導致他未能如預期上位中共軍委。

劉源拿下谷俊山 牽出了徐才厚

由於谷俊山背後有軍委副主席的包庇，薄熙來案後，谷俊山案進展非常緩慢，幾乎處處受阻。尤其是劉源未能進入軍委，更有人希望草草了結此案。還有人放風說，谷俊山貪腐 500 萬，高層會在軍中低調處理此事，不會波及他人。不過當習近平在穩住了對軍隊的控制權後，再次拋出了谷俊山案，並直接批示：對谷俊山貪腐違紀案要一查到底。

據說在谷俊山家中抄出大量現金和一萬多瓶茅台後，習近平獲知後「大怒」，稱「戰備需要這些物資嗎？！」

報導還披露，2005 年總後勤部向茅台酒廠訂製了一批「戰備茅台」，用深綠色的行軍壺盛裝，壺身正面印有「戰備茅台」、「壹公斤」及「2005 總後勤部生產管理局監製」字樣。壺蓋上還裝有「指北針」。而谷俊山卻把這些茅台酒私自侵吞，然後用這些茅台酒結交權貴、巴結上級，為自己牟取更大私利鋪路。

2012 年 12 月下旬，中共軍委印發《中央軍委加強自身作風建設十項規定》，習近平要求在接待工作中不安排宴請、不喝酒等，據說「禁酒令」的出台與谷俊山有部分的關係。

2013 年 1 月 7 日，大陸微博上出現這樣的帖子：「元旦前，總後原副部長谷俊山被正式批捕。據初步核查，谷涉案金額 200 多億，房產 300 餘處。自住 7000 多平米小樓，護工 60 餘人。有五個情人，其中一個歌星、兩個影視小星、一個主持人、一個高級白領。@ 袁裕來律師 @ 徐昕」

2013 年兩會前後，劉源高調在大陸媒體發表文章，外界解讀這是劉源復出的重要標誌，也是谷俊山案進一步深化的表現。

後來其他渠道也相繼傳出消息稱，谷俊山案調查的結果表明，其涉案金額超過 200 億，一些重要案情也被洩給外媒。這時誰想再庇護谷俊山已經不可能了。有消息稱，習近平在內部講話中明確表示，谷俊山不是個案，而是代表了一種相當普遍的潮流。

3 月 16 日《環球時報》發表退役少將張西南的署名文章談反腐，稱軍中有人公然抗命，明目張膽另搞一套。此前張西南對《明報》表示，習近平接掌中央軍委後就「整肅軍風」，以谷俊山為反面教材教育全軍，以期起到警示作用，並稱「不祖護，不手軟」。無獨有偶，就在前一天 3 月 15 日，中共國防大學政委劉亞洲上將在《人民日報》發表文章，批評軍隊個別領導玩物喪志影響極壞。

劉源替習近平揪出了谷俊山，結果使中共反腐戰爭直逼軍委，最先牽出的就是前軍委副主席徐才厚。

第二節

反腐戰爭直逼軍委
徐才厚或成標靶

2013 年 3 月 17 日中共人大閉幕大會上，習近平、胡錦濤等中共國家新舊高層最後一次同時亮相，唯獨軍委前副主席徐才厚和政協副主席董建華缺席，此前在開幕式上，人們也沒有看到徐才厚的身影。有消息稱，徐才厚涉嫌貪腐，已經被調查，行動受到限制。此事若發展下去，那將是一年內第二個中共政治局委員落馬。

一薄一厚 一年二委員落馬

據港媒透露，兩會前習近平考察解放軍海、陸、空及二炮等各軍兵種，都給軍頭們打招呼，同時也在組織上做出新布署，剪除徐在軍隊中的舊部及勢力。

3 月 19 日網上傳出消息說，徐才厚已被雙規。爆料文章說：「中國軍方消息人士今天說，徐才厚已經在 2013 年 3 月 14 日被雙規。目前

只知道他正被軟禁在醫院裡，但不知是不是 301 醫院。

　　「早先，國家軍委副主席徐才厚缺席 3 月 5 日的第 12 屆人大會議，引起各方猜測。據香港《明報》，這是礙於徐才厚作為前任領導班子成員的身分，出於對前任的尊重，習近平採取模糊處理方式，即讓他從公眾視線中消失。事實上，消息人士說，這是為了避免現任國家軍委副主席被雙規的尷尬，而有意等待他的國家軍委副主席到期。3 月 14 日，新的國家軍委副主席在人大上被任命，舊的被免職，習近平一刻都沒有耽誤，立刻宣布雙規徐才厚。」

　　爆料人還稱，「事實上，對徐才厚的調查始於 2011 年，並不是由習近平主導的，而是當時的軍委主席胡錦濤祕密布署的。徐才厚和陳炳德作為江澤民的親信，一直是胡錦濤要打擊的對象，但一直沒有能力拿下，一直到谷俊山被突破後，才拿到確切的證據。這次習近平拿下徐才厚，可謂是一箭雙雕，既實現要打『大老虎』的諾言，又可以理直氣壯地順勢鏟除前朝的軍中勢力。」

　　這個爆料的準確性還有待考察，但徐才厚缺席人大卻是鐵定的事實。兩會前就有多個渠道的消息傳徐才厚因牽扯解放軍原後勤部副部長谷俊山腐敗案而受到調查，有消息稱徐「不便出席」兩會而「被請假」，隨後徐才厚果然缺席，令傳言再起。

　　此外，連任中共政協副主席的前香港特首董建華亦沒有出席，何厚鏵等其他中共政協副主席則悉數到齊。港媒稱，人大會上，「現任特首梁振英、澳門特首崔世安則在主席台較後兩排就座，全程表情嚴肅」，也有人猜測，董建華的缺席可能是故意安排來給徐才厚當陪襯的，否則就徐一個人缺席，太招眼，不符合中共一貫混淆視聽的手法。

　　2012 年 9 月 19 日，一向對國家事務口風密實的第一屆香港行政長官董建華，以中共政協副主席的「國家領導人」身分在美國電視新聞網

（CNN）播出的一段訪問中，一反常態地直言習近平接班必無疑問，又說習近平「失蹤」接近兩周是因為背部受傷。董建華又稱，相信胡錦濤「18大」退位後，仍會仿效前任江澤民，「留任軍委主席這個位置一段時間」。也許這段「不實之言」給董建華帶來了後果。

如果徐才厚真的被雙規或被處理，那他將是繼薄熙來之後，一年內中共前屆政治局委員中落馬的第二個高官。畢竟在全中國 13 億人口中，只有約 25 個政治局委員，他們都被大陸媒體冠以「黨和國家領導人」的稱謂，是權力金字塔的塔尖。

徐才厚是江澤民的軍中最愛

徐才厚 1943 年 6 月出生在遼寧瓦房店，哈爾濱軍事工程學院電子工程系畢業，曾任瀋陽軍區 16 集團軍政治部主任和政委。正是通過其同為瓦房店的老鄉于永波的提拔，徐才厚最終與江澤民建立了密切的關係，並隨後成為「江家軍」死黨。

1985 年于永波擔任南京軍區政治部主任期間，深得時任上海市長、市委書記江澤民的賞識，並為其所信任。1989 年江踏著「六四」學生的血跡來到北京，成為中共總書記後，于永波也被提拔為總政治部副主任，以鉗制受鄧小平信任而權傾天下的楊白冰。正是出於同樣目的，1992 年 11 月，于永波將徐才厚提拔到總政治部擔任主任助理兼《解放軍報》社長。

在曾慶紅的運作和于永波的暗助下，江澤民最終扳倒了楊家軍，真正掌握了軍權。隨著于永波的高升，徐才厚亦步步高升，從 1999 年 9 月開始，徐先後升任中央軍委委員、總政治部常務副主任、中央軍委紀委書記、總政治部主任、中共中央書記處書記、中央軍委副主席等職務，

成為江的得力幹將，被視為「江澤民在軍中的最愛」。

除了處處吹捧江澤民，徐才厚還追隨其腳步，不折不扣地執行著江對法輪功的鎮壓政策，迫害軍隊中的法輪功學員；很少為外人所知的是，軍隊系統還深度參與了活摘法輪功學員器官的罪惡，而這與負責軍隊後勤保障的谷俊山和其後台徐才厚都脫不了干係。

2006 年 6 月，在《大紀元》獨家報導中共活摘法輪功學員器官罪行之後，遼寧瓦房店一位老軍官曾向《大紀元》披露遼寧政府官員與軍方勾結的黑幕。

據老軍官披露，徐才厚是江澤民、于永波刻意培養的黑手黨。由於幫派關係，遼寧省瓦房店有 30 多名被封銜的將軍在各大軍區要塞部門任職。前任北京軍區政治部主任谷善慶和現任北京軍區政治部副主任鄺萬增等都是遼寧省瓦房店人。

老軍官稱，參與「六四」鎮壓學生的徐才厚，一升任中央軍委副主席，馬上與遼寧政府高層勾結，橫行一方，不顧民怨大肆斂財，不顧當地老百姓的反對，未經批准，強行斥巨資 186 億修建其老家長興島。

徐才厚上台後不折不扣地執行黨魁江澤民的路線，以遼寧為基地，軍隊參與，加大對法輪功學員的迫害力度。據老軍官透露，徐才厚、薄熙來等是鎮壓法輪功的首惡分子，薄熙來不惜花費大量錢財修建遼寧省各大監獄，加大力度打壓法輪功學員、異議人士和上訪民眾。

徐才厚還在國內大力開展全民國防教育，煽動國民對美、日等國的仇恨，主張對台動武，是所謂戰爭鷹派的黑後台。

徐才厚被查的根本原因

2012 年王立軍出逃引發中共高層政治海嘯後，江澤民及其人馬在

胡溫習的「圍剿」下土崩瓦解，徐才厚也迅速倒戈，頻頻向胡效忠，並敦促部下「聽從胡主席指揮」，同時還與薄熙來進行堅決的切割，以期得以軟著陸。不過，胡錦濤放過了徐才厚，並不等於習近平也會放過徐才厚。

由劉源拿下的巨貪谷俊山，其後台之一就是徐才厚，而且徐才厚本人也十分貪婪。2012年曾有文章披露說，徐才厚治下的總政治部，已經成了軍中最大的肥缺，對軍中職位和軍銜已經腐敗到了公開掛牌出售的程度。劉源就曾當著胡錦濤、習近平的面，公開以陳賡之子陳知建的軍銜為例，曝光總政治部貪官公開賣官的罪行。交錢就提拔少將或升中將，不給錢，哪怕條件再好也不提。

除此之外，徐才厚跟薄熙來關係也非比尋常。薄熙來任大連市長、市委書記時，曾給予徐才厚的家人很多經商便利，薄徐兩家為此建立了深厚關係。而徐在升任軍隊要職後，更是與時任遼寧省長後任商務部長的薄繼續勾結，不顧民怨大肆斂財。

同薄熙來、周永康、江澤民一樣，徐才厚也以腐敗和好色在軍中聞名，據說其還與薄、周等人的公共情人「民歌天后」湯燦有瓜葛。湯燦被特招入伍正是源自徐才厚的提攜，並被破格直接授予副師級待遇。有消息稱，湯燦捲入了薄、周政變事件，為二人收集高層情報。

不過據《新紀元》獨家獲悉，徐才厚遭習近平清洗的最根本原因還是因為他在政治、軍事上挑起與日本、東南亞各國的矛盾，用激進好戰的叫囂激化中國對外關係，令習近平難堪。

消息人士告訴《新紀元》，薄案後，江派人馬故意在海外挑起釣魚島爭端，在國內煽動憤青遊行，給胡錦濤、習近平出難題。「這讓北京很被動，好像不和日本打一仗，就成了賣國政府了，這把習近平的對外政策空間壓縮得很小，嚴重影響了習的國際形象，讓他得不到國際上

的支持。兩會上習近平藉劉源的嘴，公開發表反戰言論，從而扭轉了形勢。」

　　《新紀元》此前報導說，江派人馬一面讓梁振英故意放行香港的保釣船以激化衝突，一面煽動日本右翼人士以強硬姿態挑釁中國人的愛國情緒，在大陸各地讓警察批准年輕人進行反日遊行，並在遊行隊伍中安插便衣警察，故意挑起事端，激化矛盾。

徐提拔湯燦 湯為薄周政變拉皮條

　　2010 年 9 月 13 日，35 歲的文藝演員湯燦被特招入伍，加入北京軍區的「戰友文工團」。入伍後，湯燦更被授予了文職級別三級，專業技術五級，大校軍銜，享受副師級待遇，可見提攜她的背景深厚。官方稱，徐才厚看了湯燦拍的「祝福我的祖國」MTV 後，很喜歡，就開始提拔重用她，不過坊間盛傳是因為兩人的姦情才促成的。

　　據江雪所著《新公共情婦湯燦》一書稱，2010 年 12 月中下旬，總政治部出面抽調軍中各文藝團體骨幹，組成慰問團，前往湛江南海艦隊司令部，慰問南海艦隊官兵。這次慰問由軍委副主席徐才厚親自帶隊。這次組織慰問團，他特意點了湯燦的名，要她一道隨團南下。而慰問演出前後十天，湯燦與徐才厚有多次單獨談話的機會，漸漸地兩人便很熟悉了。

　　據《大紀元》獨家報導，被中共官方吹捧為「中國時尚民歌天后」的湯燦，不僅是薄熙來的情人，更是捲入周永康、薄熙來政變的核心人物。透過賣身，為薄周兩人收集高層情報和打通要害關節。消息稱，自2012 年王立軍闖美領事館以來發生的中南海一系列重大事件中都有湯燦的影子，都與她有各種關連。

就目前曝光的信息看來，湯燦在中共中宣部、公安部和軍隊這三大塊掀起的「淫波污浪」，不但波及中共高層權力的角逐，如公安部長的候選人、中央電視台、中宣部的接班人選，更是成為薄熙來、周永康政變的一個重要部分。

早在 2009 年原深圳市長許宗衡落馬時，懷疑與其有染的女星名單中就有湯燦。而 2010 年 5 月因涉及收受開發商巨額賄賂等問題被雙規、一度傳出自殺的 49 歲開封市長周以忠，也傳與湯有特殊關係。2011 年底網上又出現央視台長焦利與湯某淫亂的新聞，與此同時，網上還流傳湯燦與中共解放軍總後勤部副部長谷俊山的緋聞。據說，與湯燦有不正當性關係的中共高官至少不下十人。

第三節

劉源戰爭論變調 替習近平降溫

劉源：戰爭很殘酷 有人故意「加溫」

「18大」習近平上台後，中國對外面臨中日關係因釣魚島風波引發的僵持，以及南海爭端導致的衝突，中共軍方高調備戰，總參謀部高調提出 2013 年「要打仗、打勝仗」，不過此時，頭銜是解放軍總後勤部政委的劉源卻大唱反調。

《解放軍報》新年時刊出總參謀部指令，要求全軍在 2013 年「緊緊圍繞打仗、打勝仗做準備」，不過 2013 年 2 月 4 日，《人民日報》下屬的《環球時報》發表了劉源題為《確保戰略機遇期，戰爭是最後選項》的講話，強調國家以發展為重，保證國家戰略機遇期的前提是「不打仗」。

劉源稱，「現在最大的目標是要保證我們國家的戰略機遇期，這是我們黨中央考慮最多的，而戰略機遇期的前提是什麼呢？是不打仗，起

碼不打大仗。而一旦打起來，部分工作重心馬上就要轉向戰爭。我們現在的中心是加快建設。中國的經濟建設被打斷過幾次，第一次是晚清時期，搞『洋務運動』，被中日甲午戰爭打斷了；第二次是民國時期，那時資本主義有點發展的趨勢，又被日本侵華戰爭打掉了。現在我們的經濟建設到了關鍵時期，可千萬別因為偶發事件再被打斷了。」講話全文反戰意味甚濃。

緊接著，3月13日，新華網頭條位置刊登《劉源：要和百姓說清楚，打仗其實是很殘酷的》的報導，此文在北韓金正日宣布廢停戰協定，以戰爭相要挾的背景下出現的。

劉源表示：「軍人就有兩難。我們必須要說，讓我上，一聲令下，我一定要打，而且我一定要想辦法打贏，這是我軍隊軍人的天職。但作為軍人我又特別需要和方方面面的人士特別是和老百姓說清楚，戰爭是什麼，因為和平時間很長了，這麼小的小孩不知道打仗是什麼樣，其實是很殘酷的，代價很大的。可以用別的方式解決的情況下，沒有必要用極端的暴力手段來解決。」

對於此前日本海上巡邏隊的報導，劉源表示：「實際前一段說的雷達照射，是無稽之談。在公海上雷達是在轉的，我照你一下，你照我一下，這是很正常的事情，這離擦槍走火還遠了去了。盡量不要用戰爭的辦法來解決我們民事上和國家間的矛盾、問題。」

劉源還強調，有的人就專門拿這個東西來炒作，故意來「加溫」。這裡說的有的人就包括軍委副主席徐才厚和梁光烈等好戰分子。

劉源變調 替習近平發聲

3月17日，路透社在題為《習密友劉源上將警告戰爭危險》一文

中說，跟習近平關係密切的解放軍高級將領劉源，在一系列和解評論和公共談話當中警告跟日本的戰爭危險，這跟早先好戰的軍方鷹派言論相抵觸。

報導認為，「在經過數月的張牙舞爪之後，針對跟日本之間可能爆炸的領土爭端，在中共新主席習近平領導下的中共似乎在緩和它的策略，並在採取措施防止意外衝突。」

「此外，海事專家相信，北京一周之前宣布說它將合併多個準軍事海洋機構聽從單一指揮，將收緊對這些處於東海島嶼主權紛爭前沿的部隊的控制。來自這些機構的巡邏艦攪動了釣魚島附近的海域，增加了跟日本海監船和軍艦意外衝突的風險。圍繞釣魚島附近的海域據信擁有豐富的石油和天然氣。」

路透社還說，劉源基本上是高級軍官當中唯一一個公開呼籲冷靜的人，但是他的評論的音量，它們的時間點和他跟習近平的密切關係，指向一個可能的轉變。

「隨著新領導人試圖解決他們跟美國的關係以及他們的外交政策，中共在海洋紛爭上更加克制。」華府布魯金斯研究所中國外交政策研究員孫雲說，劉源將軍是一個像習近平同樣的太子黨，他說士兵有責任捍衛國家並且必須打勝仗，但是這應該是最後的手段。

不過看看以前劉源的文章，就會發現劉源對戰爭的態度來了個大轉彎。

2011 年 4 月 24 日，劉源在張木生《改造我們的文化歷史觀》一書的新聞發布會暨研討會上談到自己的戰爭觀，他說：「戰爭來自人的慾望，人慾不滅，消滅不了戰爭！」「誰都逃不脫、躲不開戰爭」，其「泛戰爭、泛暴力」論，讓很多人驚愕。

然而兩年後，劉源卻大談要避免戰爭，為何會發生這個轉變呢？原

因很簡單,正如《大紀元》評論文章所說,劉源現在說出的這番話,是在替軍委主席習近平發聲,說習近平想說又「不方便講的話」。

劉源痛批江澤民時期治軍無方

《爭鳴》雜誌 2013 年 4 月刊報導,據傳是出自劉源之手但未公開發表的參考資料透露:中共軍方在學習外軍經驗時,總要落後一到兩拍。比如 1991 年的海灣戰爭,中央軍委(江澤民時期)只關注美國先進武器的應用,但是,沒有認識到美國實施心理戰的作用。

再比如,對 2003 年的第二次海灣戰爭,中央軍委(胡錦濤尚未接任軍委主席)專設小組全程關注,偏重不同兵種的協同作戰,但是沒有注意到美軍利用網絡輿論優勢在全球爭取道義支持的謀略。

報導說,儘管此篇參考資料沒有署名也沒有公開發表,只是以研究報告節選的方式在軍內少數高階將領之間私傳,但無疑該報告有很好的情報來源支持。

第十章

王岐山－－
習近平反腐的操刀手

「18大」後，王岐山出人意料地從眾人預期主管經濟的第一
副總理，變成了執掌中共黨內家法的中紀委書記。有人說這
是習近平用錯了人，但這實際是習為反腐布下一局，由心高
氣盛、作風衝直的金融專家王岐山「操刀」，揪出擅用各種洗
錢伎倆貪污的中共高官。

（Gertty Images）

第一節

中南海「救火隊長」

　　王岐山屬於太子黨，不是因為他的父親是中共高幹，相反，他的父親曾是清華大學教授，後在建設部下設的城市規劃設計院擔任工程師。不過，王岐山的岳父姚依林曾官至國務院副總理，加之王岐山頭腦非常活躍，辦事雷厲風行，經常被中共高層派去解決棘手的危機，於是，外界稱他「滅火隊長」。

　　王岐山 1948 年 7 月出生。21 歲那年，他隨兩萬多名北京知青來到陝西插隊，在延安，他結識了姚依林之女姚明珊，後來兩人結婚。1973年，王以工農兵學員身分進入西北大學歷史系。1976 年畢業後，他在陝西省博物館工作三年，隨後放棄了自己的專業——民國史，轉而從事當代宏觀經濟學研究。

　　在中共高層，王岐山算真正的學者型官員。在歷史研究方面，他曾參與了《辛亥武昌起義人物傳》、《民國人物傳》的編寫工作，按理說，他本可成為一個很有前途的歷史學者，但他「不務正業」，經常撰寫經

濟文章給中共中央高層，結果走上了經濟官員的仕途。

不過，這些民國歷史的研究讓他明白，由孫中山締造的中華民國給中國人民帶來了真正的希望，而不變革的清政府只有死路一條。歷史是否會在百年後重演，這也是他經常思考的問題。

1982 年姚依林當選中共中央政治局候補委員並進入中央書記處，王岐山為照顧夫妻關係，被安排到中央書記處農村政策研究室，正是這次借調促成了王岐山日後最終走上從政的道路。

1988 年起王岐山開始涉足金融，他成立了中國農業信託投資公司，並擔任總經理，中農信是中國首批非銀行金融執照之一，王岐山還參與了中國證券市場的最初啟動工作。

1993 年 3 月，朱鎔基接替姚依林出任副總理，他很賞識王岐山在銀行金融領域的能力和經驗，三個月後，王岐山被任命為中國人民銀行的副行長，當時央行行長就是朱鎔基。由於有這層關係，有人把王岐山視為朱鎔基的門生。

1994 年，王岐山被任命為中國建設銀行行長，其間，建行和摩根士丹利（Morgan Stanley）成立了中國國際金融公司，這是中國第一家合資投資銀行，王擔任董事會主席。

1997 年王岐山還南下廣東，輔助李長春處理金融風暴衝擊。1988 年王岐山曾擔任過廣東省常務副省長。亞洲金融風暴爆發時，廣東銀行不良貸款比率全中國最高。王岐山以金融專家的身分，幫助廣東度過難關。

在粵海債務重組過程中，王岐山以美國、韓國處理金融危機的經驗，引入資產管理公司，在與眾多外界銀行家的較量中，最後成功「解除炸彈」，化解危機，王因此獲得了「小朱鎔基」的稱號。

2000 年，王岐山擔任中共國務院體制改革辦公室主任，協助朱鎔基推行經濟改革，2002 年底，他被調到海南省任省委書記，要把海南

從「爛尾樓」的困境中挽救出來。

一到海南，王岐山就到基層調研，與前任提出的「工業立省」不同的是，他提出了「生態立省」，要把海南建成「四季花園」、「中國的度假村」，並把重點放在海南的農村，提出了「五網一氣工程」，即公路、水管、電網、廣電、通信和沼氣建設。這些基礎設施的建設，意味著短期內王岐山拿不出亮麗的政績來示人，中共中央對他的評價是「不要面子工程，專注長遠發展。」

2003 年 4 月，中共衛生部長張文康、北京市長孟學農因瞞報 SARS 疫情被撤職，那時王岐山剛到海南上任五個月就臨危受命出任北京代市長。

中共謊稱為「非典」（非典型性肺炎，）的新型烈性傳染病 SARS，早在 2002 年 11 月 16 日就出現在廣東，因為連續死人，引起民眾和醫學界的重視，但當時正是江澤民主導中共 16 大期間，為了不破壞所謂「太平盛世」的形象，不給江的「三個代表」抹黑，讓江能夠順利連任中央軍委主席，當時的廣東省委書記、江派人馬李長春，積極配合江的指示，從上到下極力掩蓋真相，導致 SARS 疫情在世界範圍內擴散，成為世界公害。

2003 年 2 月，SARS 再次出現在廣東，並造成人們的恐慌，但當時正是中共兩會前夕，李長春再次下令隱瞞了疫情，直到北京解放軍 301 總醫院的外科醫生蔣彥永冒死講出真相時，中共衛生部長張文康依然一口否認。

張文康在 80 年代江澤民主政上海市委時，就是江澤民的健康顧問，和江澤民有密切的私人關係，後來隨江澤民走紅，在 1998 年被江澤民提拔為中共衛生部長，並在 2003 年 3 月獲得連任。

外界稱張文康是江澤民的鐵桿親信，不過，張只是中共中央委員，

他敢於在國際媒體面前公然撒謊造謠，是得到江澤民的最高旨意，張充其量只是一個馬前卒而已，奉命維護老江的形象。而團派的孟學農更是被江派拉去當陪綁了。

「處理」完非典之後，王岐山留在北京市委，直到 2007 年奧運召開之前。可以說，他的這頂「京都官帽」是在江胡鬥的過程中「鷸蚌相爭，漁翁得利」的例子。

2007 年王岐山當選為中共中央政治局委員，在四大副總理中排名第四，主管金融和商貿工作，同時還負責質檢、工商管理、海關、旅遊等。雖然他排名在主管農業的回良玉和主管關鍵行業（主要是工交壟斷企業）的張德江之後，但他在中共國務院中，和李克強構成了副總理中具有驅動意義的雙引擎。

王岐山被稱為中共的救火隊員，雷厲風行的工作作風讓人聯想到前總理朱鎔基。相對於李克強，他顯然更像朱鎔基。王岐山是中共中央財經領導小組的祕書長，是上海世博會相關事宜的負責人，甚至還出任中共中央審計工作小組組長等。他還是國務院經濟體制改革辦公室的末代主任，並有著廣東、海南、北京等地的地方主政經驗，可以說他的閱歷豐富。

隨著中美戰略對話機制的升級，作為中方代表團團長，王岐山在國際舞台上多有表現，而在國際金融危機尚未過去的時段中，作為中國的金融大管家，其受關注程度很大，以至於有很多人感覺他已經在力壓李克強，有繼任總理的架勢。

就個性而言，王岐山很直率，自恃有才，時常心高氣盛，很有太子黨那種自信張狂的特性。據說王岐山說話很幽默，也很能侃，經常一個笑話把大家逗得捧腹大笑。他外出訪問或工作，無論是怎樣高級的旅館，他都要求把他睡的席夢思換成硬板床，否則他就睡不著。

美國財政部長保爾森（Henry Paulson）接受採訪時表示，王岐山是個非常有能力的人，他懂市場、懂人，知道如何與人溝通。路透社評價說，王岐山有句口頭禪是「說句實話」，「現在他需要發揮一貫擁有的直率性格，在錯綜複雜的金融體系改革中披荊斬棘」，並稱他「本身是一位非常有能力的學者型官員」。彭博社也稱他是「行動者，而不是官僚」。

王岐山是眾所周知的開明派，他從一個歷史專業的學生，到專注農村經濟研究，再成為活躍的青年知識分子，他甚至參與過編寫後來被禁的《走向未來叢書》，又成為經濟專家和金融改革的倡導者。

王岐山最大的業餘愛好就是讀書，尤其是歷史書籍，他不但自己喜歡看書，還喜歡給人推薦書。據香港媒體報導，2012 年初夏，他曾給人推薦《舊制度與大革命》，令這本 19 世紀初法國著名史學家托克維爾的著作，成為 200 年後北京高層人士熱烈討論的話題。

當王岐山看到「革命產生民粹，民粹孕育暴政，然後暴政又輪迴獨裁」後，他警告說，「如此悲劇，因人性的陰暗和弱點，如果不約制，必定重演。」王岐山在《舊制度與大革命》一書中發現，暴力革命並非發生在貧窮時期，而是發生在經濟上升並帶來社會兩極分化之後，因為在這種歷史時刻，階級矛盾激化，社會底層的民眾特別容易把憤懣轉變為戰火。在他看來，現在中共的改革，弄不好就可能導致一場大革命。詳情請見新紀元新書《即將爆發的中國大革命》。

17 大閉幕時，當選中共政治局委員的王岐山卸任北京市長，也不忘向同事推薦兩本書，其中之一是長篇歷史小說《大清相國》。據說王岐山對「盛世中國」憂心忡忡，既擔心權貴的虛榮與短視，也憂心民眾的虛妄與天真。他表示，中國要真正趕上西方，「我們的路子還很漫長。」

「18 大」前，外界都認定王岐山必然會進入政治局常委，不過很

多評論分析說，從王岐山的專長來看，接任常務副總理主管經濟是最合適的，這樣，王岐山就不得不在李克強的領導下工作。

有消息稱，由於王岐山性格外露，與李克強內斂穩健的風格不合，在國務院會議上，溫家寶有意讓李克強主持會議，而王岐山曾當著一眾部長的面，對李克強施壓以促使其決策，有時甚至公開嘲諷。李克強當時忍耐著一笑而過，但傳聞事後向胡、溫訴苦。

胡錦濤將此事透露給了李瑞環等大老，王岐山因而受到大老的批評，此後王岐山漸轉低調。2012 年 4 月後，一向談笑風生的王岐山很低調，很少露面。

「18 大」前路透社曾報導，王岐山在 2012 年兩會上透露自己「想修改刑法」，並大談法治建設和人大立法工作，他的這番話被媒體解讀為，他將「在明年 3 月兩會上接替吳邦國出任中共人大委員長」，不過，最後他被胡錦濤、習近平任命為中央紀律檢查委員會書記，專門管中共黨員的貪腐違紀問題，這個任命讓人們大吃一驚。

不過事後有人分析，胡、習這樣的任命也很有道理，而且從這一任命中，就能看出王岐山在習近平心中的重要地位：習把最重要的反腐、直接關係中共存亡的大事交給了王岐山，這是對他的最大信任和重視。

「18 大」後，王岐山出人意料地從眾人預期主管經濟的第一副總理，變成了毫不相干的執掌中共黨內家法的中紀委書記。有人說這是用錯了人，故意將懂經濟的王排斥在經濟領域外，也有人猜測是因為王岐山的強勢與李克強不合，不過真實情況並非如此。

「習式五年計畫」反腐成第一要務

2012 年 11 月 19 日，新華社全文刊登了 17 日習近平在其上任後的

第一次政治局學習會議上的講話。在談及腐敗問題時，習說：「物必先腐，而後蟲生。……大量事實告訴我們，腐敗問題越演越烈，最終必然會亡黨亡國！」

「物必先腐，而後蟲生」，出自宋代蘇軾的《范增論》──「物必先腐也而後蟲生之，人必先疑而後讒入之。」暗指自己先有弱點而後為外物所侵害，長期擔任中央黨校校長的習近平，深知中共官員貪腐現狀。此前《新紀元》周刊報導說，有消息透露習近平的改革方針是：在頭五年，「從上至下，從黨內到黨外，從易到難」，等反腐成功後，再進一步搞政改。

如果說 16 大時，中共提出「初步探索出一條適合我國現階段基本國情的有效開展反腐倡廉的路子」，到 17 大時宣布「走出了一條中國特色反腐倡廉道路」，那到了習近平的「18 大」，中共反腐的共識和路子已經很清楚了，然而如今反腐現狀是「越反越腐」。

「18 大」上，習近平把「加強主要領導監督」首次寫入了黨章，強調「選拔幹部要堅持德才兼備、以德為先的原則」，既然腐敗滋生了蟲子，那先抓出蟲子也就成了反腐第一步，很多人預測，薄熙來案、劉志軍案將是習近平反腐的第一炮。

日前北京消息人士對《新紀元》透露說，安排王岐山去中紀委是習近平的布署，目前兩人達成默契，要拿反腐開刀。

回顧中共經濟發展以及官員貪腐情況，1980 年代貪官們主要靠批文發財，1990 年代主要靠股市，1990 年代末則集中在房地產、金融等資本密集行業，很多貪官為了洗錢，把錢在幾個戶頭上轉幾個圈，帳面上就難以看出問題，也就把中紀委的調查官員給糊弄過去了。不過王岐山是金融專家，貪官們玩的這些把戲騙不了王岐山。習近平起用王岐山來反腐，很像當年老肯尼迪整肅華爾街，從堡壘出來的人再回頭以毒攻

毒，效果更好。

王岐山監管政法委 楊晶分管政法

「18大」後，原周永康負責的政法委被降格，由新任政治局委員、公安部長孟建柱兼任中央政法委書記、維穩小組組長、綜治委主任。政治局常委分工中，中紀委書記王岐山將兼管政法系統，這類似15屆的尉健行，二者都以中紀委書記身分兼管政法。習近平還把趙洪祝調回中紀委做第一副書記，給王岐山當助手。

周永康在位時一人獨大，每年支配高達1100億美元的維穩經費，該預算超過了中共的國防預算，在江澤民的指示下，周永康將政法委演變成了可與中央抗衡的「第二中央」，成為薄熙來聯合周永康奪權上位逼宮的最大資本。如今這個實權落到了王岐山手裡。王岐山不但管理各級黨官，還管理國內安全，從某個角度看，王岐山將成為中共「18大」集團中極具實權的強勢人物。

在中共體制中，最高權力機構「政治局常委」只制定政策，具體如何執行主要靠中央書記處，「18大」書記處與往年不同的是由六人增加為七人。常委書記由於地位重要，以前都曾由「王儲」胡錦濤、習近平擔任，江澤民第一親信曾慶紅也擔任過這個職務，這次卻是千夫所指的「言論殺手」劉雲山。剩下六人分工，原先由中央政策研究室主任王滬寧擔任的書記處書記，改由杜青林與楊晶出任。

蒙古族出身的楊晶算是「18大」黑馬之一，實現了少數民族在書記處的「零突破」，據悉楊晶將配合王岐山分管政法系統。北京知情者告訴《新紀元》，「18大」政法系統將從「一人獨大」改為「三層分管」：即王岐山「領銜」、孟建柱具體負責、楊晶協管，目的就是相互制衡。

　　楊晶 1953 年 12 月生於內蒙古準格爾旗，中央黨校研究生學歷。除了擔任中央書記處書記外，他還兼任中央統戰部副部長，國家民族事務委員會主任、黨組書記。楊晶 17 歲在準格爾旗農機廠當工人、27 歲時進入內蒙古大學學習漢語，1988 年 33 歲時擔任內蒙古達拉特旗委書記，2004 年升為內蒙古黨委副書記，2008 年為中央統戰部副部長。

　　此前《新紀元》報導了「18 大」後，中共中央社會治安綜合治理委員會（綜治委）從政法委中分離，拆分成為平級機構；軍警撤出綜治委，國安也可能劃出政法委，各地政法委書記一般由市常委兼任，而公安局長一般不再染指政法委。

「一將難求」王岐山獲溫家寶賞識

　　外界多把王岐山視為朱鎔基的衣鉢傳人，因為他倆都有類似的強悍性格和言論，作風同樣雷厲風行。不過人們往往忽視了溫家寶對王岐山的栽培。

　　2007 年，王岐山還只是北京市長，按照中共官場規則，他要先升為北京市委書記之後才能進入政治局，然而溫家寶愛才心切，於是王岐山成為第一個跳過市委書記一級、直接升任政治局委員的人，並在溫家寶手下擔任分管金融的國務院副總理。

　　中共媒體大多竭力吹捧王岐山，說他治理 SARS 高效有力，說他充當救火隊長、上任北京市長後，19 天就基本控制了 SARS 疫情。其實那只是官方上報的感染人數開始下降，真實的感染人數絕不只是官方公布的那幾百人。由於採用嚴格的隔離，具體死了多少人，外界不得而知，王岐山也就順勢成為虛假的「非典英雄」。

第二節
民間為王岐山反腐支招

2012 年 11 月 16 日新班子上任第二天，中國公民甄鵬在網上發表了《致中紀委王岐山書記的公開信》，呼籲王岐山在其職權範圍內做到四點：「第一、實行官員財產公開制。在不觸動制度的情況下，這是反腐的利器，將起到立竿見影的作用。此事籌畫、論證多年，如今萬事俱備，只欠領導的拍板；第二、成立獨立的司法人事委員會；第三、提名法律專業人士出任最高法院院長、最高檢察院檢察長和司法部長；第四、將中紀委限制人身權利的行為納入法律框架，最典型的就是『雙規』。」

有消息稱，王岐山的中紀委新班子有可能採用這些新招，但是否能真正實施，誰也不得而知。當年朱鎔基號稱打造一百口棺材埋葬貪官，但最後大多變成了空話，因為共產制度產生的新階級，注定要產生腐敗貪官。

對於第三點建議，人們發現，當時的最高法院院長王勝俊，學歷史出身，不懂法律，卻被周永康提拔成了高院院長；而司法部長吳愛英，

更是從山東農村的公社書記到婦聯主任，由於會拍周永康的馬屁，拿錢買官，最後竟成了掌管全國律師和監獄的頭號女人。

就在「18大」之前的2012年10月22日，吳愛英還逆流公開支持周永康，稱要「認真學習貫徹周永康等中央領導同志在全國政法委書記座談會上的重要講話精神」。此次會議還釋放出強烈的反對廢除勞教制度的信號，吳聲稱要強化勞教管理並加大勞教場所建設力度。

很顯然，勞教存廢不僅關涉維穩體系的政治聲譽，更關乎司法部的灰色收入。司法系統「吃黑錢」幾乎是公開的祕密，其主要來源有兩個，一是勞教所提供的非規範收入。到目前為止，國家審計署還從沒對擁有百萬勞力的勞教所進行過審計；二是全國律師協會的繳費，每年司法部利用審核頒發律師執照的高壓手法，強制律師「上貢」，其數額驚人。

法外授權 早該廢除的勞教所

中共的勞教所可謂中國最黑暗的地方。任何人可以不經審判就被警察隨意逮捕，隨意毒打折磨、隨意決定關押一至三年（還可再延期一年），隨意強制勞動。據2012年4月統計，目前中國大陸有681所監獄（勞教所數量至今為中共國家機密），在職監獄警察30萬名，在押犯人164萬。這上百萬的無償勞動力，是中共手工出口產品的主力，國際社會一直呼籲禁止奴役勞工。

據人權組織調查，從1999年7月20日中共迫害法輪功以來，至少有30萬法輪功學員先後被勞教，警察不但用最繁重的體力勞動和洗腦等精神折磨摧殘他們，還喪盡天良地活摘法輪功學員的器官。中共的勞教所監獄裡，每個法輪功學員一進勞教所就被「體檢」，抽血化驗登記，隨時準備被摘取器官，而普通刑事犯則不做這類體檢。

中共體制內很多人都呼籲廢除勞教制度，因為其存在本身就是非法的，是法外濫權，但由於江澤民、羅幹、周永康之流的阻撓，勞教制一直在大陸存在，因為這是江澤民迫害法輪功最賣力的機構。

不准念稿 繞開財產公開

王岐山的特立獨行不光體現在他的衣著上，也體現在開會上。中共「18大」常委第一次亮相時，就只有王岐山一人繫藍色領帶，第二次集體亮相參觀「復興之路」展覽時，就王岐山一人穿牛仔褲、運動鞋。在中紀委開會時，他也要求：「參加王某人的會，不准念發言稿，要學會深刻思考。」

11月30日在中紀委與專家的研討會上，王岐山要求專家們盡量少用講話稿，要多提觀點，因為上報資料他都看過了。他說：「說長話容易，說短話不容易。」他還舉出邱吉爾的一段話：「如果給我五分鐘，我提前一周準備；如果是20分鐘，我提前兩天；如果是一小時，我隨時可以講。這個演講就是屬隨時可信口聊的水平。」王岐山舉例說，習總書記在國家博物館「復興之路」的講話，就很平實。

研討會上，專家們力主盡快建立領導幹部財產申報制度。早在1994年《財產收入申報法》就已列入中共人大常委會立法項目，但卻始終未進入立法程序，1995年中共發布了「關於黨政機關縣（處）級以上領導幹部收入申報的規定」，2006年發布了「關於黨員領導幹部報告個人有關事項的規定」，2011年發表了「關於領導幹部報告個人有關事項的規定」，首次將領導幹部本人、配偶及子女的房產列入報告範圍，但事實證明這些「內部公開」對於反腐無濟於事。

由於房產價值高，專家建議以公布房產來發掘腐敗，不過王岐山並

沒有在這一問題上跟進，他只是重複自毛澤東以來官員們反覆講的話：「黨的作風關乎人心向背，關乎黨的生死存亡。」相反，王岐山在座談會上講話的重點卻是：各級紀檢要以身作則。他認為，各級紀檢不但形同虛設，在重大違規問題中，更是監守自盜，越反越腐。

從紀檢開刀 從金融高管下手

這次無論是習近平還是王岐山，都從「自先腐後生蟲」的角度，強調先從自身做起，具體到紀檢領域，就是先整頓紀檢人員本身。

在百姓眼中，中紀委早已是一個利益集團，一些反貪官員其身不正、通過反腐來斂財已是公開的祕密，尤其是一些省部級官員的重大案件，經辦人員上下其手，對貪官及其親屬敲詐勒索，往往一個項目辦下來，很多經辦人員已成為千萬富翁。在這樣的體制下，要想徹底根治腐敗根本是與虎謀皮。

比如 2010 年 12 月 30 日遭到槍決的原湖南省郴州市紀委書記，掌控紀檢大權 11 年，但他卻在 1997 年到 2006 年期間，受賄索賄 30 多萬人民幣，還有近千萬不明財產。

另外有消息稱，王岐山在金融機構高層會議上先聲奪人：「金融機構，特別是上層，不是全部也差不多九成已是千萬富翁，借一億元收 2000 萬私人回佣，每月薪金 5000 元，獎金四、五萬，這是哪家訂立的，夠黑、太黑。」於是人們預計王岐山的到來令國營金融大老的日子很不好過。

目前中國銀行高級官員可以隨意將數額巨大的資金借貸出去，並暗中撈取個人的巨額好處。這種坑害國家和人民的利益、肥了自己腰包的腐敗醜聞比比皆是，導致民不聊生，怨聲載道。

2012 年 7 月有報導指，目前中國金融系統已經岌岌可危，總計爛帳至少已經高達 26 萬億，相對於 7.5 萬億的淨資產，中國所有的銀行已經破產，留下一堆爛帳。

不過不少人質疑王岐山的高調。回想朱鎔基上台時也是慷慨陳詞，他曾當著各國記者的面誓言，「不管前面是地雷陣還是萬丈深淵，我都將一往無前。」「我這裡準備了一百口棺材，九十九口留給貪官，一口留給我自己。」然而，面對中共整部專制機器的全方位制度性的腐敗，一個小小的人又能發揮多大作用呢？事實是，朱鎔基任職期間以及之後，中共腐敗現象愈發嚴重。

中紀委曾寫文章反駁民眾提出的「越反越腐」現象，並給出數據說 2010 年有 1 萬 9527 人受到黨紀處分，其中縣處級以上幹部 5098 人，移送司法機關的 804 人。但相對於無官不貪的局面，800 人在中共 7000 萬黨員中的比例微乎其微，這說明絕大多數貪官是非常安全的。再比如中紀委處罰賣官的官員，但從未處罰買官的官員，因為幾乎人人都在買官，法不責眾，法律都變形了。

毫無疑問，等待王岐山的也同樣是反腐的萬丈深淵，無法飛越。

第三節

掀反腐風暴 直搗江澤民

王岐山講話，話裡有話

2013 年 2 月 25 日，就在一年一度的中共人大、政協兩會召開前夕，新華社發布了習近平新班子 1 月 22 日在北京召開的第 18 屆中紀委第二次全體會議的消息，以及王岐山的報告全文。

在新華社公布的王岐山 6000 多字的講話中，王稱 2013 年是全面貫徹落實黨的「18 大」精神的開局之年，中紀委要做好反腐工作，要「嚴肅查處違反政治紀律行為，絕不允許公開發表同中央決定相違背的言論，絕不允許『上有政策、下有對策』，絕不允許有令不行、有禁不止。」

在具體內容中人們發現，王岐山的講話有幾點特別有針對性。如他強調「個別高級幹部嚴重違紀」，令讀者都在猜測這些高級幹部指的是誰。報告還說「嚴禁以公款互相宴請」，要「規範幹部退休從業行為」，要「糾公務員考錄不正之風」，「紀檢幹部不准辦人情案」等。

大陸很多媒體把王岐山的講話解讀為「王岐山要加強對裸官的監管」，有人說，王岐山此次劍指「裸官」，找到了將反腐敗深入延續下去的良好突破口。首先，「裸官」的負面影響力極大，民眾對於「裸官」深惡痛絕。將所有家人都變成外國人的官員，怎麼會「全心全意」為人民服務？其次，「裸官」的出現更多的是監管制度存在問題，在中國嚴密的戶口制度下，對「裸官」的查處成本應當是相對較低的。

但王岐山的講話，不但針對裸官，更針對那些退了休的，喜歡公款宴請的個別高級幹部，細心品味海外流傳的王岐山講話稿，人們還發現王岐山提到「路線鬥爭」的問題，從中人們能看到更多內涵。

官員財產公開和反腐立法將成兩會熱點

對於 3 月 5 日召開的兩會，很多媒體解讀說，反腐立法將成為兩會熱點，有人還預測習近平、李克強的新班子將在公布官員財產和人大確立反腐法律這兩方面大展身手。不過，根據各方情況分析，中共要真正實施這兩點的現實性並不大，無論兩會上這兩個話題討論得多麼熱烈，最後結果都會不了了之，中國現有法律再完備，不具體落實執行，一切都是空話。

20 多年前中共就提出了反腐，一方面是加大力度反腐，另一方面卻出現了腐敗越來越嚴重的現象，老百姓說，「中共是越反越腐」了，根本無法標本兼治。

2009 年有中共人大代表呼籲出台反腐敗法，中共人大也曾將修改完善的反腐敗方面的有關單行法律，列入立法計畫，但四年過去了，無論專家學者和民間如何呼籲，反腐法的立法進程都「難產」了。究其根源，因為中共已經成為一個特權「新階級」，假如沒有腐敗的特權，這

個新階級就會被消滅，反過來也就是說，中共不可能不腐敗，腐敗已經成為中共存在的一個「生存支柱」，中共黨員就是靠腐敗凝聚在一起的，腐敗消除了，中共也就滅亡了。

據 2012 年底「中共人大法律委員會關於代表議案審議結果的報告」顯示：「2008 年至 2012 年，11 屆中共人大常委會曾將涉及反腐倡廉制度建設的修改刑法、刑事訴訟法、行政監察法、預演演算法等，以及研究論證建立國家公職人員財產申報方面的法律制度等，列入立法計畫和年度立法工作計畫。」但上述立法內容並未完成，在該份報告中，中共人大法律委建議，將「修改完善反腐敗方面的有關單行法律」列入下屆中共人大常委會立法規劃中，這樣一屆推一屆，2013 年的人大是否能採取真正措施令人生疑。

很多人認為，反腐敗國家立法的第一步，應是制定官員家庭財產公示制度，目前《中國共產黨紀律處分條例》和《行政機關公務員處分條例》，這些規定還只停留在中共內部監督層面上，沒有具體實施的配套規定，民眾也無法監督，這等於形同虛設。

如何公布官員財產呢？ 2012 年 11 月，汪洋在廣東試行了官員財產公示制度，一些地區準備將官員配偶、子女的財產情況納入公開範圍。不過有官員指出，「短期內，全國性的官員家庭財產公示制度還難以出台」，如何讓民眾或各級人大，有效地監督同級官員的財產申報，成了很多媒體熱議的話題。

開局反腐 「習八條」特有所指

每年兩會，反腐都是各界關注度最高的話題之一。習近平上台後，先是強調「打鐵還須自身硬」，一天後又說，「物必先腐而後蟲生」，

隨後他發誓要「把權力關進制度的籠子裡」，在短短 100 天的時間裡，至少有 27 名廳級以上幹部被處理，其餘級別的官員則更多。

特別引入矚目的是周永康的馬仔、四川省委副書記李春城，中央能源局長劉鐵男、中央編譯局長衣俊卿這幾位副部級官員的落馬。用往年的標準來看，王岐山掀起的是一場反腐風暴，而不是什麼「和風細雨」。有人猜測說，相對於以後打大老虎的驚險，目前這三位副部級的馬仔落馬，可能也就只夠稱之為毛毛雨了。

很多政治敏感人士在閱讀了王岐山的講話稿後發現，王岐山的話中有話，矛頭直指江澤民派系，因為王岐山強調的那幾點，正好點在江澤民的腦袋上。還有傳言說，王岐山把反腐上升到路線鬥爭的高度來對待。

「18 大」後，胡錦濤以全退來阻斷江澤民的老人干政之路。2012年 12 月 4 日，習近平在中共政治局高調推出「習八條」，即有關「改進工作作風」的八項規定，被認為是從政策法規層面鞏固胡錦濤終結「老人干政」的成果，其中「除中央統一安排外，個人不公開出版著作、講話單行本，不發賀信、賀電，不題詞、題字」，被認為是直接針對最喜歡到處留言題字的江澤民。

然而江澤民不甘心就此退出歷史舞台，從 12 月 22 日至 28 日，六天的時間裡四次公開露面題詞作賦等，公開叫板「習八條」。習近平團隊作為回應，在 2013 年 1 月 21 日，習近平臨時改變主意，突然參加了原中共中央軍委祕書長、總政治部主任楊白冰的遺體告別儀式，官方公布的領導人排序名單上，江澤民第一次出現在第 12 名上，前面 11 名依次為中共七名新任常委、外加還有政府職位的胡錦濤、吳邦國、溫家寶、賈慶林。

而在此前兩個多月，中共官方對丁光訓去世「表示慰問」的時候，

江澤民仍然排名第三，再往前推，中共「18大」前，江澤民的名字一直排在胡錦濤之後，名列第二，儘管江不再擔任任何實際職位。有外國記者戲稱，從江的排名上，就能看出胡錦濤時代中國有兩個權力中心，江澤民「不在其位，卻謀其政」，這跟慈禧太后有何差別？

在楊白冰追悼會之後的第二天，即北京時間2013年1月23日凌晨，新華社還專門發布簡訊，證實江澤民今後排名都會在時任常委之後。簡訊中新華社極為罕見地將江澤民的生平履歷極為詳細地列出，外界解讀說，即使這不是「定論」，也算是「蓋棺」之舉，意味著江的政治生涯到此結束。這時很多人才驀然醒悟，胡錦濤的裸退，真的就像《大紀元》此前報導的那樣，是學了董存瑞「捨身炸碉堡」，徹底炸毀了江澤民，若胡不這樣做，江恐怕還會一直賴下去。

在新紀元出版的新書《習近平對江澤民亮出殺手鐧》一書中，講述了2013年元旦，《南方周末》新年獻詞中原本強調習近平的「憲法夢」等內容，遭廣東宣傳部長庹震操刀刪改，隨後事件不斷發酵。「南周事件」給世界曝光了中南海二大機密：第一，習近平正遭遇來自江派薄黨的攻擊；第二，雙方在相互搏擊的過程中洩露了江澤民陣營的最大恐懼點、也是習近平針對江澤民的「殺手鐧」——中國勞教所。

1月7日，中共突然宣布年內取消勞教制度，同時習近平高調講話，更加強調他所提出來的「憲法夢」。勞教制度是中共整個政法委的核心，很多法輪功學員都在被勞教之中。過去十幾年裡，政法委的頭目從勞教制度中獲取了驚人的經濟利益，還涉及到活摘器官的問題。習近平針對勞教所開刀，變相針對政法委和周永康等人開刀，實際上撬動了江澤民的根，是江的恐懼點。

「南周事件」的核心涉及江派劉雲山、庹震等封殺習近平的「憲法夢」，江派恐懼習近平實施憲法治國、打擊腐敗，也因此，代表江派的

劉雲山在「南周事件」上一直與習近平公開唱反調。

江澤民貪腐生活正是中紀委目標

就在江澤民公開挑釁「習八條」時，《動向》雜誌披露了江退休後的貪腐生活。江澤民 2012 年在上海居住 150 天，除其住宿、交通等開支由市政府列作行政開支外，僅宴請簽單即 237.7 萬，相當於上海市 34 個中等職工的年收入總數。

2008 年就有人爆料說，中共中央委員以上離休高幹，每年公款開銷就高達 1000 億人民幣；包含中共前黨魁江澤民在內 11 名高級離休官員，每年公款消費達 10 億元，平均每人近一億元！江澤民等享受的特權待遇，包括各地行宮、專機、專列、高級轎車、專家醫療組等。

上行下效。《南方都市報》2012 年 3 月 4 日報導稱，中共三公消費（公車消費、公款吃喝、公費旅遊）在 2006 年就達千億元，相當於全年財政支出的 30%。2008 年 3 月，中共人大常委會辦公廳研究室特約研究員王錫鋅在《新聞 1+1》中披露，他估算中共官員用於公款吃喝、公費出國、公車開支的花銷一年有 9000 億人民幣。9000 億相當於 30 艘航母的造價，儘管每年百姓納稅，充實國防力量，但至今中國沒有一艘真正的航母。

王岐山在中紀委第二次會議上強調「個別高級幹部嚴重違紀」，「嚴禁以公款互相宴請」，要「規範幹部退休從業行為」，「紀檢幹部不准辦人情案」等，是否針對江澤民派系來的，這還難說，但有一點是非常清楚的，江澤民在位十多年，一手扶植了大量貪官，而江澤民本人也是中共現行官場上很多特大老虎的保護傘和黑後台。

《財經》曝光江派鐵桿黨羽的驚人黑幕

2013 年 2 月 24 日，就在中共官方發表王岐山講話的前一天，《財經》雜誌發表文章《連氏無間道》，深度披露江家幫的腐敗鏈條和江澤民鐵桿黨羽的驚人貪腐，同一天，新華網頭條是習近平針對江澤民的「腐敗治國」而發出的「依法治國」，外界稱，這些舉動給人「開弓沒有回頭箭」的感覺。

2 月 25 日，被稱為香港央視的鳳凰網轉載《財經》的《連氏無間道》文章，標題改為《「公海賭王」被指涉薄谷開來案，曾為黃光裕洗錢》。此文在兩會前，在薄熙來進入司法程序倒計時的階段，發出強烈的對以江澤民為首的「挺薄黨」的嚴肅警告。

據《財經》報導，新近調查的薄谷開來及其家人的經濟帳目，也與「公海賭王」連卓釗的連氏賭廳及其地下錢莊網絡存在交集。後者與大陸腐敗鏈條存在多大範圍的網絡，或許只有連氏清楚。

文章還披露，連卓釗、前內地首富黃光裕、「南粵政法王」陳紹基、深圳市原市長許宗衡、粵浙原省紀委書記王華元、公安部原部長助理鄭少東等在內的政商權貴，形成超級分利聯盟，並通過公海賭船、洗錢網絡等方式，將贓款聯於貸款、地下錢莊聯於境外銀行，黑道與白道互為利用、商界與政界交相滲透，大量走私、洗錢、行賄，安然往來於其間。黑道幫派規則大行其道，社會公共秩序毫無尊嚴。

上面提到的人全部是江澤民、周永康的鐵桿。此文在兩會前夕出來，傳遞重要信息，習近平的反腐討伐，正逼近江澤民。此文的作者之一《財經》雜誌副主編羅昌平，曾於 2012 年 12 月 6 日在微博實名舉報現任國家發改委副主任、國家能源局長劉鐵男涉嫌偽造學歷、與商人結成官商同盟等問題。劉鐵男被稱為江澤民的財務大管家。

　　文章還寫道：「回望十年，這宗南國大案與上海陳良宇社保案、北京劉志華城建案、天津李寶金、宋平順、皮黔生案、重慶薄熙來、王立軍案，構成中國地方官場強震的四極。而該案主要發生於廣東，且勾連起北京、深圳、香港、澳門等地的商脈，亦映照出開放之區的隱祕一角。」

　　《財經》比喻江派的黑色聯盟是，「游弋在法外公海之上的『海王星號』，儼然是一個隱密而龐大的特殊人際網絡樞紐。」「政商之間，真實版的連氏無間道，超越電影劇本，折射出一個缺乏法治的市場，在原罪與共罪間鞏固著無間環境，其必然導致自由市場、法治正義與執政倫理的多重損毀。」

習近平的太子黨盟軍

第十一章

被打倒的三隻小老虎

從 2012 年 11 月中共「18 大」後到 2013 年 3 月中共兩會，王岐山新官上任三個月即拿下三隻省部級「老虎」——李春城、衣俊卿、劉鐵男。這些為反腐祭旗的高官背後是更大的「老虎」：李春城案涉周永康，衣俊卿涉李長春，劉鐵男涉江澤民。

王岐山新官上任三個月即拿下三隻省部級「老虎」——李春城（左）、衣俊卿（中）、劉鐵男（右）。（新紀元資料室）

第一節

李春城：被打倒的第一隻小老虎

在成都市主城區西側，一環與二環路之間，毗鄰浣花溪公園與府南河，有一片錯落有致的別墅區。該別墅區沒有名字，僅以「浣錦濱河路186號」命名。該片別墅區共有22戶。通過門口保安檢查，北向朝內步入約30米，有一處警衛室，無論白天黑夜，均有一名武警在此站崗。從武警站崗處左轉，約30米，即是李春城的居所，也是別墅區中最大的住宅。李自搬進來後，深居簡出，很少在小區內拋頭露面，有的同僚在小區住了三、四年，從未在小區內碰到過李春城。

2012年12月2日晚，四川省委副書記李春城的車子從別墅大院出去後就再沒有回來。在大院保安的印象裡，李春城每天出門與回家的時間相當有規律，早上九時左右李的司機開車來接他，晚上八、九點回家，有時候晚了會到11點多。

那一晚，李春城被中紀委帶走。12月3日，四川省委召開常委會將此消息通報。當日，李春城被帶離成都。12月4日，消息逐步向外

圍擴散，四川方面將李被調查的消息向省級幹部傳達，包括一些離退休省級幹部。有消息稱，除了李春城，時任成都市紅十字會黨組書記、常務副會長的李的妻子曲松枝及四名工作人員一併被帶走。

據「六四天網」報導，消息人士透露，在雙規地點，李春城曾將眼鏡摔破試圖割腕自殺。被發現後，紀委相關工作人員進行阻止。

2013 年 1 月 9 日上午，中共中紀委監察部召開新聞發布會，在通報 2012 年大案要案時稱，中紀委已對李春城案立案調查。

李春城在成都工作 12 年，擔任黨政主要領導幹部 11 年，李春城早在中共 16 大時就當選中央候補委員，在 17 大上落選，坊間有傳聞稱，是因其牽扯「韓桂芝案」行賄被調查，屬組織部棄用之列。但在 2012年 11 月，中共「18 大」上，李春城以四川省委副書記身分當選中央候補委員。外界普遍認為，此一翻轉與得到周永康力挺有關，預測其仕途還將上行。但「18 大」剛過，形勢劇變，李春城成為中共「18 大」後第一位出事的副省級高官。

從「知青」到「副省級」

現年 57 歲的李春城生於遼寧，17 歲到黑龍江省雙城縣農豐公社保勝大隊當了兩年「知青」。1975 年「文革」尚未結束，李春城便入讀哈爾濱工業大學，三年後留校任教，在哈爾濱工業大學一做就是九年。1987 年，31 歲的李春城離開高校，擔任哈爾濱市團委副書記，七個月後「轉正」。

此後五年，李春城一路升遷至哈爾濱市副市長。1998 年 12 月，作為交流幹部，李春城從哈爾濱來到成都，擔任成都市副市長。自此以後，除了 2000 年下半年短暫外調到四川省瀘州市擔任市委書記幾個月外，

李春城在成都前後工作了 13 年，其擔任成都市長、市委書記兩職的時間近 11 年。2011 年 9 月他升任四川省委副書記兼成都市委書記，兩個月後擔任四川省委專職副書記。

從其履歷看，李春城的仕途「坦順」，「官運亨通」，一路升遷，幾無中斷。2002 年更是罕見地以成都市長的身分擔任 16 屆中央候補委員。不可思議的是，2007 年身兼四川省委常委、成都市委書記的李春城卻落選了 17 屆中央候補委員，這被外界解讀為因涉案及被人舉報受挫。2012 年 11 月，時任四川省委副書記的李春城再次當選，成為 18 屆中央候補委員，在 171 名候補委員中排名倒數第 17，然而不足 20 天，李春城即被帶走調查。

《明報》助理採訪主任李泉採訪了胡耀邦的兒子、習近平的密友胡德華。胡公開表示，中央正在調查誰把官位賣給了李春城。胡德華說：「對於薄熙來、李春城這樣的貪官，中央長期知而不辦，因為背後有『位高權重』的人。要追究是誰提拔了靠『買官賣官』上來的李春城。」

此前有消息說，李春城起初拒絕中紀委的調查，但後來為了保命，檢舉出來很多人。李春城案能否拖出背後的大老虎，勢必引發一場激烈的中南海博弈。

買官賣官問題由來已久

李春城的落馬，與當地眾多官員的網絡實名舉報或在中紀委調查中的招供有關。

2012 年 12 月 6 日上午 12 時 30 分，現任四川省成都市金牛區委常委、統戰部長的申勇在其實名認證「人民警察申勇」的微博裡連續多次公開發帖稱，李春城在上世紀 90 年代初就多次向曾任黑龍江省委組織

部副部長、部長、省委副書記的韓桂芝行賄數萬元，並得到其一路提拔。2005 年底，韓桂芝因受賄罪被北京市一中院判處死刑，緩期兩年執行。

申勇還稱，李春城花巨額資金買官，必然要以高價賣官方式來變本加厲地收回投資才符合市場經濟規律，特別是李 2003 年任成都市委書記以後瘋狂賣官颳起買官賣官之風。

申勇揭露，李春城的妻子曲松枝隨李春城剛到成都時在某醫院當勤雜人員，李任成都市委書記後，成都市衛生局專門設立科教處長一職並委任其妻。「5‧12 汶川大地震」後「成都紅十字會」因接收天量捐款成了最熱門單位，三個月後曲又被任命為成都紅十字會副會長、常務副會長，一年後又用各種手段逼迫一把手（指周莉蓉）辭職而坐上一把手「交椅」，開啟了成都紅十字會的腐敗序幕。

不僅如此，根據民間流傳的多種版本，李春城可能涉案多起，被稱「貪腐數十億」，「涉十大要案」，如「成都一環路、二環路跨線立交橋和下穿隧洞工程」、「鳥巢（原成都市政府新辦公大樓）建設及裝修工程」等。據統計，李春城被懷疑涉及的問題多與土地、工程建設、拆遷等有關。

申勇稱李春城還涉及「命案」，應是指 2009 年底金牛區天回鎮金華村一「被強制拆遷戶」唐福珍見阻攔拆遷無望，憤而自焚事件。因慣用強拆手段，李春城又被民間譏諷為「李拆城」。

據稱，目前除了已經被公開的實名舉報者申勇外，另外還有相當級別的官員。有網民評論，李春城的問題由來已久，而舉報也是「源遠流長」。申勇稱他自 2004 年就開始實名舉報了，只是一直未在網絡上公開而已。但申勇也承認，李春城被雙規並非源於他的舉報，而是另有導火線。

李春城案發源自「圈內人」出事

　　大陸財新傳媒《新世紀》周刊報導披露，李春城的「圈內人」是成都「哈爾濱幫」。李春城案發源自成都黨政系統內的幹部向北京提供線索，若干個舉報環環相扣，指向成都市北郊五龍山一處房地產項目。

　　最終，這些舉報直接導致李春城的大學同學史振華等一些哈爾濱籍商人涉案被查，知名地產上市公司萬科也因與這些商人合作低價買地而牽扯其中。

　　成都地產界人士向《財新》記者透露，史振華年近 50 歲，黑龍江綏化人。2001 年李春城由瀘州市委書記調回成都擔任市委副書記、代市長後，史振華從東北來到成都。他和李春城既是東北老鄉，又是哈爾濱工業大學的校友。業內人士都知道「史振華是李春城的鐵哥們兒」。而史振華的外甥 80 後的王亮也是地產活躍人物。

　　知情人士告訴《財新》記者，成都同泰前股東于宗靖是史振華好友之一，之前曾在北京從事房地產開發。

　　這批來自東北黑龍江、跟隨李春城的生意人，很快在成都被稱為「哈爾濱幫」。當地地產界人士認為：在五龍山地塊上，「哈爾濱幫」顯示了實力。可茲為證的是每畝 105 萬元的低價。公開資料顯示，也是在五龍山地塊附近，央企保利地產同期的拿地價格為每畝 125 萬元。

成都官員向北京舉報　李春城案發

　　2012 年 8 月，時任成都工業投資集團有限公司（下稱成都工投）黨委書記、董事長的戴曉明，被當地紀檢監察機關帶走調查。目前就戴曉明的涉案情況，官方仍未發布正式消息。

戴的「落馬」與成都工投位於新都區的一處工業園區有關，該園區的一起拆遷糾紛引爆土地案線索，致其案發。戴曉明進去後，既有對抗，亦有檢舉，其中即包括與新都土地有關的其他線索。9 月底，成都市新都區國土資源局長毛一新被市紀委帶走調查。

在李春城治下，戴曉明曾長期擔任青白江區委書記、成都市經濟委員會主任等多個要職，在成都民間被認為是李春城的「八大金剛」之一。據了解，自戴曉明擔任成都工投集團黨委書記、董事長以來，成都工投集團得到諸多看似無意的「關照」，如「彭州石化」、「土地收儲特權」等，成都工投集團的利益來源被指與李春城的「幫助」緊密相關。

「18 大」結束後不久，成都地產界又傳出史振華被調查的消息。知情人士告訴《財新》記者，史振華被查沒過幾天，李春城的祕書陳斌也被帶走接受調查。

12 月 3 日，四川省委常委會內部通報了李春城接受調查的消息。而李春城已於前一天被帶離成都。三天後，中央紀委向新華社記者證實：四川省委副書記李春城涉嫌嚴重違紀，正在接受組織調查。

維基解密：川震後成都官府奢華惹怒溫家寶

維基解密 2011 年 8 月 30 日公布的一份美國駐成都總領事館 2008 年 10 月 31 日發往美國華府的電報。

電文中談到時任成都市委書記的李春城，因 2008 年四川大地震後，在成都豪華的新行政中心揭幕，招致總理溫家寶的憤怒。

電文中說，數名聯繫廣泛的成都當地商人證實，成都市委書記李春城正陷於麻煩之中。李春城自 2003 年以來，坐上成都市委書記職務，被廣泛認為是成都建設熱潮背後的主要力量之一。他最青睞的項目——

成都新的行政中心完工的時機，讓他很不走運。這龐大複雜的「鳥巢式」外牆的行政中心，占地 37 萬平方米，據報導，耗資超過 1.76 億美元（約 12 億元人民幣）。

當成都市的工作人員開始往裡搬遷之前才剛發生了 5 月 12 日的四川大地震，當地居民正處於悲痛和震驚之中，這造成了形象問題。

一位消息人士指出，真正「傷到」李春城的，是總理溫家寶造訪了這一新的政府總部。此前，溫家寶剛剛視察了被地震襲擊最嚴重的災區，見到從廢墟中拉出來的死難者遺體和傷者。該消息人士描述了溫家寶是如何厭惡地離開該行政中心，他在裡面待了不到三分鐘。該人士評論說，至少「慶幸」的是，溫家寶沒有走進去那麼遠，看到李春城奢華的辦公室。

電文說，據一名消息人士說，雖然這看來不會令李春城被免職，但當然也不會得到他認為已姍姍來遲的晉升。

李春城是周永康的馬仔

據知情人透露，李春城背後的大後台就是周永康。汶川地震後，溫家寶公開表示要徹查豆腐渣工程，但隨後幾年，不但沒有抓一個豆腐渣工程的製造者，卻相反地把為死去孩子討還公道的上訪家長們抓了。據說，這顯然是周永康把保李春城當作自身保衛戰的一場戰役來運作的結果。四川地震暴露的豆腐渣貪腐問題，很多都與周永康及其提拔的親信有關。

周永康 1999 年至 2002 年在四川擔任省委書記，李春城 1998 年 12 月花錢買官，調任成都市副市長後，竭力賄賂周永康，於是 2000 年 8 月周永康提拔李春城出任瀘州市委書記，接著又調回成都擔任市委副書

記、代市長、市長，並成為 16 大中央候補委員。16 大後又升任省委常委、成都市委書記。

2002 年周永康被江澤民強行提拔為政治局委員、公安部長之後，周為了保持他在四川的財路，繼續賣官給李春城，使李春城 2003 年 6 月任省委常委、成都市委書記，直到 2011 年擔任四川省委副書記。

有消息稱，周永康兒子周斌每次去四川，李春城必悉心接待，並對其在四川的大肆攫取利益大開綠燈。周永康曾在四川、石油系和國土資源部主政，李使其家族在四川的加油站項目大受其利。據稱，四川省委省府和成都市委市府裡有相當一部分人對李春城拍周家馬屁大為不滿。

有知情者對海外中文媒體透露，李春城本身涉及多起腐敗案。周永康兒子在石油、地產以及投資四川信託有限公司等商業利益上，李春城的貢獻最大。四川信託擁有很多國有資產，包括部分五糧液和國窖白酒的股份，他們投資兩億元就竊取了 70 億的國有資產。

周永康家族賣官生意興隆，跟李春城直接相關，如今李春城落馬，周永康兒子周斌夥同黑社會賣官、用錢赦免死囚犯等罪惡將陸續會浮出水面，順籐摸瓜，周永康落網的日子也就不遠了。

第二節

打掉江派筆桿子：衣俊卿

第二個翻車的是中共中央編譯局長衣俊卿。中共官方 2013 年 1 月 17 日報導說，據有關部門證實，衣俊卿因生活作風問題，不適合繼續在現崗位工作，已被免職，賈高建將擔任中央編譯局長。

2012 年 1 月中旬，就在習近平、王岐山利用民間舉報，拉倒 20 多名官員時，中共中央編譯局女博士後常豔實名舉報上司衣俊卿，這篇以《一朝忽覺京夢醒，半世浮沉雨打萍——衣俊卿小 n 實錄》為題的文章長達 12 萬字，自曝其與衣有婚外情，並多次發生性關係，還在酒店開房 17 次。

54 歲的衣俊卿曾任黑龍江大學校長、黑龍江省委宣傳部長，2010 年 2 月起擔任中央編譯局長。他同時是中國現代外國哲學學會副會長、中國俄羅斯東歐中亞學會副會長、中國辯證唯物主義研究會常務理事。

用大陸媒體評論的話說，一個長期從事馬克思主義文化哲學研究的副部級高官，用他滿腹的男盜女娼，將他掛在嘴上的節操「毀損得滿地

亂滾」。

據悉，常豔在中央編譯局進行博士後研究，專攻恩格斯學說，曾任山西師範大學政法學院副教授。常豔用日記體的方式，事無鉅細地描述了與衣俊卿的情史，還在日記裡透露了一些政治官場信息。

文章詳細敘述兩人情史，包括已婚的常豔為進入編譯局工作，拿到北京戶口，曾多次向衣行賄數萬元，甚至以身相許，兩人先後在多間酒店開房 17 次，以及常獲 100 萬元人民幣掩口費等。

2012 年 2 月 11 日，常豔記錄說：「衣老師給我講，原來是打算讓他到中宣部任副部長，但突出不出來，所以來編譯局。雖說是個副部級單位，但是一把手。」

衣還說：「差常委裡有一個給自己說話的唄！那誰誰（我不太知道那人，所以沒記住）不就是有個人說話，就起來了嘛！下一步，就看雲山進常委的話，就好辦些。他比較了解我。」

衣俊卿還說，他給《光明日報》寫的《在中華民族偉大復興中增強理論自覺、理論自信》文章，他說：「這篇文章寫絕了，只寫了七、八個小時。李 XX 講完話後，有好幾個人想寫，但後來《光明日報》特約他寫的。說發表後，首都師範大學等學校有人給他寫信；還說李 XX、劉 yunshan 等人看見了也高興，這是給他們的觀點做論證啊。」

這裡指的是宣傳主管李長春和劉雲山，兩人幾乎每月都要光顧中央編譯局，名義上是到這裡促進馬克思主義理論研究和建設，但實際上是光顧編譯局招募御用文人。

衣俊卿還有一個鮮為人知的背景，就是在中央編譯局充當江派的筆桿子。消息稱，李長春掌控宣傳口期間，衣俊卿是李長春的右臂，劉雲山是李長春的左膀；而在劉雲山掌控宣傳口後，衣俊卿成為劉雲山的左膀。

中共「18大」後，李長春面臨下台，「筆桿子」成為中共各派的
必爭之地。一方面，江派和李長春都試圖將印把子交給自己的心腹。另
一方面，習近平也力圖將筆桿子和槍桿子握在自己手中。現在習又將江
派筆桿子衣俊卿解職，針對江系筆桿子李長春和劉雲山，釋放針對中宣
部的信號。

第三節
揪出副部級高官劉鐵男

第三隻老虎是中共國家發改委副主任、國家能源局長劉鐵男。《新紀元》周刊在 2013 年 2 月 7 日出刊的封面故事中，揭示了北京揪「副部級老虎」內幕。

就在眾人高高興興準備過年時，中共能源局長、享受副部長級特供的劉鐵男全家卻在愁眉苦臉中煎熬。在民間舉報和中紀委立案調查中，癸巳蛇年恐怕是劉家人這輩子最難過的年關了。

年前大陸官場流傳著中共新任黨魁習近平模仿鄧小平南巡深圳的內部講話，裡面有句話讓很多人吃驚。在談到蘇聯共產黨的解體時，習悲憤地感慨：「竟無一人是男兒」，意指沒一個人站出來為保蘇共而抗爭。

先不談蘇共解體對中共解體的必然昭示，而這位共產黨特殊材料製成的「鐵男兒」劉鐵男，遭《財經》雜誌副主編羅昌平實名舉報後被立案調查。外界預測，他將是習近平反腐戰中的第三隻副部長級貪腐「老虎」。不過，掀開事件面紗，對照「南周事件」，劉鐵男被實名舉報實

際是習近平借助民間力量，敲打江派的又一警示。

舉報假學歷外加貪腐

中共能源局長劉鐵男的官方簡歷稱，他 1954 年 10 月出生於北京，研究生學歷，經濟學碩士，工學博士。1983 年在國家計委工作；1996 年後在中共駐日本大使館做了三年經濟參贊；2006 年 12 月任國務院振興東北地區等老工業基地領導小組辦公室副主任（副部長級）；2008 年 3 月任國家發展和改革委員會副主任；2010 年 12 月接替幹了 11 年的張國寶，擔任國家能源局黨組書記、局長。

2012 年 12 月 6 日，在任國家能源局長兩年之後，劉鐵男遭遇《財經》雜誌副總編羅昌平的實名舉報。相關舉報資料稱，劉鐵男與商人倪日濤結成「官商同盟」，劉鐵男的妻子、處級幹部郭靜華及兒子劉德成均在倪的公司持有股份，並擔任要職，因境外收購騙貸事宜被曝光，嚴重侵害國家利益。

在《財經》雜誌的封面故事《中國式收購：一名部級高官與裙帶商人的跨國騙貸》一文中，例舉了大量調查數據，比如裡面有郭靜華親筆簽名與倪日濤合資註冊公司的第一手證據，還有劉德成在匯豐銀行三個美金、加幣的帳戶號碼和巨額匯款憑證等。

文章開篇就說，「只差一步，中國商人倪日濤就完成了他的海外收購。這是一個極富膽色的計畫：在國內銀行貸款兩億美元以上，收購一家加拿大企業 New Skeena 製漿廠。鮮為人知的是，在他赴加重組以前，標的資產其實已被其控制的境外公司提前收購。概而言之，這是一場涉嫌以項目撬動銀行資金，『自己收購自己』的跨國資本遊戲。」

倪日濤何許人士，竟然能把部長夫人和部長兒子公然拉入自己的

公司？

公開履歷顯示，現年 58 歲的倪日濤，在 1980 年代任機械工業部發電設備服務中心幹部、中國機電工業聯銷公司上海公司經理；1994 年任國營上海南疆機械成套公司的法人代表；1996 年任上海中機能源工程有限公司董事長；1998 年起，他擔任註冊資本一億元的上海中機董事長，該公司隸屬原國家經貿委機械工業局發電設備服務中心。

懂行的人明白了，原來倪日濤與曾經擔任電子工業部長、上海市委書記的江澤民、曾任經貿部長的李嵐清等人的派系人馬有瓜葛，而且劉鐵男的前任能源局長張國寶，兩人都是江派鐵桿人物，由於有這些江派背景，倪日濤才與劉鐵男關係這麼「鐵」。

由於有這些幕後關係，劉鐵男指使手下幹將甘智和，在 2005 年以中共國家發改委的名義，批給了倪日濤 16.5 億元「林紙一體化」項目，讓這個不懂造紙業的外來商人，很快利用資金運作，在七個省先後租賃或收購了八家造紙企業，總資產號稱數十億元。不過，如今這八家企業只有一家還在正常運轉，眾多納稅人的血汗錢被白白打了水漂，而這位甘智和更在 2005 年 8 月從國家發改委副祕書長的位置退休後，馬上就加入了倪日濤的中竹控股公司並擔任董事。

《財經》報導中不但列出了這些腐敗官員的行為，還列出了中共官方的規定，如 2000 年 1 月中紀委關於「省（部）、地（廳）級領導幹部的配偶、子女，不准在該領導幹部管轄的業務範圍內個人從事可能與公共利益發生衝突的經商辦企業活動。」2006 年 1 月 1 日施行的《公務員法》和 2007 年最高法院、最高檢察院聯合發布的《關於辦理受賄刑事案件適用法律若干問題的意見》，明明白白地揭示了貪官奸商的罪行。

羅昌平在其微博中還舉報說，劉鐵男涉嫌學歷造假，稱他獲得了經濟學碩士，但外界卻無法找到其碩士信息。劉鐵男「在日本做經濟參贊

時經情人獲得名古屋市立大學『修士學位』」，但這是榮譽證書而非學位證書。劉曾請校方加「學位」字樣並將「可以評價等同」改為「特殊培養授予學位」，被拒。

羅昌平的實名舉報，頓時在全球範圍激起極大關注。一個副部長級高官如此卑劣地造假，家屬如此公開的貪腐，這樣一個明顯的「大老虎」都不打的話，習近平的反腐口號也就等於放牛娃喊的「狼來了」。

「中共露面潛規則」失靈了

2013 年 1 月 30 日，英國廣播公司（BBC）中文網、香港鳳凰網和海內外各大門戶網站都發出這樣一條消息：中國《財經》雜誌副主編羅昌平在微博上透露，稱中共中央有關部門已就他實名舉報劉鐵男一事立案調查，是「立案調查」，而不是簡簡單單的一個「受理」。

羅昌平在新浪實名微博這樣寫道：「中央有關部門已就本人實名舉報一事立案調查，是立案調查而不止於受理。近兩個月來，本人已盡舉報人義務配合完成相應程序，在官方定論並公告之前不表態、不回應。感謝各界親友，來年當以更好的調查報導回報。」

同日，1 月 30 日，劉鐵男也出現在中央電視台的新聞畫面中，但當晚的新華社官方微博則首度對劉鐵男事件發聲，承認劉鐵男被調查。「新華社中國網事」貼文原文如下：「新華社『中國網事』記者從有關方面獲悉，針對微博反映的國家能源局長劉鐵男的有關情況，紀檢部門仍在核實。」

一時間，喜歡從官媒上以是否露面來判斷一個官員是否受懲罰的「中共露面潛規則」好像不靈了。其實自從王立軍出逃美領館後，這個潛規則就受到衝擊，比如薄熙來起初還一直露面，最後被送進羈押室，

新年前夕還有外媒透露說，「薄熙來被注射毒針概率比想像的高」。再比如與薄案有瓜葛的劉源、張海陽等人，也是先照常露面，但最後仕途都受阻。最突出的還有周永康，海內外媒體大量報導周永康與薄熙來企圖發動政變，趕走習近平，但周永康還是一次次地被安排出來露面，目的就是為了維持中共黑幫的表面團結。

這方面的詳情，請見新紀元 2013 年初出版的新書《胡錦濤全退布局與令計劃的復仇》和《習近平元年殺機四伏》。

「替補鬼雄」的 80 後羅昌平

能把一個中共副部長級高官拉下馬，外界的關注目光自然也落到舉報人羅昌平身上。網上這樣介紹說：「羅昌平，1980 年 12 月生，湘中人士，現居北京。好詩詞，習書法，報時事，自許『人中豪傑，替補鬼雄』。歷任《中國商報》首席記者，《新京報》深度報導部主編。現為《財經》雜誌副主編。著有《遞罪：政商博弈的郴州樣本》（南方日報出版社 2010 年 1 月版）。」

外界一直稱《財經》雜誌是大陸最敢言的雜誌之一，這與它曾經有過的主編胡舒立直接相關。胡舒立被稱為「中國最危險的女人」，她率領《財經》報導了很多其他人不敢報導的貪腐大案，被稱為「中國的良心」之一。1953 年生於北京的胡舒立，人大新聞系畢業後，一直致力於深度新聞調查報導，由於得罪權勢太多，2009 年 11 月被迫辭去《財經》主編職位，目前任財新傳媒總發行人兼總編輯、財新《新世紀》總編輯，中山大學傳播與設計學院院長、教授。

羅昌平與胡舒立的關係很不一般，從她在 2010 年為羅昌平新書《遞罪》作序就可看出來，序中胡舒立這樣寫道：

「結識昌平，緣於他的反腐報導。2006 年夏，他加盟《財經》雜誌，此後，始終沒有放棄他熱愛和擅長的方向——反腐調查。甚至為不少新聞人淡忘的正義感和責任感，始終在這位『80 後』年輕人身上燃燒，這一直讓我覺得可貴。

昌平曾在《財經》參加報導上海社保案（中共上海市原市委書記陳良宇、富豪張榮坤）、北京城建案（北京市原副市長劉志華、海澱區原區長周良洛）、青島李薇案（中共青島市原市委書記杜世成、中石化原總經理陳同海）、『問題首富』黃光裕系列案（黃光裕、杜鵑夫婦，公安部原部長助理鄭少東，廣東省原政協主席陳紹基，中共浙江省原紀委書記王華元）等。《財經》慣常團隊作戰，而昌平在團隊中往往是尖兵、是骨幹、是帶頭人之一。」

最後胡舒立寫道：「新聞是易碎品，而好的記者一生的追求，正是讓新聞不碎。我讚賞昌平和我所有的年輕同仁為此做出的努力。特為此書序。」

從這個簡單介紹中不難看出，羅昌平舉報劉鐵男是志在必得。外界評論這位「80 後」，不但有記者的敏銳觸覺，更有政治人的敏銳嗅覺，他選定的題目往往都與中共高層內鬥息息相關。

魯能 700 億國有資產進了曾慶紅腰包

說起《財經》雜誌，不得不提其 2007 年 1 月 8 日的封面故事《誰的魯能》。胡舒立率領其團隊再度揭開一驚天祕密：山東最大型國有企業魯能集團在「轉制」中悄然易主，兩家名不見經傳的北京私人企業竟以 37.3 億的收購價，獲得總資產 738.05 億的魯能集團 91.6％的股份，導致 700 多億國有資產流失。

《財經》報導說，參與這場瓜分國有資產黑幕的，最為神祕的是首大能源派出兩名董事之一的首大能源子公司首大能源科技公司董事長曾鳴，《中國證券報》在 1 月 17 日列出的名單中，就隱藏了這位曾姓公子的名字。

當時的大陸網站，特別是魯能集團內部爆出消息說，該黑幕涉及曾姓、俞姓、王姓三位當今中共最高層領導和兩位位列政治局的封疆大吏。著名政論家林保華在《自由時報》中更是直接點名道：「魯能轉制所涉第一個關鍵人是曾慶紅的兒子曾偉。」至於曾鳴和曾偉是否是同一人，或是曾家其他子弟，外界不得而知。

2007 年 1 月《大紀元》在《胡藉反腐還擊，爆 700 億公產進曾家》一文中分析說，2007 年「胡錦濤在反腐敗過程中大體上布署了三部曲：第一步，是拿下陳良宇，單刀直入強攻『上海幫』；第二步，是鬥垮劉志華，步步為營智取『北京幫』；第三步，則是敲山震虎阻嚇『太子黨』。魯能轉制正好給了胡錦濤這樣的機會，來遏制『太子黨』的勢力。

有人稱，胡舒立是代胡錦濤出征。太子黨藉魯能轉制之機而將巨額國有資產攫取到自己手中，也將自己的小辮子落到了胡錦濤手中。胡借用魯能事件，就是為了在 17 大江湖（胡）大戰中，爭得更多權杖。」

六年過去了，回頭再看當時《大紀元》的分析，還算切中要害，不過隨著 2013 年元旦的《南方周末》事件爆發，人們對胡舒立背後保護她的高層人物有了更清楚的認識：至少胡舒立和王岐山關係非常好，「她能隨手推開王家的大門」。

《財經》舉報與南周事件的內在聯繫

在 2012 年 8 月新紀元出版的《中南海政治海嘯全程大揭祕（下）

鮮為人知的胡錦濤奪位戰》一書中，介紹了胡錦濤與江澤民的「江胡鬥」到了暗殺的可怕程度，「18 大」胡錦濤以裸退的方式「捨身炸碉堡，廢除老人干政」，以便習近平能獨立執政。自此「江胡鬥」轉變成了「江習鬥」。在 2013 年 2 月新紀元出版的《習近平對江澤民亮殺手鐧》一書中，講述了「南周事件」始末，以及江澤民派系與習近平人馬大打出手的故事。

簡單回顧說，2013 年 1 月 2 日，《南方周末》新年致辭被廣東宣傳部長庹震私自篡改，刪除了習近平在 2012 年 12 月 4 日提出的要依照憲法治國的「憲法夢」，並出現多處嚴重錯誤。庹震的後台就是長期把持中宣部的新任政治局常委、江派親信劉雲山。1 月 4 日，52 名《南周》前實習生聯名寫公開信，呼籲庹震辭職並公開道歉。

1 月 7 日，劉雲山指使《環球時報》發表社評《南方周末「致讀者」實在令人深思》後，中宣部發出三點緊急通知，再次對習近平公然叫板。被激怒的習於是指使政法委書記孟建柱在 7 日同一天亮出了殺手鐧。在中共全國政法工作電視電話會議上孟建柱突然宣布：「今年停止使用勞教制度。」習近平在此會上也全力推進「平安中國、法治中國」，再次強調其「憲法夢」。

面對習近平的還擊，江派人馬並不甘心，能源局的兩位親信被推到了前台。1 月 7 日，官媒上停止勞教的消息很快被換成國家能源局前局長張國寶吹捧江澤民的文章，同時，劉鐵男出席能源會議的消息也被官媒報導。此前外界都稱劉鐵男是江派在能源界撈錢的財務主管。

面對江派的出手，習近平方面也是「你來我往」，大打出手。1 月 9 日，中紀委召開新聞發布會，通報薄熙來、劉志軍、李春城案的審理情況，習近平提醒江派：他的反腐是「蒼蠅、老虎都要打」。「敲山震虎」歷來是中共高層常用的內鬥手法，9 日同一天，在中南海會議上，

習近平批劉雲山在南周事件上「添亂」。

《中國改革》雜誌社前社長李偉東 1 月 9 日深夜在微博上發文說：「妥協結果出來了（有人評論這次結果的進步意義超過烏坎）：燦爛去職擔責，宣萱不再審稿，明天正常出報，不追究年輕人的行為，事情與頭陀無關。據說著名女報人找了王常，王找了小胡，協調出這個結果。這是 20 多年來第一次媒體人的有限成功，更可能是一次影響深遠的蝴蝶翅動。相信媒體人今夜無眠。熊 174」

這裡「燦爛」指《南方周末》總編黃燦，「宣萱」則為要求《南方周末》採取事前審稿的省委宣傳部，「頭陀」則為部長庹震。「著名女報人」是胡舒立，「王常」當然是王岐山，「小胡」則為胡春華。

由此可見，「南周事件」對劉雲山的還擊，以及《財經》雜誌對劉鐵男的舉報，內在是有相通之處，都是習近平、王岐山借助民間力量，敲打江派的警示。

劉鐵男、張國寶背後的江澤民

就在劉鐵男被羅昌平舉報的當天，12 月 6 日，國家能源局在未作任何調查的情況下矢口否認，把舉報說成是誣陷，而且能源局還發表通報稱：劉鐵男正隨同國務院副總理、中紀委書記王岐山出訪俄羅斯，並登出了一張劉鐵男坐著簽協議，王岐山站在後面表情怪異的照片。不過這則新聞稿當天晚間就從國家能源局官方網站上撤下。

隨後，劉鐵男在官媒上的露面次數，成了中共兩派較量的「晴雨表」。

自 2012 年 12 月 6 日以來，除了前述隨同王岐山的出訪，劉鐵男先後有四次公開見諸報導的活動：2012 年 12 月 17 日與西藏自治區黨委

書記陳全國座談；18 日出席全國經濟運行調節工作座談會；2013 年 1 月 7 日，全國能源工作會議召開，劉鐵男作了一個多小時報告；1 月 29 日，溫家寶到發改委調研，劉鐵男出席隨後的座談會，還出現在 1 月 30 日新聞聯播相關報導的畫面中。

然而據能源部內部人士說，劉鐵男的露面報導主要在國內，而涉及國際媒體的外事活動，基本由副局長代替。能源局官方網站顯示，副局長劉琦先後會見土耳其能源與自然資源部長、丹麥氣候能源建築部長，副局長吳吟會見埃及外交部長副助理，以往這樣的活動大多劉鐵男自己出面。

1 月 8 日，江派在刪除「停止使用勞教制度」的同時，換上了江澤民鐵桿親信、國家發改委原副主任、國家能源局原局長張國寶的文章，張竭力吹捧江，稱「在電網問題上爭議很大，電力體制改革搞不下去，江澤民總書記也親自過問電力體制改革，在聽意見後，說了一句英語『compromise』，大概的意思是要把這兩種意見相互妥協，再協調一下。」以此暗示，即使現在，江澤民對中共大事還是有發言權。這與習近平強調的改變工作作風、杜絕老人干政的「習八條」相抵觸。

萬里、喬石要求解決江澤民「非正常活動」

據《動向》雜誌報導，中共「18 大」會議期間，江澤民一再表示：「作為一個老黨員，唯一心願是生命不止、工作不息。」但江所自稱的「普通老黨員」，卻是個干政亂紀的「太上皇式的超級老黨員」。

據說「18 大」一中全會剛結束，江就在北京玉泉山寓所（隸屬中央軍委）設淮揚菜家宴招待俞正聲、張德江、劉雲山、張高麗以及李長春、曾慶紅、李嵐清等。江以 30 年陳釀黃酒祝四位當選政治局常委，

並給四人鼓勁：「不要自我約束。要好好幹，不要患得患失。」2012年12月下旬，江還為竹子詩詞作序、給黃菊畫冊題詞，為長江新橋題詞。12月15日江致信政治局、中宣部，提出要加大力度對新晉升政治局常委、委員的經歷宣傳報導。12月21日，江還購一批優質蘋果慰問海軍、空軍、二炮部隊，同時致信中央政治局中央軍委，要求「關心」全軍生活，提升職業軍人薪酬高於地方黨政幹部。

江的這一系列舉動，被中共高層定性為挑釁習近平八條新規的「七大罪」，於是以萬里、喬石等中共元老為代表的退休高層，致信中共中央委員會、中紀委，提議召開中央委員特別會議或中央政治局特別會議、生活會議，來正視、解決江澤民在黨內外「非正常活動」及其造成的影響，對江澤民進行警告和懲罰。

信中明確提出四點，其中包括：中共中央委員會和中紀委等應向江澤民轉達黨內外的批評意見；應當阻止、批評有關宣傳部門、地方黨政為江「搞不適當宣傳活動及造神活動」。

另外，《動向》還報導了江澤民窮侈極奢的退休生活。2012年江在上海住了150天，住宿、交通等開支由上海市政府列作行政開支外，僅宴請簽單237.7萬。此前還有報導說，目前中共中央委員以上離休高幹，每年公款開銷就高達1000億人民幣；最高級離休官員，包括江澤民11人，享受至高無上的特權待遇，包括各地行宮、專機、專列、高級轎車、專家醫療組等。每年耗費公款10億元，平均每人近一億元！

張國寶是江派之寶，而非國家之寶

中共官場中的人都知道，國家能源局是江家幫人馬巨額財富的根據地，無論是曾慶紅、周永康還是江綿恆，都從能源壟斷上獲得了很多非

法利益。

美國「卡內基國際和平基金會」列舉的數據顯示，自 1990 年以來，中共官員貪污腐敗，每年造成的直接經濟損失大約在 9875 億到 1 兆 2570 億之間。這其中，江澤民首當其衝。

2007 年中共 17 大前夕，中共財政部長金人慶突然下台，有人傳因其中了台灣女特工的美人計，洩露了機密；但另有消息指，這與金人慶和江澤民前些年合謀把國庫的錢轉到國外有關，當時胡溫正在徹查近 1000 億人民幣去向問題。當時未經朱鎔基批准，江澤民直接從金人慶那裡劃錢出去。

據《中國事務》披露：江澤民在瑞士銀行的祕密帳戶上存有 3 億 5000 萬美元；江還在印尼峇里島擁有一棟豪宅，據悉是由中共前外長唐家璇於 90 年代花 1000 萬美金替江購買的。

《財經》雜誌在 2011 年 1 月回顧了張國寶把持能源局 11 年的歷史。1944 年 11 月出生的張國寶，按中共慣例，應該在 65 歲前退休，也就是 2009 年秋，但在江派操縱下，張國寶多賴了一年多，直到 2011 年 1 月才把這個肥水位置讓給了劉鐵男。

官方簡歷顯示，張國寶是浙江人，西安交大機械工程系碩士畢業，歷任陝西汽車齒輪廠技術員，機械工業部汽車局技術處科長，國務院外國專家局、國家計畫委員會機械電子局綜合處長等職。由於能說日語、英語、俄語，2003 年被江澤民提拔為發改委副主任，2004 年兼任國務院振興東北地區等老工業基地領導小組辦公室主任（正部級），2008 年還兼任國防動員委員會委員，武警黃金部隊第一政委，2012 年 6 月還受聘為中國石油大學（北京）中國能源戰略研究院院長。

在談到自己的業績時，張國寶稱「十一五」期間，中國新增電力裝機超過 4.3 億千瓦，「五年幹了過去近 50 年的活兒」，2010 年末中國

總裝機達到 9.5 億千瓦，僅次於美國 11 億千瓦的裝機量，但他沒有談到的是，中國經濟「高污染、高能耗的增長模式」已越來越不合時宜。

在風力發電方面，2010 年末，中國風電裝機躍升至 4183 萬千瓦，超過美國居世界第一，比五年前的規劃目標整整高出了一倍，但他沒有談到的是，由於電網無法消納暴增的風電，數百萬千瓦風電機組無法併網，意味著數百億元投資的閒置浪費。

而且在這些快速建設中，巨大的貪腐黑幕已在其中。民間很多舉報材料顯示，在選擇中標方時，能源局獲得了巨大黑錢。人們發現，逾 30 年改革之後，能源行業可謂市場經濟中的「最後幾塊行政壟斷高地」，而壟斷帶來的巨額黑錢，也是江派人馬害怕真相曝光的事項之一。

仔細看習近平上台初期反腐的對象，熟悉中共官場黑幕的人發現，從這些落馬官員的背景中也能看出來，薄熙來案、李春城案都牽涉到周永康家族，劉鐵男牽涉到江澤民家族，而那位因情人舉報而下台的中央編譯局長，被中南海奉為「馬列老師」的衣俊卿，則牽涉到李長春和劉雲山。

不過即使這樣，習近平也難以挽回中共垮台的結局：因為中共從根上爛了。南巡時習近平嘆息蘇共垮台時「竟無一人是男兒」，其實像劉鐵男、江澤民之流充斥著整個中共官場，等中共垮台時，也必然會出現「竟無一個男兒」的局面。

第十二章
王岐山把反腐升級為戰爭

面對上台第一要務——反腐，習近平首先得面對江澤民執政
20 多年以來豢養的貪腐大鱷，就得處置江澤民、周永康、曾
慶紅等這些高層巨貪，這是他想躲、想繞、想迴避、想拖延
也無法逃脫的一大關。於是，身為習反腐「清道夫」的中紀
委書記王岐山，將反腐上升為「戰爭論」的高度，要求反腐
要「打持久戰和殲滅戰」。

（大紀元合成圖）

第一節

亡黨危機下的反腐戰役

鼓勵知情者舉報抓「老虎」

習近平高調反腐，王岐山步步跟進。據中共央視 2013 年 3 月 14 日披露，中紀委監察部網站 3 月 13 日首次發布其內設機構框圖和處理信訪舉報、查辦案件、辦理政紀申訴案件等工作程序框圖。並稱，通過圖示化公開解讀相關法律法規，方便群眾舉報。

機構圖顯示，中紀委監察部包括八個核心紀檢監察室，以及辦公廳、研究室等一共 27 個部門機構。紀檢監察機關查辦案件工作程式圖顯示包括受理、初步核實、立案、調查和移送審理五個環節。

王岐山這一舉措是在鼓勵所有知情者舉報，無疑是拉開架勢，要在反腐戰爭中強力震懾所有貪官。要按照不法財產數量劃分，僅金融領域和省部級兩部分，就可以抓出許多「老虎」。

有報導稱，王岐山反腐目標對準了金融領域的私募基金。劉雲山的

兒子劉樂飛，以及李長春的女兒李彤的私募基金已經涉及「不法利益輸送」，都會首當其衝。

不僅王岐山，新上任的總理李克強也曾公開點名中石油、中石化、中海油、中電信、中移動這央企五巨頭搞任人唯親、超度揮霍公款、官商勾結、另立門戶搞「家屬業務」；並憂心表示：「不整頓、不大改變，會出大事情，誰都負不了責。」這些都與習近平、王岐山的反腐大動作成為一體。

回首 2012 年 12 月 31 日，就在人們辭舊迎新、準備過年的時候，習近平一反常規，把通常在第二年春天兩會後推出的反腐工作新計畫，提前到了 2012 年的最後一天，突顯問題的緊迫性。習近平在首次主持的反腐工作會議上，將「習八條」升級為「經常性工作」，並對外表示這次反腐，既要打蒼蠅，也要打老虎。

江氏既得利益集團被擺上台

後來人們普遍認識到，江澤民執政的特點就是「腐敗治國」，用金錢利益、縱容貪腐來拉攏培植親信，為其效命。用江自己的話說，就是「悶聲大發財」，不管如何違法，如何侵害百姓利益，如何出賣國家利益，只要自己能掙到錢，江澤民就拚命去做，甚至不惜出賣面積相當於100 個台灣的中國領土。

「上梁不正下梁歪」，於是短短幾年裡，不但中共官場人人貪腐，中國社會也是人人為敵。概括地說，江澤民執政的二十多年，包括胡錦濤在檯面上擔任虛職、而江澤民在背地裡操縱「第二中央」的最近這十年，江全面加速了中共的滅亡，同時徹底摧毀了中國社會的道德倫理。習近平要反腐，面對的大多都是江澤民派系的貪腐大鱷，就得處置周永

康、曾慶紅、江澤民這些高層巨貪。這是習近平想躲、想繞、想迴避、想拖延也無法逃脫的一大關。

習近平的新班子也認識到這一點。新華網在 3 月 13 日刊文稱：「改革挑戰來自兩個方面：一是既得利益，一是既有權力。」「改革要敢於啃硬骨頭，敢於涉險灘。」無形中習近平把江氏既得利益集團擺上了台。習近平在 1 月 22 日中紀委會議上稱，不管涉及到誰，打擊腐敗都要一查到底。隨著習近平接連不斷地發出「腐敗亡黨」的言論，習近平反腐「清道夫」王岐山，更是不斷把反腐上升為「政治路線」和「戰爭論」的高度，並要求反腐要「打持久戰和殲滅戰」。

3 月 5 日，新華網在顯著位置發表評論《打持久戰、殲滅戰，王岐為什麼比反腐為「戰爭」》，文章稱，「戰爭是要死人的，戰爭關係到戰鬥部隊、戰爭雙方的生死存亡，異常的殘酷。腐敗也是馬虎不得，對腐敗問題不管不顧，好比蛀蟲啃食大廈的支柱，關係到黨和國家的生死存亡。同樣關係到生死存亡，把反腐敗比作戰爭有其深刻的用意。」

第二天在第 12 屆人大一次會議期間，王岐山在北京代表團參與審議政府工作報告時重複習近平的話稱，「既要打『老虎』，又要拍『蒼蠅』……要把權力關進制度的籠子裡。」並升級「習八條」，稱要「咬牙做下去」。

人們不禁要問，為什麼要「咬牙做下去」呢？這說明在執行「習八條」時遇到了嚴重阻力。《新紀元》在前面的周刊中已經介紹過，「習八條」是胡錦濤捨身砸碉堡、以其裸退換來的終結「老人干政」的政治成果在制度層面的硬性規定，不過，江澤民從 2012 年 12 月 22 日至 28 日，短短六天裡四次露面題詞作賦，公開挑釁習近平。

事後，中共多位元老批評江澤民，要求對江的問題進行處理，習近

平雖沒表態，但兩會後的 3 月 19 日，習近平藉王岐山的中紀委公開在新華社發表通報，對六起基層違反「習八條」的官員進行嚴肅處理。

通報稱，「瓊中縣財政局長用公款宴請個人朋友等，被免去黨內和行政職務，由本人上繳招待費用；珠海金融投資控股有限公司藉召開銀企合作交流座談會之機用公款大吃大喝，總經理受到黨內警告處分，並免去職務，責令參會者自負超標費用；白河縣縣委書記違規借用越野車，受到黨內警告處分，有關責任人受到追究；……上饒縣清水鄉前汪村利用村委會新辦公場所搬遷之機，大擺宴席，清水鄉黨委書記、鄉長被免職處理，前汪村黨支部書記受到撤職處分。」

雖然這只是幾個蒼蠅，但習近平警告江派的意味非常濃厚：「不要拿習的話當兒戲，誰再頂風作案，誰就得吃苦頭。」

其實，隨著江澤民下台，中共貪腐大老虎早就浮出水面。「中國第一貪」江澤民的兒子江綿恆深得其父貪慾真傳。2012 年 12 月分，接近北京高層的消息稱，中紀委正在追查中國證券市場有史以來第一大案：涉案金額高達 1.2 萬億人民幣的招沽權證案，涉案人包括江澤民、賈慶林、黃菊、江澤民之子江綿恆、親侄吳志明等。

國際清算銀行 2002 年 12 月曾發現一筆 20 多億美金的巨額中國外流資金無人認領。之後，前中國銀行上海分行行長、中銀香港總裁劉金寶在獄中交代，這筆錢是江澤民在 16 大前夕，為自己準備後路而轉移出去的。

在石油行業待了 38 年的周永康，1988 年至 1998 年間，在中石油任副總經理和總經理時，貪污腐化多曾被披露。之後周任職公安部、政法委期間，更是變本加厲，培植能源系統黨羽，扶持家族勢力，攫取巨額資金，中飽私囊和用來配合江澤民鎮壓法輪功。其行為極為陰險、道德極度敗壞、雙手沾滿血債。

第二節

兩會暗流洶湧 交鋒激烈

李克強公開藐視劉雲山「密令」

　　兩會前大陸作家鐵流援引報界朋友的消息稱，政治局常委劉雲山下有密令：兩會報導，只能說中國夢、不能提憲法夢，這是黨管媒體一條鐵的規律，如有違犯，總編去職、編輯下課，甚而停刊整頓。所以習總在 2012 年 12 月 4 日有關依照憲法辦事的講話一直被封殺，大陸報紙上都找不到「憲政」二字。

　　鐵流披露，李長春及劉雲山多年來掌控的中共宣傳部控制媒體，之所以拚命打壓肅整傳達習近平聲音的媒體，因為中共權貴利益集團竊取霸占 90% 的國有資產，為了維護自身的利益，故拚命反對法治。

　　外界普遍注意到，兩會的公開報告中，均未公開提習近平的「憲法夢」，不過李克強升任總理後，在就職新聞發布會上短短幾句開場白中，單刀直入的表態：「我們將忠誠於憲法，忠實於人民，以民之所望為施

政所向。把努力實現人民對未來生活的期盼作為神聖使命，以對法律的敬畏、對人民的敬重、敢於擔當、勇於作為的政府，去造福全體人民，建設強盛國家。」

李克強如此公開藐視劉雲山的「密令」，一上台就高調提出要忠於「憲法」，這引起國際社會的強烈關注。外界評論說，這顯示李克強衝破障礙，高調支持習近平，並學溫家寶，在自己聲音被大陸媒體屏蔽的情況下，藉國際場合亮出自己的想法。

細心人還發現，在近 9000 字的答全球記者提問中，李克強通篇沒有提「共產黨」或「我黨」，只在談到他對美國訪問時提到美國的「兩黨」，這是李克強講話中唯一一次提到的「黨」字。

兩會後，網絡上馬上傳出「中國億萬富豪劉漢被拘捕」的消息，還有剛卸任中共軍委副主席的徐才厚被調查的消息，這讓政治敏感的人們立刻感受到，看似死水一潭的兩會，其實刀光劍影，習近平將在兩會後讓「哼哈二將」大開殺戒，因為劉漢、徐才厚的後台老闆，直接牽扯到周永康、江澤民等人。

拋大案 劉漢被密捕內幕

2013 年 3 月 22 日，在海內外高度關注大陸商界巨富劉漢被祕密逮捕的輿論壓力下，新華社發了對於此案的通稿。劉漢本人是江派官員貪腐鏈中的一個重要人物，掌握江派黑道洗錢的大量祕密，外界高度關注劉漢案件或成習近平陣營反腐「打虎」對付江派腐敗官員的驚人要案。

新華社報導稱：從警方獲悉，潛逃多年的公安部 A 級通緝令通緝的重大殺人犯罪嫌疑人劉勇（男，43 歲，四川廣漢人）於近日被公安機關抓獲。其兄劉漢涉嫌窩藏、包庇等嚴重刑事犯罪，正在接受公安機

關調查。

在外界紛紛聚焦習近平陣營兩會後將如何「打老虎」之際，大陸億萬富豪、一直不太「顯山露水」的四川礦業大亨劉漢被祕密逮捕。法廣報導稱，其人被拋出與前四川省委副書記李春城有關，更是牽扯一位曾在四川任過職的前政治局常委，多家媒體認為此人正是前政法委書記周永康。

在 2013 年剛剛結束的中共兩會上，中共國家主席習近平曾警告「官商勿要勾肩搭背」。據劉漢關係網顯示，他與大連萬達集團董事長王健林，還有其堂弟、宏達集團的劉滄龍形成一個具有與江系高官「官商勾結」的獨特風景：大連萬達集團董事長王健林與薄熙來關係密切；而劉漢和堂弟劉滄龍，則與周永康等江派貪腐官員深度瓜葛。

大連萬達是薄熙來洗錢工具

劉漢被扣的新聞出來後，新浪網列出了劉漢的關係網，其中一個大連萬達董事長王健林是劉的深交朋友。王健林被指為薄熙來政治夥伴、富可敵國的紅頂巨賈。萬達這些年來爆炸式擴張、瘋狂圈地，財經人士分析，萬達是一個洗錢工具，它綁架了政府和國有銀行，處於崩潰破產邊緣的萬達，如果沒有政府和銀行救它，它快撐不下去了。

薄熙來 2012 年 3 月 15 日被免職後，傳萬達董事長王健林捲入薄熙來案被調查，4 月 8 日萬達集團澄清，稱被調查之說完全是謠言。

王健林，生在四川，長在東北，落腳在大連。1988 年王健林從部隊以正團級退役一年後，開始了大連房地產開發，掘到了第一桶金。從此王與薄熙來結下淵源。大連人說徐明是谷開來的錢袋子，王健林是薄熙來的政治夥伴。王健林的「過人之處」在於他敢於進行政治資產投機。

知情人說，王健林是薄熙來更大的幕後金主，薄轉移海外的巨額資產無論 60 多億美金還是更多，只有薄熙來的好兄弟王健林能給予。王健林的致富之路，繞不開薄熙來。

長期以來，萬達財大氣粗，來頭非同一般。萬達入駐的城市，有報導說王健林夥同薄熙來重金砸在京城，給常委家屬輸送利益，能左右當地黨政官員的升遷。萬達項目就是官商勾結的巨大利益體。

據香港《文匯報》前著名記者姜維平披露，王健林不僅與薄熙來走得過近，與賈慶林等人也頗有交情。更有海外中文媒體報導，萬達牽連官員太多，據中紀委內部人士說，查王健林與薄熙來勾結得用查徐明兩倍以上的精力，在未全面掌握王健林與薄熙來的勾結鐵證之前，暫時不會動他，但不等於不動。

劉滄龍與劉漢兩兄弟與周永康關係匪淺

2012 年，四川什邡民眾因重金屬高污染項目而引發的抗暴之舉吸引了全國各地乃至世界民眾的關注和支持。人們不禁要問，這個先後被新疆、西藏、雲南拒絕的項目緣何可以落戶什邡？什邡市委書記李成金究竟在其中扮演了怎樣的角色？

根據胡潤研究院 2011 年評選的 2010 年礦產富豪榜，總部設在四川成都市的宏達集團劉滄龍、劉海龍兄弟以 130 億元的財富首次成為該榜單的「礦王」。

很多四川人都知道：宏達集團劉滄龍與四川廣漢漢龍集團劉漢（二人是堂兄弟）90 年代混黑道，後開 KTV，走「正道」攀上特高官，不可一世，市級官員算個鳥，省級低頭讓三分。

2001 年 3 月 28 日，時任四川省委書記的周永康攜省、市主要領導

班子視察宏達化工，稱董事長劉滄龍為「生龍活虎地開展工作的企業家」。2002 年 11 月 30 日，升為中央政治局常委的公安部長周永康再度視察宏達。2003 年 11 月，新疆黨委書記王樂泉視察宏達。

　　憑藉著與高官們的不正常關係，宏達集團拿到了一個又一個大項目。鉬銅項目由於其對環境的高污染，尤其將對水源造成污染，而幾次被他省拒絕落戶。不過，什邡市委書記李成金卻在這種情況下，不顧諸多當地官員的反對，大膽接手這個項目，理由是「項目能給三年前遭受嚴重地震災難的創造許多就業機會和盈利」。

東北百億富豪袁寶璟的離奇速死

　　世人最早認知劉漢，應是其與昔日「合作夥伴」、東北百億富豪袁寶璟之間的恩怨傳奇。這次大陸媒體首次報導劉漢被控制之時，都提到袁寶璟這個被稱為「北京的李嘉誠」被迅速判死之離奇。據當時報導，袁寶璟因要舉報時任遼寧政法委書記的李峰，而導致「遼寧某種勢力想要他的命！」

　　據知情人士回憶，劉漢在 1997 年前後曾做過一筆高粱期貨貿易，這筆交易最終令袁寶璟損失慘重。不久後，劉漢便在四川一家酒店門口親眼看到一名持槍者朝他停放的汽車開火。此後，袁寶璟即因與上述槍擊事件有關，被判定雇凶殺人罪成立，於 2006 年被執行死刑。

　　「我不服，我要檢舉！」這是億萬富豪——北京建昊集團董事長袁寶璟留在遼陽市中院法庭上的最後一句話。袁寶璟的律師劉家眾披露，袁寶璟曾舉報一起涉及 1.2 億港幣的經濟犯罪大案。袁寶璟舉報的犯罪線索涉及某省一位省委常委、政法委書記。據袁寶璟舉報，這位高官，甚至掌握著該省毒品犯罪和假鈔買賣活動。

據香港媒體透露，這名高官正是身兼遼寧省常委及政法委書記的李峰。

隨後，袁寶璟與兩個兄弟袁寶琦、袁寶森被注射執行死刑。然而圍繞此案所引發的諸多不尋常事件和疑點卻非但沒有隨之畫上句號，這次因為劉漢的被拋出，更讓人們質疑該案另有隱情。

一名網友在大陸某知名論壇裡寫道：「袁氏三兄弟留給世人最多的是猜測有黑幕。」網民質問，「最高院為什麼把這樣一個從法理和事實上都說不過去的案件交給遼寧高院覆審？最高院到底有沒有認真執行死刑覆核程序？到底什麼人有這樣大的權力，能讓中央高層為之忌憚三分？」

據網民在論壇上貼的資料顯示，遼寧省常委及政法委李峰掌握的在港上市的公司名稱是：錦恆汽車安全技術控股有限公司，辦公地址是香港干諾道中 55 號鱷魚恤大廈二期 12 樓 1203 室。主要業務為中國生產及銷售汽車安全產品。李峰本人是公司的主席兼執行董事。

同時由於此公司的名稱與前中共總書記江澤民兒子的名字（綿恆）看起來很相近，被網民質疑是否與之有關係。

中共江派特色的官商勾結

綜述以上三位在商界與劉漢關係匪淺的人物，背後的黑幕都是「官商勾結」，為江派貪腐官員薄熙來、周永康、李峰等洗錢。而這也只是披露的很小、很小的某個細節，冰山一角。這三個江派官員都充當了江澤民迫害法輪功的急先鋒，為中華民族千古罪人經濟「輸血」的黑道商人。這構成了大陸商界獨有的一道風景。目前，被揭露的還只是很少的一部分。

李峰於 2002 年 5 月至 2011 年末任遼寧省委常委、政法委書記期間，積極配合江氏犯罪集團公開鎮壓法輪功。此人直接操縱、指揮遼寧省對法輪功的迫害，幾乎全程參與迫害法輪功，導致該省成為迫害法輪功最嚴重的省份之一。早在 2003 年，李峰已被「追查國際」列入追查名單，並列入明慧網惡人榜。

周永康曾任中共四川省委書記。四川人都稱他是個大流氓，他常常自我吹噓是江澤民的親戚，「中央派我來的」「我是江主席身邊的人」。

追查國際資料顯示，周永康於 1999 年 12 月至 2002 年 12 月任職四川省委書記期間，極力推動並直接參與對法輪功學員的迫害。周永康被川人私下叫「人權殺手」。他在四川的幾年中，使得四川這個擁有近億人口的省，成為迫害法輪功最嚴重的省份之一。

目前被外界聚焦的薄熙來案，其主要黑幕是政變謀反，而薄所犯的真正最大的罪行是活摘法輪功學員器官。從媒體報導知道，中共現今最高層已經掌握了薄熙來、周永康、江澤民計畫政變和活摘法輪功學員器官的證據。

現在薄熙來案遲遲沒有官方的確切消息，就反映出中共高層在如何定罪薄熙來問題上的矛盾心態，擔心中共政權無法承負曝光薄熙來政變謀反和活摘器官後所帶來的巨大衝擊和震盪，而造成中共政權的崩潰。這也是江、周、薄一直試圖利用要挾現領導人的軟肋。

王岐山的悲哀

中國有 4000 多萬吃財政飯的公務員，600 多萬中共各級官員，其中有多少貪官？各貪了多少？多少被抓？多少在逃？只看網上廣傳的中共政府財政收入占 GDP 比重約為 30%，百姓收入總額占 GDP 的比重

卻只有 22％左右，就可以算出，兩者相加只有 52％，GDP 的另外 48％
不知去向。回頭再看世界各地豪宅被多少神祕中國買主買走、中共官員
蜂擁移民、懷揣外國護照在中國上班的裸官之風盛行，人們也會知道王
岐山和他的中紀委有多大的工作量、需要多麼堅強的神經了。

　　百姓說的好，貪官是抓不完的。因為中共邪黨就是貪官的土壤，你
刀子再快，貪官也會像割韭菜似的，割掉一茬冒出一茬。最有效的辦法，
就是徹底解體這個惡黨，讓它從地球上消失。

第十二章　王岐山把反腐升級為戰爭

習近平的太子黨盟軍

第十三章

王波明——
習反腐的媒體先鋒

從《財經》能夠報導那麼多黑幕而沒被打下去，就可看出刊
物背後有中共高層人物庇護。從王波明的經歷中不難發現，
他與王岐山是早年創業的密友。當「18大」後王岐山奉習近
平之命、操刀要懲治中共官場腐敗之時，王波明自然而然充
當了金融領域反腐的排頭兵。

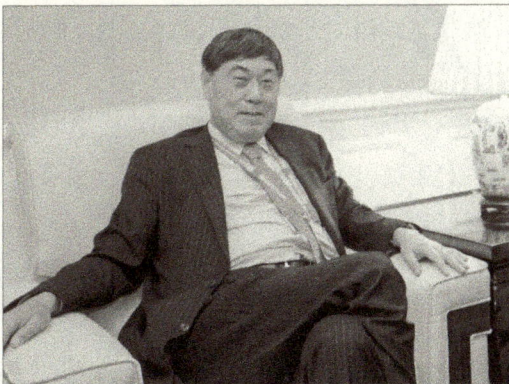

王波明的《財經》被中紀委選
中來臥底反腐，與其和王岐山
的交情有間接關聯。（新紀元
資料室）

第一節

從藥廠工人到股市紅人

提起《財經》雜誌，很多人第一個念頭就會想到胡舒立，那個被外媒稱為「中國最危險的女人」，但人們不知道的是，《財經》的真正老闆姓王，而不姓胡。

1998 年，一個叫王波明的海歸學子，以一個叫「聯辦」的組織，創辦了這本後來享譽全球的財經類雜誌。不過，2009 年隨著胡舒立帶領幾乎整個採編老團隊離開並創辦財新網和新雜誌後，人們對老《財經》的熱情一下降低了很多，直到 2012 年 12 月 6 日。

那一天，年僅 32 歲的《財經》副主編羅昌平，在微博連發三帖，實名舉報現任國家能源局長劉鐵男偽造學歷和官商結盟，這令《財經》雜誌名聲又起，彷彿回到了當年揭露「瓊民源」醜聞那般。這一舉報讓人們再度想起《財經》雜誌背後的老闆王波明，以及他的太子黨盟軍身分。

王波明的父親王炳南，曾任中共外交部副部長，王波明的哥哥王東

明，現任中信證券董事長，從這個角度看，儘管王波明沒有當什麼大官，但他還是稱得上太子黨一員，而且，他在媒體領域完全稱得上習近平反腐的同盟軍。

2007 年出版的「海歸推動中國叢書」把王波明稱為「沉默的時代領跑者」，裡面介紹說，「王波明『文革』時期，在農藥車間九死一生；留學美國，實地報導『江南命案』；在華爾街，親眼目睹『黑色星期一』；海外歸來，參與構建中國證券體系；功成身退，創建媒體帝國。王波明，永遠的時代領跑者。」

從燒鹼工到華爾街精英

王波明的父親王炳南，從 1964 年至 1975 年當了 11 年中共外交部副部長，不過王波明小學讀到四年級，就遇到文化大革命。在社會上晃蕩幾年後，他被分到北京農藥二廠的一個燒鹼車間當工人，幹的都是體力活。農藥廠裡到處都是刺鼻難聞的毒氣，下班後身上的氯氣和燒鹼的味道久久不散，很遠都能聞到。

對於一個十幾歲的孩子來說，幹這種工作學不到東西，還得天天和毒氣接觸，那時王波明就想，能和父親一樣，哪怕做個翻譯也好呀，於是，他偷偷地學起了英文。

鹼在蒸發的時候會產生很多鹽垢，把管道堵住。為了清除鹽垢，當時的技術就是拿蒸汽去通管道。有一次，王波明帶班用蒸汽沖兩個小時後，他吩咐手下民工把蒸汽關掉，自己去看通好了沒有。誰也沒有料到，那個民工一時失誤把開關轉反了方向，開大了蒸汽，可怕的意外出現了。

「我架梯子上去看管道通了沒有，一擰開閥門，蒸汽呼啦一下就噴

了出來，我當時就被從空中打到地上去了。」當時思維還很清醒的王波明，立馬撲進了一旁的水池裡，他要不往水池裡去，要麼摔死了，要麼被燒鹼燒壞了。那一次，王波明受傷很嚴重。「我的眼睛被燒的眼白都流出來了，臉也燒壞了。」

後來在別人身上也發生過類似的安全事故，王波明眼睜睜地看著自己熟悉的技術員和民工死去了好幾個。

不久，憑藉著自己的英文能力，王波明終於離開了讓他心驚膽戰的農藥廠，調到北京食品研究所做翻譯。他所在的部門是食品研究所的情報所，研究國外的屠宰技術，如何實現自動化殺豬。

「攻堅的課題是，在豬大小長短不一的情況下，刀子如何準確扎到脖子上。最後決定用低級的激光定位，這還是我從國外資料上挖出來的。後來，自動放血、剔骨，也讓我們給解決了。」這段翻譯生活，讓王波明體驗到什麼叫「知識就是力量」。不到 20 歲的他，因為依靠外文資料攻克技術難題，不僅出版了幾本有關學術著作，還作為專家到處演講，作報告。

正在忙於如何提高屠宰技術的王波明，沒有想到命運的轉機再次來到。1977 年，高考制度的恢復，點燃了王波明的大學夢。第二年他終於考上了北京第二外語學院。坐在二外的教室裡，看著窗外，天那麼高，雲那麼白，王波明笑了：「我的世界，終於來了！」

得益於太子黨身分，1980 年王波明去了美國，不過他不在國家教委的公派名額中，而是自費的，據說是他的親戚為他寫了經濟擔保書。

在國際關係學院讀書期間，王波明一邊在餐館打工，一邊上學，他打工經常一幹就是十幾個小時。由於感慨「苦難的求學生活」，王波明奮筆疾書，寫了一篇文章投給《華僑日報》，沒想到這給他帶來了在該報社當翻譯的工作。沒多久王波明成了報社的主力，擔當起採寫新聞稿

的職責。「那時我的筆名叫王波,我負責《華僑日報》頭版。」

「我曾採訪了美國最著名的中國問題專家,特別是實地採訪了『江南命案』的辦案警官,了解台灣軍情局指使黑手陳啟禮、吳敦暗殺旅美作家江南的真相。我那時採訪的新聞,幾乎每次都是報紙頭條。」「《人民日報》有關『江南命案』的報導,就是轉載的我的文章。」

在美國當記者,很有「無冕之王」的感覺,王波明很享受。這一段經歷,讓王波明和出版與文字結下了不解之緣,這也為後來的《財經》雜誌埋下了伏筆。

從紐約市立大學畢業後,王波明又轉到另一個城市上了公立皇后大學,隨後他以全優生的好成績,得到了哥倫比亞大學的碩士獎學金,他主修的是國際金融。哥倫比亞大學的風格向來以自由著稱,老師上課也不打領帶,學生很有想法,有反叛精神。學生經常搞活動。美國的反越戰、反種族隔離等運動,都是哥大的學生領頭。

1987 年哥大畢業後,王波明去了紐約股票交易所,在經濟研究部做經濟師。人說華爾街遍地是金,他一個人在那裡工作四、五年,年薪過 20 萬美元,比總統還多。那時候的王波明,覺得生活如此美好。不過沒過多久,就趕上了 1987 年 10 月 19 日星期一的紐約股票交易所「大股災」。

那天,持續很久的牛市瞬間灰飛煙滅,道瓊斯工業股票平均指數驟跌 508 點,一天內跌去的股票價值總額是 1929 年華爾街大崩潰時跌去價值總額的兩倍。混亂中,價值超過六億美元的股票被拋售。股市暴跌呈「多米諾骨牌」效應,迅速波及倫敦、法蘭克福、東京、悉尼、新加坡等地股市。許多百萬富翁一夜之間淪為貧民。

王波明親眼目睹了這場西方現代工業文明的混亂。後來有人稱王波明是「華人圈裡第一個目睹了『黑色星期一』的人」。不過,紐約股災

並沒有給王波明帶來什麼不快，他依然是春風得意。除了上班，就是跟一幫同樣是留學生的朋友聚會、海侃。

撰寫中國股市白皮書

不久，王波明牽頭成立了「中國旅美商會」，簡稱 CBA。當時旅美的中國留學生總共有三個大會：經濟學會、科技學會和 CBA。因為王波明是學國際金融的，所以 CBA 的成員主要是學商的學生。「大夥時常聚會，參政、議政意識挺強。」

在這裡，王波明認識了高西慶，高西慶後來擔任中共證監會副主席。當時王波明的 CBA 需要一個律師，而高西慶是留學生裡唯一拿了律師證的中國人。「西慶這個人挺逗的，他和北京司機一樣愛議政，激情比較高。也許他太有激情了，以致後來在證監會幾進幾出。」

不止是高西慶，CBA 還有很多這樣的人，李青原、王巍、劉二飛等。中國國內也有一幫這樣的人。王岐山、周小川、張曉彬、張紹傑、周其仁……從 1984 年開始，北京就組織了一個青年經濟學會，裡面就有周小川、馬凱、樓繼偉這批改革人士。

這兩幫人一碰上，簡直一拍即合。話題從不離股票、證券和資本市場。大家早就蠢蠢欲動，想為當時的中國做點兒什麼。於是，「促進中國證券發展委員會」就此成立。

1988 年 3 月，由王波明、高西慶、王巍執筆，聯合李青原、劉二飛、茅桐、王大偉、盛溢，八人共同寫成了《關於促成中國證券市場法制化和規範化的政策建議》。

「經濟學有三要素：人力、原材料、資本市場。中國經濟體制改革的初期就缺資本市場。」「你想想 80 年代，別說股票，連個股份制企

業都少見，更別提《證券法》了，整個經濟體制改革都完全沒起來。」

那時王波明和高西慶約定回國創業，兩人都沒拿綠卡。一天，王波明讀到《人民日報》海外版上刊登的消息：如果你是自費留學生回國，回國機票一律報銷。於是，王波明沒有告訴任何人就悄悄回國了，結果害得高西慶一路好找。不過回國後他才發現被報導忽悠了：「你得先找一個工作單位，讓單位給你報銷。」

這時的王波明和高西慶都沒有工作單位，他們四處奔波，也屢屢受挫。倆人痛下決心，如果五年後這事兒還沒幹成，一人在東邊修自行車，一人在西邊賣包子。

然而很快他們就遇上了貴人，中國新技術創業投資公司總經理張曉彬，他給了王波明 10 萬元贊助。

1988 年 7 月 9 日，人民銀行總行在萬壽賓館召開「金融體制改革和北京證券交易所籌備研討會」。

會後，王波明和高西慶參與，由宮著銘、張曉彬主持，歷時近一個月編寫了《關於中國證券市場創辦與管理的設想》，即證券白皮書。白皮書的主要內容包括了《籌建北京證券交易所的設想和可行性報告》、《證券管理法的基本設想》和《建立國家證券管理委員會的建議》。

不久，上頭就對這個白皮書作了批示，而且中南海還開會專門討論股票問題。這次國務院會議由宮著銘主持，負責農業信託投資公司的王岐山等人弄了份建立北京股票市場的建議書，王岐山的岳父、時任國務院副總理的姚依林採納了王波明的建議：先由基層自發研究，按「民間推動，政府支持」的模式來進行。這對王波明他們來說，相當於拿到了尚方寶劍。

1989 年 3 月 15 日，王波明和高西慶等在北京飯店召集了一些大信託投資公司、產業公司的老闆開會，討論中國證券市場的早期籌備工

作。會議最後確定，與會的九家公司，每家公司各出 50 萬元人民幣，作為組建機構的經費，並成立一個民間的機構來推動證券市場的建立。這家機構就是「北京證券交易所研究設計聯合辦公室」，簡稱「聯辦」，後改名為「中國證券市場研究設計中心」。

這就是當年名震一時的「北京華爾街會議」。

創建上海股市交易所

不過，中國的第一家證券交易所並沒有落戶北京，北京至今也沒有證券交易所，相反，是上海取代了北京。這和時任上海市長的朱鎔基有關了。

當時上海市政府有意將上海建成金融中心，然而開發需要 8000 億資金支持，這在當時簡直是天文數字，朱市長沒有錢，中央也沒有錢，只給政策支持。

一個偶然的機會，「聯辦」的宮著銘向朱市長寫信說：「要想開發浦東，就要借全國的錢。銀行已經沒有辦法了，要搞個股票交易所才行。」朱鎔基問：「什麼叫股票交易所？」宮著銘就向他解釋了大概意思。朱鎔基聽懂了，於是，1989 年底，「聯辦」就開始投入到上海證券交易所的籌辦中。

不久，籌建上海股票交易所的三人小組成立，他們分別是上海交通銀行的董事長李祥瑞、上海人行行長龔浩成、上海體改辦主任賀鎬聲。

王波明等人也到了上海，風風火火地幹起來。建立股票交易所是一個系統工程，涉及法律、會計、投資人、交易場所的選擇，每辦一件事，都得審批，進度要快也快不起來。那時，王波明籌備建立了 STAQ（證券交易自動報價）系統，為早期證券市場的運行規範、豐富品種、市場

培育做了大量的工作。

誰知到了 1990 年 5 月，朱鎔基到加拿大去訪問，有記者問他，中國還要不要改革，他回答說：「當然要，比如我們馬上就要建立股票交易系統，今年年底上海股票交易所就要開門。」

大家聽到新聞，當即一驚，當時都 5、6 月了，股票交易所還在籌備中呢。得趕緊呀，於是，這幫熱氣沸騰的年輕人加班加點，要讓朱鎔基對全世界的承諾兌現。

1990 年 12 月 19 日，萬人期待之中，上海證券交易所舉行了開業典禮。然而，上海並不是中國第一家證券交易所。深圳證券交易所為了搶到「第一」稱號，趕在 12 月 1 日就試開張了。

王波明還挺理解他們的，畢竟是件意義重大的事。「不光是在中國，就整個東歐而言，都意義重大。一個社會主義國家，去建立一個股票交易所，這是不可思議的事情。外國人眼裡，在中國，連股份制都是與私有制畫等號，搞不好是要被抓進去的。」

這一天空氣裡冒著寒氣，王波明卻覺得太陽如此溫暖。王波明終於可以長吁一口氣，至少他不用去賣包子了。

誰都沒有想過上海會發展得如此之快，更沒有想到，股市交易勢頭竟然如此凶猛。「幾乎一年左右，全中國的錢就像對著抽風機似的，忽一下全湧向上海。」沒有人會想到，股票交易量會超過債券交易量。那情景，真叫「一江鈔票向東流」，全都流到股市裡頭。

1992 年 8 月，深圳因新股認購引發風波後，國務院決定成立證券監管機構。當時沒有一步到位，而是搞了個折中。證監會是事業單位，上面還有一個證券委，證券委是權力機構。各個部的一把手都在證券委任職。證監會是證券委的辦事機構。劉鴻儒出任首屆證監會主席。

「至於『聯辦』，1989 年到 1992 年，它的使命就是幫助建立中國

證券市場。證券交易所成立特別是證監會成立後，『聯辦』的使命完成了，錢花光了，人也沒得用了。」於是，王波明這個中國股市的設計者，正逐漸淡出圈外。

迷茫挫折後重回報業

王波明一直用「迷茫」來形容從 1992 年證監會成立到 1997 年這四年。「我在證監會也待了兩三個月，我就覺得我不適合做政府機構，就回來了。」下一步該做什麼？

當時，王波明以聯辦的名義辦了《證券市場周刊》，那時這個雜誌只是為了配合證券市場的信息發布做的，並不是以盈利為目的。於是，王波明嘗試做了一些外國基金委託管理的私人股權投資（PE）。

現在 PE 在中國風頭正勁，但當時絕大部分人根本對私人股權投資一無所知。聯辦可以說是中國最早的 PE 管理人。因為，當時大陸根本沒有相關基金管理法規，聯辦幫助外經貿部起草了不少相關法規草案。

幾年間，聯辦代表委託人投資玉門柴油機、小天鵝洗衣機、春都火腿腸等成長性企業，回報率非常高，在全世界新興市場投資中排名第一。

90 年代初，像那個年代絕大多數企業一樣，王波明進入了房地產市場，在北海投資買地，結果全虧了。「不少大公司都垮了，真是大浪淘沙。幸運地是，我們挺了過來，活下來了。」

四年間，讓王波明看遍了冷暖人生，周圍的一些人曾經風光一時，但轉眼就不知所終。真是眼看他起高樓，眼看他樓塌了。折騰幾年後，王波明剩下的只有構建資本市場的光環，產業上基本沒有什麼起色。

第二節

領跑媒體 「奉旨」反腐

傳媒時代的領跑者

2000 年，網絡世界開始異軍突起，這時的王波明，又回到了媒體行業。「我們進入網絡領域比較早，媒體也有個雛形，除了《證券市場周刊》，《財經》雜誌也剛剛出版。」1995 年 11 月，聯辦成立了和訊，是中國最早的 ICP 之一。到了 90 年代末，網絡熱火朝天的時候，和訊引起很多投資人的關注。

當時，香港中策投資有限公司的老闆黃宏年想買和訊，出價是一家香港上市公司盈科動力的一億股股票。然而王波明考慮到這種投機性的東西和自己的長期行為理念不符合，於是拒絕了。後來這支股票股價最高漲到每股 36 元，如果當時同意被收購，不到兩年王波明的聯辦理論上就有 36 億港幣收入。錯過這樣的良機，周邊很多人都覺得實在太可惜了，一塊大肥肉就這樣白白地扔掉了。然而王波明的心態平和，他和

夥伴們對此總是一笑而過。

一開始，聯辦就出一本刊物：《證券市場周刊》。「我們周刊的發行量也和股票指數一樣大起大落，最高時一周發行量達到了100萬冊。」1999年，「5·19」行情股市「井噴」的時候，《證券市場周刊》發行量躋身全球經濟周刊的第三名，是除去《財富》外的全球第二大雜誌。這讓王波明既興奮又緊張。

雜誌的發行量像股票走勢一樣起伏不定，完全像過山車，讓人無法控制。「穩中求進」的王波明有了一個想法，就是辦一本不隨股市而是跟中國整體經濟發展走的雜誌，這就是《財經》雜誌創刊的最初動因。

1998年《財經》雜誌創刊。

放權胡舒立採編獨立

剛創立時，由於名氣不大，《財經》發行量並不是很好，經常虧損，最多時虧損達到200萬元。即使如此，王波明依然支持編輯部堅持新聞報導原則，不向廣告商在原則問題上讓步。

當年留學美國在《華僑日報》當記者的經歷，讓「無冕之王」那種追求新聞真實的影響印在王波明骨子裡。他支持主編胡舒立「獨立、獨家、獨到」的辦刊原則，做一本真正獨立不受商業影響的雜誌。

最開始，廣告部和編輯部業務沒有嚴格分開，雙方經常因為廣告幹架。有時這邊廣告商投了廣告，那邊編輯部把人家的負面新聞捅了出來。有一次，科龍公司給了《財經》100萬廣告費。不知是有意無意，廣告第一期刊出時，左邊是科龍廣告，右邊就是揭露科龍問題的文章。兩相對照，給人視覺衝擊特別大，後果當然是科龍立馬撤單。

這樣的事情經常發生，經過反反覆覆地磨合，王波明決定徹底實行

採編經營分離制度，保證獨立報導，依靠內容質量和新聞效應來提升雜誌影響力，從而拉動廣告收入。

2000 年 10 月《財經》推出《基金黑幕》，揭露中國基金業初期普遍存在的各家基金聯手操縱股價，牟取不法利益的內幕，引發中國證券市場大地震，《財經》也因此一夜成名。

2001 年 8 月，《財經》推出《銀廣夏陷阱》，揭發廣夏公司連續多年業績造假，欺騙公眾。結果銀廣夏次日即停牌，復牌後股價高台跳水，連續無量跌停，從 40 多元一氣跌倒三塊多。不僅引發牛市見頂，造成滬深股市大跌，也宣告以往靠資金坐莊，不管公司業績的炒作模式壽終正寢。

《財經》雜誌這種直面現實的「扒糞」式新聞報導，讓中國股市的種種劣跡，暴露在光天化日之下。使《財經》在廣大讀者中形成了品牌基礎。《財經》雜誌主編胡舒立也因此被《商業周刊》稱為「中國最危險的女人」，不過作為出品人，聯辦和王波明等人為此擔的風險有多大，可想而知。

《財經》雜誌的品牌影響日益顯著，已經成為中國財經新聞界的領頭羊。廣告收入也直線上升，後來每年廣告收入達兩億人民幣，這是當初很多人都意想不到的，不過王波明似乎很有耐心，他說：「1995 年，進入網絡領域時，和訊網虧錢，我說養著，1998 年創刊後，《財經》的影響沒形成，兩三年沒廣告，我同樣說養著。做事得往長遠看，不能太急功近利。」

如今的聯辦，已經涉及財經、IT、旅遊、房產、汽車、體育等各個領域，《財經》、《證券市場周刊》（紅、藍兩本）、《新地產》、《表旅行》、《美家生活》、《中國汽車畫報》、《體育畫報》等一系列雜誌正在不斷壯大和發展。轉型後的聯辦，儼然成為財經傳媒界的領

跑者。

不過問題也接踵而至。當胡舒立要大力發展財經的網絡版本時，王波明還是青睞紙板雜誌。當然，胡舒立與王波明的分道揚鑣，裡面牽扯很多內幕，我們留到後面再講。

「奉旨」臥底成反腐先鋒

從王波明的經歷中不難看到，他和王岐山是早年創業的密友，《財經》能報導那麼多黑幕而沒被打下去，這背後就有王岐山等高層人物的庇護。當「18大」後王岐山奉習近平之命、操刀要懲治中共官場腐敗之時，王波明自然而然充當了金融領域反腐的排頭兵。

2013年初，習近平在中紀委二次全會上發出「老虎、蒼蠅一起打」的表態後，中國各界旋即颳起了一股反腐討論熱潮。「老虎」指的是什麼？「蒼蠅」又意味何在？有人按照官位和腐敗金額來區分「老虎」和「蒼蠅」，比如薄熙來、李春城、衣俊卿之類，自然應該歸在「老虎」之列；房姐、房妹等拔出蘿蔔帶出泥之流，理應順理成章地劃定在「蒼蠅」的範圍裡。對此，中國人民大學反腐敗與廉政政策研究中心主任毛昭輝則給出了不同的看法，「今後一段時間內的反腐鬥爭，中央最有可能重拳打擊兩大『老虎』，即金融領域腐敗和省部級高官腐敗。」

《新紀元》2013年1月出版的《習近平元年殺機四伏》一書，介紹了習近平擔任中共總書記的最初三個月中的一連串反腐行動的具體案例，還有為何要起用王岐山這個金融專家擔任中紀委書記的緣由。

如果說上個世紀80年代中共貪腐還主要集中在倒買倒賣的話，90年代貪官就集中在了房地產、工程建設領域；但到了21世紀，中共貪官們最擅長的就是玩金融遊戲，就像曾慶紅家族收購山東魯能集團那

樣，用五億多美元就收購了價值至少 100 億美元的魯能的 92％的資產。
貪官們把錢在幾個股東帳戶之間來回倒騰，為的是隱蔽真實的持股人，
最後達到私吞國家財產的目的。

從北京知情人士處獲悉，有媒體已經接到習近平的「意旨」，開始
為中紀委四處「臥底」，挖掘金融領域的反腐黑幕。新華社各地記者也
開始聚集一堂，緊急成立反腐先鋒隊來助中紀委一臂之力。

據說，以《財經》雜誌牽頭的國內財經類媒體，不僅按照官方意旨
加入到了反腐的行列中來，還以中紀委「臥底」的身分肩負著急先鋒的
重任。就媒體動作來看，《財經》多名資深記者現已「改行」，利用其
多年公司調查經驗來「專業反腐」，以便挖掘金融領域的腐敗黑幕。

中紀委緣何會選中《財經》來擔此重任？這與王波明與王岐山的關
係有了間接的關聯。若要讓王岐山在眾多財經類媒體中「拋繡球」，自
然不會忘記與王波明的陳年合作舊事。加之王波明的兄長、中信證券董
事長王東明，和王岐山是「髮小」，為了讓《財經》再度吸引讀者，讓
《財經》來打大老虎，這是情理中的事。羅昌平實名舉報劉鐵男，據說
只是《財經》打老虎的序曲。

事實上，哪怕官方沒有讓官方媒體「臥底」，讓新華社臨時從各
地抽調記者組建反腐先鋒隊，民間自發的實名舉報已經風起雲湧了，微
博、論壇早已成為反腐新陣地。比如陝西「表哥」楊達才、重慶不雅視
頻主角雷政富，以及馬列主義翻譯家衣俊卿、房妹、房姐等，無一不是
以微博為平台、自下而上反腐的典型。

第十四章

胡舒立——
遊走在紅線邊緣的女人

胡舒立因任職《財經》主編,揭發中國種種黑幕而名聲大噪,被《商業周刊》稱為「中國最危險的女人」。在中共嚴控的傳媒生態中,她以高度的智慧在夾縫中生存,報導眾多敏感新聞而沒被撤職,有人說是她的家庭背景所致,還有另個原因就是,她能成功拿捏報導尺度,保護自己不會因碰到電線而觸電身亡。

財新傳媒聯合創始人胡舒立,在《財經》擔任主編期間,與採訪團隊屢屢揭露財金黑幕。(AFP)

第一節

見識美國媒體與民主關係

胡舒立是太子黨高幹子弟，知曉這一點的人並不多。

在自我介紹中，胡舒立稱她 1953 年出身於新聞世家，曾就讀於北京 101 中學，母親曾任《工人日報》高級編輯，她是陰差陽錯地學了新聞專業。不過人們發現，胡舒立的外公胡仲持是新聞出版界的老前輩，而胡仲持的哥哥胡愈之，是三聯書店的創始人之一，胡愈之以副主席身分一度成為民盟中央的實際控制者，後擔任國家新聞出版署署長、中共人大常委會副委員長。

關於胡舒立的父親是誰，人們不太清楚。有的說她父親早年在一所教會學校學習英語，後來成為地下共產黨員，並在全國總工會任職。胡舒立原名叫胡舒拉，後來她自己改名為胡舒立。老舍的三女兒也叫舒立，姓舒名立。也有的說，胡舒立的父親是 1926 年參加中共的老革命，建國初期的副部長。在她八歲那年，父親成了秦城監獄的第一批犯人；18 歲那年，父親刑滿釋放。也有的說，胡舒立的父親是胡績偉，曾任《人

民日報》總編輯、社長、中共人大教科文衛委員會副主任，因「六四事件」被撤職。

不管怎麼說，胡舒立是有背景的太子黨一員。她 1978 年考入中國人民大學新聞系，1982 年畢業進入《工人日報》國內部當記者，1985 年受美國一家民間機構世界新聞研究所的邀請，做為期五個月的訪問。1987 年 8 月，她拒絕了洛杉磯一家報紙的工作機會，回國後寫成《美國報海見聞錄》一書，並在 1991 年出版，該書幾乎成了大陸新聞工作者必讀書。

1992 年胡舒立從任職十年的《工人日報》跳槽到中國第一家民營報紙《中華工商時報》任國際部主任，1994 年，胡舒立赴美國斯坦福大學做為期一年的學習。選擇研讀發展經濟學，1995 年她獲得 COFJ 頒發的「傑出新聞記者獎」。1998 年《財經》創刊，她任主編，2009 年 11 月 9 日，她從《財經》辭職。

穿軍裝的新聞系女學生

值得一提的是，1985 年胡舒立被《工人日報》派往東南沿海城市廈門的記者站當時廈門是經濟試點城市。在那裡她發展了自己建立關係網的能力，她與市政府的每一個人見面，包括和市長打橋牌。

在廈門的採訪中，胡舒立認識了時任廈門副市長的習近平。習近平當時在廈門建了一座主題公園，這給他帶來了「財富之神」（the God of Wealth）的稱號。從那時起，胡舒立與習近平的關係就不一般。據說，習近平是個很會保持友誼的人，一位曾經留學美國的大陸記者回憶，他曾在美國與習近平相識，過後每年過年時都會收到習近平發來的新年問候，由此可以猜測，習近平與胡舒立的聯繫也不會中斷，胡舒立離開《財

經》雜誌社另尋新主時,《浙江日報》集團就是新東家之一,而習近平從 2002 年到 2007 年的五年間一直擔任浙江省委書記。

2009 年 7 月 20 日出版的《紐約客》(NEW YORKER)上發表了《禁區》(The Forbidden Zone)一文,作者是 Evan Osnos,譯者方可成。文章談到胡舒立的成長過程時這樣寫道:「在 16 歲生日的前一個月,她被派往農村幹革命。『很荒謬!』她發現農民們喪失了幹農活的所有動力。他們只想在地裡躺上兩小時。我問:『咱們什麼時候開始工作?』他們說:『你怎麼能想這個?』她繼續說道:『10 年後,我意識到一切都錯了。』胡舒立的姐姐當時在一個鄰村,她後來寫了一本書《走出熔爐》(Out of the Crucible),描述上山下鄉運動是如何永遠改變他們那一代人命運的。它『埋葬了他們的共產主義烏托邦之夢。』她寫道。

兩年後,胡舒立參軍了——幾年之後,她又因此加入了共產黨——她被派往江蘇北部農村一所偏遠的醫院,一待就是八年。她在餐廳工作、養豬、幫忙看門、運作一個小小的廣播台、播放音樂和通知。1978年高校復課,胡舒立在中國人民大學獲得了渴望已久的位置。新聞系並不是她的第一志願,但它是這所學校所能提供的最好專業。她是校園裡的風雲人物:系裡唯一一名穿軍裝上學的大一女生。『班上沒有一個人不知道她是誰。』苗棣回憶說。當時,來自一個北京軍人家庭的苗在歷史系學習,一節英語課上認識了胡舒立。苗棣也曾被下放,他們都懷有一種類似的不滿。1982 年,他們結婚了。……

1987 年,胡舒立獲得了前往位於明尼蘇達的世界新聞研究所(World Press Institute)進行五個月研究的機會。這段經歷有如天啟。『我整晚地閱讀聖保羅先鋒通訊社的新聞。』她說,她對這家通訊社的規模感到驚奇。那時的《工人日報》只有四個版。她與《費城問詢報》的調查記者見面,並在《今日美國》實習。回國後,1989 年春天的運動激發了

北京新聞界的活力，在幾周的時間裡，報紙從審查制度中解放出來。包括胡舒立在內的許多記者加入了遊行隊伍。6 月 3 日晚軍人鎮壓，胡舒立回憶說：『我到街上去，然後回到辦公室，說我們應該報導此事。』但決定已經下達：報社決定就此事不發一言。和運動的牽連讓她付出了代價。許多說話的記者被解雇，或被放逐到外省。苗棣認為胡舒立可能被捕，最後，她被停職 18 個月。

她利用這段時間寫作了《美國報海見聞錄》，這是第一本審視美國媒體與民主關係的中文圖書，內容包括對水門事件和五角大樓祕密文件案的描述。在中國的新聞工作者中，這曾是一本必讀書。她在書中向同行們提問：我們當中的誰能夠身先士卒，做一些類似於美國媒體所做的事情？」

精確掌握時機 讓敏感話題安全報導

在分析為何胡舒立的文章沒有被中共查封時，作者這樣寫道：「漸漸地，胡舒立能夠精確地感覺到一個敏感的話題何時才能夠安全地進行報導。『你能感覺到她在做調整。』原《財經》編輯王豐告訴我說。比如說，在周一的編輯會議上她可能決定做某個內容，編輯記者們就去做。到了周三的會上，她可能會說：『知道嗎？我得到了關於此事的更多信息，我們不能談它了，或許我們應該把目標調低一些。』」

「在極其敏感的政治腐敗案中，《財經》的調查記者經常花幾周幾月的時間收集信息，然後等待機會。很多情況下，一旦新華社發布了關於某官員被捕的簡短消息，《財經》已經準備好了一則詳細的報導。6 月 8 日，新華社發布了一條一句話新聞，稱深圳市長被調查；29 分鐘後，《財經》就發布了一篇深度報導。」

「SARS 事件」之後，《財經》從沒有完全退到商業新聞的界線之內，儘管今天人們認為它「只是在監督經濟」的看法讓它獲益。隨著《財經》的獨家新聞不斷累積，銀行業監管者開始召集記者尋求指點，而不是記者去找監管者。更令人滿意的是，西方媒體別無選擇，只能選擇並相信《財經》的引導。在一定程度上，雜誌的成功和聲勢已經在自我強化：它已經走得夠遠，以至於中共當局的保守派已經無法確定其他哪些官員在支持著它。

緊接著，《財經》因為走得太遠而得到了第一次教訓。2007 年 1 月，它的封面報導《誰的魯能》描述了一群投資者是如何用微薄的代價換得對一個龐大集團的控制的，這個集團的資產從發電廠到足球俱樂部無所不包。《財經》報導說，魯能集團當時市值超過 100 億美元，但一個鮮為人知的私營公司僅僅花了不到 5.5 億美元就得到了魯能 92% 的資產。國家監管者沒有得到這樁交易的通知——這是法律上的通常要求——此外，混亂重疊的董事會和股東看上去就是為了模糊公司新所有者的身分以及他們資金的來源。《財經》發現，近一半的收購資本來自一個難以追蹤的源頭。

在《財經》試圖刊出一個簡短的後續報導之後，當局命令網站刪除這篇報導，報攤撤下雜誌。據說《財經》上海記者站的員工被要求用手撕掉雜誌。「每個人都覺得被差辱了。」一個曾經的編輯說。

從那以後，《財經》不時因魯能調查而被談起，但胡舒立並不想談這一事件，她將與政府發生衝突視為雜誌「最大的災難」。……

第二節

劉雲山是《財經》分離的禍首

《財經》沒被關閉的祕訣

2007 年，哈佛大學尼曼基金會授予胡舒立一個獎項，以表彰她的「良知和正直」。胡舒立報導了很多敏感新聞而沒有被撤職，有人說她的家庭背景是原因之一，還有個原因就是她能成功拿捏報導的尺度，以保護自己不會因碰到電線而觸電身亡。

有人評論說，胡舒立並不像地下出版物的編輯那樣生活在社會邊緣，也不在異見人士的宣言上簽字。她充滿懷疑精神並飽含激情，但她的文章卻引人矚目地很少帶有義憤。當她在專欄和社論中進行批評的時候，她使用的是忠實反對派的語言。

比如在四川地震的報導中，如果詳細列出了批准建設不安全校舍的官員名單，它可能會在承擔公共責任上為自己加上一分，但這種調查行動同樣會讓報紙非常容易受到小氣的政治報復。胡舒立說：「我們努力

不給那些不願意被批評的幹部們留下任何把柄。」她還說，重要的問題不是「哪些人在 15 年前沒有使用質量好的磚塊，」而是一些更深層的東西。「我們需要進一步的改革。」她說：「我們需要監督和制衡。我們需要透明。我們用這種方式表達，沒有簡單的說辭，沒有口號。」

一些中國記者說，胡舒立最偉大的能力是讓一個利益集團與另一個對抗，不論是依靠放大中央政府剷除腐敗市長的努力，還是依靠政府一派反對另一派的計畫。曾因大膽直言而被關押五個月的《南方都市報》前總編程益中說，為什麼胡舒立的遭遇如此不同？因為《財經》已經達到了一種高度，這將它置於低級官僚的勢力範圍之外。《南都》的報導旨在從根本上消滅警察的權力，而《財經》的關注點則是提升政府的工作。

「《財經》的話題沒有影響到根本的統治體制，因此它相對安全。」他補充說：「我不是在批評胡舒立，但《財經》在某些方面是在為一個更具權力或一個相對更好的利益集團服務。」

上面這段採訪是《紐約客》記者 Evan Osnos 2009 年 7 月 20 日的文章《禁區》中的描述。然而就在這篇報導出來之後，人們就聽到了《財經》雜誌遭遇官方的打壓，老闆王波明與主編胡舒立爭吵以致分離。2009 年 11 月，財經團隊 200 多名員工集體辭職，上演了《財經》雜誌的大震盪。

《財經》分離 劉雲山是禍首

2009 年 10 月 24 日，博訊記者小漁發表了《胡舒立出走財經，劉雲山給胡錦濤難堪？》一文，文章說，「世界傳媒大會 10 月 10 日剛剛閉幕，胡錦濤在該會閉幕上信誓旦旦地向國際社會承諾：『保障外媒採

訪權益，中共還鼓勵和支持國內傳媒搞好輿論監督，保障人民的知情權、參與權、表達權、監督權。」胡錦濤的話音未落，在國內有著輿論監督的一把利劍之稱的《財經》雜誌中的 60 多名中層採編和經營骨幹宣布集體辭職。」

「胡舒立為何要出走？據《財經》內部工作人員透露，2009 年 4 月間，上海著名證券律師嚴義明被遼寧錦州黑社會在辦公室暴打，事後上海市公安局秉承中共中央政治局委員俞正聲的批示，全力以赴抓捕凶犯，四名罪犯十天後在錦州落網。」

可是一個半月後，兩名主犯被北京來的大老取保候審了，胡舒立得知此重大腐敗線索拍案而起，《財經》派了多名法制記者調查此案，就在記者向幕後黑手東方企業集團總裁張宏偉調查有關問題時，王波明接到中宣部領導的電話：「你要給上面領導面子，胡舒立已經把張宏偉原來控股的新華人壽保險公司整得夠慘，他要是出事至少得牽出兩個陳良宇。」胡舒立無奈只好暫停調查。

2009 年 6 至 7 月間，新華人壽總裁關國亮見張宏偉見死不救，於是向中紀委交代了張宏偉更多的經濟賄賂問題，胡舒立認為對東方企業集團的違法問題的調查有了更大的突破口，於是胡舒立再次決定打掉這個生意場上不擇手段的黑老大。此時上面再次來電：「要老老實實聽王波明的話，打就只能打像國美家電黃光裕這一類的落水狗，休想碰像張宏偉這樣的活閻王。」

文章稱，胡舒立的出走，「這對於出盡風頭的國家元首胡錦濤來說，當是在『美麗』的臉蛋上挨了劉雲山一記響徹雲霄和五大洲的大耳光。人們拭目以待胡舒立出走後，如何面對中宣部新的圍剿。」

黑老大張宏偉的後台

張宏偉何許人士，竟然能讓劉雲山以中宣部的名義給全國媒體下禁令：「不許有張宏偉的負面報導」？其後台除了劉雲山，還有誰呢？

張宏偉 1954 年出生於哈爾濱，1978 年是黑龍江省呼蘭第七建築施工隊隊長，1984 年組建哈爾濱市東方建築工程公司任總經理，1988 年成立東方企業集團，任董事長兼總裁，1993 年至今任東方集團董事局主席兼總裁。1996 年後還任民生銀行副董事長。東方集團是 1994 年黑龍江省第一家股票公開發行並上市的企業，目前主要經營六大行業：金融保險業、建材流通業、信息產業、港口交通業、高新材料業和地產建設業，其宗旨是「最大限度地實現資產證券化、資本國際化、股權社會化」。

一個平民出身的民營企業家，是如何攀上高層權貴的呢？被《財經》稱為黑社會老大的張宏偉，主要辦法就是行賄，用大量金錢鋪路，反過來，有了保護傘，就大肆利用黑社會手法，明目張膽地搶奪他人股份。

張宏偉的主要黑後台就在公安政法委系統和政協官員中。張宏偉任中共政協委員 18 年，2011 年公開宣稱中央政治局委員王兆國、某中共政治局常委、某中共政協副主席、大陸金融監管部門主管、公檢法部長及眾多高官都是他的後台，或和他的關係錯綜複雜。

據大陸多家媒體 2006 年至 2007 年揭示，張宏偉因私自剝奪原東方集團老員工股份，一批老員工特請大陸著名維權律師宋義明幫他們起訴張宏偉。張通過王兆國的兒子王新亮（小胖，黑社會混混）和錦州港的四個殺手，追到宋律師在上海的辦公室，將宋的骨頭打斷。事後四個凶手被抓。此前張宏偉夥同王兆國的兒子王新亮，在遼寧赤峰銀海金礦

上以績優股為名，共同欺騙全國股民，斂財 150 億。

針對宋律師被打一案，上海市委書記俞正聲批示：嚴懲歹徒。此時以北京《新京報》為首的新聞媒體及時跟進，全國很多晚報也報導此事，但後來張宏偉通過王兆國將四個凶手帶到北京，四個凶手全回家了，案子不了了之。《財經》還做了深度報導，但後來都被劉雲山的中宣部下令封殺了。

張宏偉強姦媒體，最典型的例子就是《人民日報》。據海外華文網站報導，當時《人民日報》的社長張研農親自下令停發了三篇有張宏偉負面消息的報導，不過張宏偉並不滿足，在向國務院、新聞出版署交出6000 萬人民幣後，張宏偉從新華社挖出姜軍為首的數名記者，擬自己開辦《東方周刊》。

張宏偉還放出話來：「誰再敢刊登東方股權（的事），就是誹謗，就是想找死。我就給他換換地方工作」張此話一出，2012 年 11 月 1 日，《人民日報》換掉主編吳桓權，中宣部副部長蔡名照接替總編，張宏偉藉此在北京經濟圈和新聞宣傳口大肆叫囂：「看看以後新聞界誰再敢跟我作對，吳桓權就是被我搞走的。」

蔡名照上任後，張宏偉又要求《人民日報》必須刊登道歉信，《人民日報》無奈只好按照張宏偉的意思刊發了《東方集團回應「職工資產股」相關質疑》一文。

道歉信稱職工們的指控「與事實嚴重不符，並嚴重損毀我公司及我公司董事長的信譽及形象」，「指控中所涉及的資產股、東方實業公司股權、上市公司股權的問題，該部分人員在國內多家法院提起的無理訴訟，經全國各地多家法院審理，均證明我公司在股份制改造過程中不存在任何瑕疵，相關法院也出具了生效法院判決、裁定文件。」

人們懷疑張宏偉是對當地法院行賄後才得到這些判決，不過據哈爾

濱市南崗區法院院長孫繼先透露說，黑龍江省政法委早就發文給黑龍江省高院和哈爾濱中院及南崗區法院，要求對東方小股東起訴張宏偉的案子能拖就拖，對後來加入起訴的小股東一律不給訴權。孫繼先說：「東方的小股東懷疑我收了張宏偉的錢，我哪有這麼大的膽，都是省政法委給我們的指示，讓我們這麼幹……」

另據上海市公安局的一位幹部講，暴打嚴義明的黑社會被取保候審兩人，就是公安部的一位重要的官員指示我們這麼辦。當然此前也有中共政協的大領導給上海市委領導施壓，反正嚴義明也沒有被打殘，參與打嚴義明的黑社會有上百億的錢，「有錢能使鬼推磨」，方方面面的勢力都為黑老大說情。

張宏偉敗訴 劉雲山被批

2011 年張宏偉還把官司打到了美國，在刑事起訴不成後，他改成民事起訴，控告其美國公司的董事趙竑「背信棄義」，不過這次再也沒有官員幫他了。結果，2011 年 11 月 8 日美國維吉尼亞州費爾法克斯郡巡迴法庭宣布，原告張宏偉控告趙竑的「違法信託責任、欺詐、侵吞公司財務、會記查帳、不當的支付」等幾項罪名全部敗訴，張宏偉向被告求償 2000 萬美金不予成立。

不過在庭審中，張宏偉無意中洩露了很多機密。他承認，瑞士最大保險公司「蘇黎世」通過巴哈馬小島給了他 1690 萬美金的黑錢，以換取優先獲得新華人壽保險公司的股權和成為最大的股東，張宏偉將其中的 730 萬黑錢非法「洗」入在香港上市的聯合能源公司中。為逃避美國和大陸的稅務管理，1690 萬黑錢未入任何帳目，明顯私吞的原因是，他妄圖將美國東方集團從大陸東方集團的資產中非法剝離，讓這筆黑錢

作為他的私房錢。

《財經》雜誌曾刊登張宏偉以拋售新華人壽保險的東方股權換取資金，以彌補自己非法挪用的 12 億資金。根據刑法 272 條，張宏偉也該至少獲三年徒刑，但據說在王兆國和上屆中共政治局常委某些人的保護之下，張宏偉僅僅丟了工商聯副主席和中共政協常委之職。

然而儘管有這麼多後台，很長一段時間人們在官方媒體上看不到張宏偉的惡行，但 2013 年 1 月 20 日，中央電視台經濟半小時節目突破中共中央宣傳部 2009 年 4 月關於對「東方集團」只能報導正面的禁區，對張宏偉所控制的「東方家園」欠薪和拖欠商家貨款，在北京引起規模不小的抗議示威進行了報導。與此同時，遼寧電視台、廈門電視台，重慶電視台，安徽衛視、上海東方衛視台等近 10 家地方台，也對「東方家園」的欠薪問題進行大規模、大面積的報導。1 月 25 日《京華時報》、1 月 26 日東北網等上百家網站，對「東方家園」總計 28 家建材超市現在還在營業的已經寥寥無幾的慘狀進行了報導。

「18 大」後，劉雲山雖然從中宣部長提升為政治局常委，不過就在 2013 年 1 月中旬，他因指使廣東宣傳部長庹震封殺習近平的「憲法夢」，從而導致《南方周末》新年賀詞風波，引發南周編輯罷工，最後在胡舒立、王岐山的運作下，胡春華出面擺平了此事，庹震內定被撤職，習近平在高層會議上痛批劉雲山惹事添亂，最後在兩會上，劉雲山沒有如期出任國家副主席，這個位置被胡錦濤的親信密友李源潮取得。詳情請見新紀元 2013 年 2 月出版的新書《習近平對江澤民亮出殺手鐧》。

第三節

胡舒立離開《財經》兩大原因

回頭說胡舒立的辭職。儘管劉雲山有關張宏偉的禁令是逼迫胡舒立出走的原因之一，但胡舒立與王波明之間的爭論當然不只這一件事。

關於胡舒立出走的原因，人們有各種說法。在大陸比較有代表性的是《南方人物周刊》2009 年 11 月 17 日報導「胡舒立終於出走」所羅列的兩大原因：理念之爭和利益之爭。

在理念之爭方面，文章寫道：「2009 年 7 月，《財經》接連四篇稿子被聯辦『槍斃』，所涉從新疆到石首再到通鋼改制，均是一時的『敏感題材』，而這種情況在《財經》11 年的歷史上幾乎沒有出現過，『通鋼的報導被壓了兩個禮拜，是我們編輯部實在忍不了自己發的。』《財經》的一位編輯告訴本刊。

王波明 2006 年接受本刊專訪時曾說，『在美國當記者很有無冕之王的感覺。』對於聯辦突然干涉採編，有人分析與其上級單位全國工商聯的換屆有關。7 月底，聯辦向《財經》下發了『關於明確《財經》雜誌

報導方針及規範管理流程的決定』，本刊記者獲得了文件，但聯辦並未在文件上蓋章。『決定』要求《財經》『不折不扣地執行』上級關於新聞報導的指示，而《財經》每期封面報導的選題、對於非財經領域（政治、社會、非財經領域的涉外報導）的重大新聞報導，在發稿前均需報批。

『這是要斷我們的根啊。』前述《財經》編輯評價。本刊獲知，胡舒立當時對編輯部同仁承諾，『給他們（聯辦）三個月時間，我們看一看。』後來，在《無法確定的願景》一文中，胡舒立再次提起了那句著名的話：『我覺得媒體的批評權、公眾的知情權遠遠大於利益集團自賦的或他賦的歷史使命。』而接下來，她寫道，『我又希望媒體有更大的空間，不承擔那麼多的壓力，媒體人可以安心而盡職地履行媒體責任。』」

在利益之爭方面，文章說：「2009年的上半年，胡舒立曾經在一個論壇上侃侃而談《財經》雜誌與『財經網』的『報網互動』，在她看來，財經網是《財經》的未來。而更早的時候就有媒體報導，胡舒立與李澤楷合作，就是最終希望將財經網發展成為一個通訊社——更確切的表達是，她希望未來的《財經》成為一家類似路透和彭博的金融信息供應商。

但媒體的報導說，王波明沒有同意這樣的想法，顯而易見，胡舒立團隊因此無法得到他們希望的投資。

《財經》雜誌的體制為人詬病已久，在頭幾年，胡舒立作為主編甚至連編委會成員都不是，不能出席《財經》雜誌決策會議，而現在，《財經》雜誌僅今年上半年就為財訊集團帶來約5410萬港元的收入，但是，『內容創始人無法分享財經媒體事業發展紅利』——這是《經濟觀察報》前執行總編仲偉志的評價，他剛剛辭職去創辦新刊，並且堅持讓核心編輯團隊擁有股權。

7月分發生的一系列事情讓聯辦和《財經》的關係變得微妙起來，在這樣的背景下，雙方坐到談判桌上，討論如何重新劃分《財經》的股權結構、讓管理層成為股東的問題。不幸的是，談判破裂，吳傳輝隨即辭職。……

曾經有媒體報導，「私底下，胡舒立曾悄悄對朋友說，『我最樂意的事就是寫稿子。等終於有一天可以把《財經》所有的事情都交給他們，我就做《財經》的首席記者，真正做自己想做的事情。』無論如何，她的這個願望又要往後推一推了。」

大陸有媒體報導說，王波明一直在試圖建立自己的平面媒體王國，但卻遭遇無奈。一位前《財經》市場部員工說，集團對使用資金的審批流程長得嚇人，一次巡展活動，市場總監就被要求對新增訂戶數量立下軍令狀。《財經》的編輯記者們對於自己的收入水平常常表示出不滿。

王波明也並非對這種局面毫無準備，對一個深刻了解證券市場的人來說，他很早就做出了讓公司上市的努力。2001年1月，王波明、戴小京、章知方等15人在英屬維京群島註冊了一家新公司，之後兩年半的時間，通過一系列複雜而緩慢的操作，財訊傳媒實現了在香港聯交所的借殼上市——非IPO的方式並不能幫助王波明融資，股價成了他的希望。

2009年10月15日，財訊傳媒的股價跌落到可憐的0.2港元以下。這一天，公司正式公告了吳傳輝離任的消息，同時顯示她減持手中所有350萬股財訊傳媒股票。許多年來，傳統媒體概念的財訊傳媒難以在香港股市獲得很好的市盈率，最近三年最好的時候股價曾到過0.5港元左右。對於包括主編胡舒立在內的《財經》管理層來說，股權激勵幾乎等於一張白紙。

2012年8月，李岩在《胡舒立與財經決裂的幕後真相》一文中，

開篇就問道，「胡舒立價值幾何？答案：如果不包含溢價，兩個億。這位中國頭號期刊品牌《財經》雜誌的創始人、主編在 11 月 9 日正式辭職，引發了中國期刊界的重大震盪。

　　身高不足 1 米 58、年近 57 歲的胡舒立離職時，《財經》採編團隊的 174 人中有 147 人選擇追隨她而去。一個『新財經』在等著她和她的 147 名幹將，據說，名字初定為《財經新聞周刊》。在和原投資方——中國證券市場研究設計中心（它由 15 名個人投資者組成，以下簡稱『聯辦』）——談崩之後，厚樸基金方風雷、李澤楷、浙報集團開始聯合為胡舒立輸血，兩個億。』」

　　文章還談到胡舒立的敬業精神。「胡舒立是一個純粹的新聞記者，她的理念，她的方式從未發生動搖。她的朋友後來回憶，在上世紀 90 年代初的一次活動中，到了北京飯店的午餐場合，其他記者都在埋頭進餐，只有胡舒立一個人，如同一個穿花蝴蝶般，整個中午一直在宴會廳採訪。

　　但金融的超高門檻讓遍訪高管的志向很容易成為空話。1993 年，胡舒立去訪問吳敬璉。吳老區區兩個問題就把胡舒立問得啞口無言。吳老很是不爽，打電話給《中華工商時報》高層，『你們怎麼派了這麼一個外行記者來浪費我的時間？』

　　胡舒立當時就沒有放棄。她承認自己水平不夠，請吳敬璉指點。吳開了一份書單，上面有六本經濟專業書籍的名字，吳說：『如果妳能在一個月之內看完並且理解，就到青島來找我。』

　　一個月後，點燈熬油看完六本書的胡舒立趕到青島，拿著事先擬好的密密麻麻的提綱採訪吳敬璉。吳老大嘆：古有士別三日，刮目相看，今信矣。

　　憑著這一份執著，胡舒立訪問並結識了王岐山、周小川、龍永圖等

一大批經濟界領袖。到了新世紀，其他媒體記者都在博鰲堵龍永圖（原外經貿部副部長、中共加入 WTO 首席談判代表，現為博鰲亞洲論壇祕書長）而不得之際，已是《財經》主編的胡舒立不慌不忙地接通龍永圖祕書的電話：『我是舒立，請龍永圖講話。』

電話那邊，龍永圖不敢怠慢，接過話筒，只聽到胡舒立在酒店大堂說：『祕書長，我知道你現在忙，忙多久？ OK，忙完之後，第一時間得接受我的專訪。』聽著胡舒立的口氣，龍永圖已經滿口答應，一旁的記者全都傻了眼。

『她的成功絕非偶然。』黃艾禾說。

兩人共事的那兩年，胡舒立是《中華工商時報》國際部主任，黃艾禾則是周末部的編輯。每周，文人家庭出身、文化底蘊極厚的黃艾禾都會撰寫電影評論，有京城影評第一筆之稱。黃艾禾不知道，向來只喜歡硬新聞的胡舒立實際上一直也在關注著她的評論。

終於有一次，黃艾禾礙不住北京電視台朋友的面子，寫了一篇誇讚北京台節目的評論。孰料，與黃艾禾並不熟悉的胡舒立立即大嗓門地找到了黃艾禾：『我沒想到你也寫關係稿！』『直到今天，我都感到羞愧；直到今天，我也一直受到她的感染，源自那一次的激勵。』黃艾禾說。

王波明看中了胡舒立。他是外交部前副部長王炳南之子，一直以來，他和他的夥伴想創辦一份主流雜誌（有別於黨報黨刊）。胡舒立答應了，但有兩個條件：第一，不得干涉《財經》編輯部的獨立採編權；第二，第一年先撥 200 萬作為編輯部運轉的預算。

兩人一拍即合，但也同時為事後的反目埋下了禍根。

《財經》很快樹立了自己的風格。1998 年 4 月，它的創刊號就做出了爆炸性封面報導。一家叫瓊民源的地產公司虛報利潤後，股價上漲了四倍。《財經》了解到，散戶投資者損失慘重，而事先得到內部消息

的人早已逃離沉船。監管者一度憤怒，指責《財經》無視新聞紀律，王波明不得不做檢查。但在監管者內部，卻還有另一種聲音，在支持王波明和胡舒立。

業內人士很快明白，中國證券市場的健康，離不開類似《財經》這樣的輿論監督。

2002 年，一名 25 歲的《財經》記者在瀏覽海關記錄時發現，中國最大的上市公司之一銀廣夏偽造了一份 8700 萬美元的利潤單據。胡舒立和她的團隊開始評估報導風險——因為一批高層領導視察過該公司。王波明親自出面，打電話給一位有決策權的高官請求批准。領導問：『真實嗎？』王波明回答：『絕對真實。』他等到的答覆是：『是真實的，就出吧。』

那一期《財經》出版數小時之後，銀廣夏停牌；又過了一陣，銀廣夏公司高管們紛紛入獄。

《財經》開始在北京和上海的大街上打出大幅廣告牌，上書《財經》『獨立、獨家、獨到』。胡舒立盡可能地替她的部下爭取待遇，她對王波明說：『你得保證記者的待遇足夠高，高到能夠抵擋商業利益的侵蝕。』

事情不可能進展得很如意，尤其在記者市場供過於求的情況下。《財經》記者的收入，在業界只屬中游。但胡舒立不能因此放棄自己的原則：《財經》記者不許拿紅包。

這讓她的記者們顯得很另類。因為日報的記者，每天拿上兩百元的紅包早已是業界通例，但胡舒立說：『我不管別人，如果你熱愛新聞，熱愛《財經》，就請你遵守。』

有實力的編輯記者相繼來投，《財經》的人脈資源也越積越厚。《財經》的年會，能請得來王岐山、周小川、林毅夫，再加上西方主流經濟

學家，儼然就是一場超高規格的世界經濟論壇。這無形中，也給胡舒立和她的《財經》套上了護身符。

2007 年，《財經》推出了封面報導《誰的魯能》，詳細報導了一家資產只有 30 多億、股權模糊的投資公司，通過非正當手段控股大型國企山東魯能的故事。後者的資產，當時是那家控股公司的 20 餘倍，旗下公司足跡遍及電力、地產乃至足球。

報導刊出後，導致又一次非正規的經濟活動的流產，業內人士相信，即使是有人撐腰，胡舒立這般大膽，《財經》也恐難持久。

但廣告商承認這個品牌，《財經》的營收連年上漲，到 2008 年已經突破 1.7 億，創下中國期刊市場的奇蹟。沒有人否認，這是中國期刊的頭號品牌，也沒有人否認，沒有胡舒立，就沒有《財經》。

2009 年年底，一家著名期刊評選 10 年來中國最具影響力人物，在新聞界，胡舒立是唯一入選的人士。

經濟學家郎咸平年輕時也在台灣當過記者。2004 年，身成名就的郎咸平回憶，在中國，記者由於收入微薄，工作辛苦，總是短命的職業，絕大多數人會轉行，例如自己。但胡舒立卻以 57 歲高齡『再創業』，而她，還是一位女士。

『放眼中國，你找不到第二個。』黃艾禾說。」

華麗轉身 胡舒立再創新業

2010 年 4 月 27 日胡舒立出席在香港召開的 2010 年國際傳媒會議上的訪談。當時《新紀元》周刊向全球華人讀者介紹了這位《中國最危險的女人》。

她因多次刊發黑幕報導，並導致眾多高官下台，她被《商業周刊》

稱為「中國最危險的女人」。去年（2009 年）她率近 200 人的團隊離開《財經》雜誌，成為當年中國新聞界最大的新聞。《時代》雜誌說，這位經常被稱為中國最危險的女人，「以後可能會變得更為危險」。

她就是，前中國《財經》雜誌的總編胡舒立，現任「財新傳媒」的發行人和總編輯，中山大學傳播與設計學院的院長、教授和博士生導師。

在去年引發三分之二《財經》集團人員集體辭職一事中，人們紛紛把目光投向了一手創辦該刊的總編輯胡舒立身上。儘管總經理吳傳輝以及經營部門 70％員工 60 多人已於去年 9 月底集體辭職，但直到去年（2009 年）11 月 9 日，總編輯胡舒立正式辭職，並引發逾 140 名採編人員集體辭職，人們才意識到《財經》已經不再是過去的《財經》。

《華爾街日報》評論說，「在那些倡導中國媒體改革，加大透明度的人的眼中，《財經》的代表人物胡舒立一直是希望的象徵。出身記者世家的胡舒立從前也是一名記者，她因潑辣的性格和堅持求實報導而聞名。」

《紐約時報》說，胡舒立任《財經》雜誌主編 11 年，秉筆直書，觸動利益集團，指出阻止經濟改革的瓶頸，而且，《財經》的獨家報導加速了中國一些臭名昭著罪犯的落網。

《時代》雜誌說，儘管中國對媒體嚴格控制，但她在《財經》雜誌上打擦邊球，「對政府的無能與金融不法行為做出突破性報導」。

在外界關注她被封殺之際，她迅速轉戰南方，分別在廣東和海南任職，並以閃電般地速度帶原班人馬創立「財新傳媒」，寓意《財經》之後的新起點。

「我們捲土重來，我們選擇離開，不是因為我們想放棄，而是我們想繼續做我們在做的事。現在我們開始一個新的旅程。」

4月27日，在香港面對近300名國際政治及傳媒菁英，來自中國大陸的胡舒立，首次發表自去年離開《財經》雜誌後的公開演講，成為2010國際媒體會議上最具風頭的人物。

在胡舒立離開《財經》短短半年內，她完成了幾級跳的驚人新轉變。2009年11月10日，在宣布離職的次日，胡舒立走上講台，接受中山大學的邀請，出任中山大學傳播與設計學院的院長、教授和博士生導師。

2009年12月，胡舒立和她的團隊入主「財新傳媒」，並且在2010年年初接手《新世紀周刊》，並被中國（海南）改革發展研究院聘為兼職高級研究員。財新傳媒2010年1月才開始試運行，現在還著手開拓其他傳媒產業，包括財新網（caixin.com）和《中國改革》月刊，她還在為 iPhone 和 Kindle 開發多媒體產品。

2010年3月25日，「財新傳媒」啟幕儀式在京舉行，中國首個媒體公信力委員會「財新傳媒」公信力委員會也於同日成立。有媒體形容她「東山再起」，並質疑「中宣部的管制失效」。

在香港的公開露面中，儘管媒體把鎂光燈都聚集在她身上，但她明顯有很多顧忌。

無論是演講下面的媒體追問，還是台下和媒體見面的小聚，她都不願意回答離開《財經》的真實原因。「原因很複雜」，「不方便多談」，但她承認離職不是突發事件，「不是源於偶然事件，而是源於短期內一系列事件的聚集。」

被問到中宣部和國內媒體的關係時，胡舒立甚至顯得有點不知所措，最後沒有回答記者的提問。她說：「我很難描述，我不知道……或者你問另一個問題。」

但談到她創辦的傳媒時，她明顯輕鬆和活躍很多。

「我們所經歷的路就是艱辛和機會的見證。」她在演講中用大篇幅

回顧她創辦了 12 年的《財經》的成功以及介紹新傳媒的理念。

胡舒立說，推動整個傳媒界版圖變遷的重要原因是「迅速地開放」以及網絡的盛行。她說，現在的社交網絡和新科技已顯著地改變了傳統媒體，乃至「職業記者所必備的素養都需要重新定義。」胡舒立同時也強調，良好的新聞道德依然是傳媒業得以立身的重要基石。

在中共嚴控的傳媒生態中，胡舒立一直以高度的智慧在夾縫中生存。胡舒立在香港的演講中，曾非常自豪地說：「我們提高了媒體的水準，作為最暢銷財經雜誌，《財經》廣告收入為同行最高，而且非常盈利。」據悉，《財經》年廣告收入以億元計算，遠超國內傳統媒體的人均生產率。

儘管無論是當事人、民間還是官方，都沒有披露《財經》大地震的真正原因，有說是以主編胡舒立為首的《財經》員工，與掛靠的單位聯辦集團在編輯理念等方面意見不合。但更多的揣測是指因為受到中宣部的直接打壓。

出身高幹家庭的胡舒立，父親是全國總工會幹部，母親是總工會機關報《工人日報》編輯，外伯祖父胡愈之曾擔任中共國家新聞出版總署署長、後出任中共人大副委員長。有傳胡舒立是胡錦濤的直線人馬，和江澤民嫡系李長春主導的中宣部多次傳出不和。

1998 年創刊的《財經》曾報導了基金黑幕、中鋼 20 億資金懸疑、誰的魯能、誰在操縱億安科技、銀廣夏陷阱、德隆神話終結等重大新聞，多次涉及最高層腐敗問題。

2003 年，SARS 在中國爆發。《財經》雜誌多次追訪 SARS 疫情，甚至公開披露中共高層曾指示對 SARS 疫情保密。但也因此觸及紅線，調查報導被迫停止。

2007 年 1 月，《財經》報導山東最大國有企業魯能被北京一家公

司吞併，流失約 700 億人民幣的資產。最後這項併購被制止。然而事件又觸及到曾慶紅、王樂泉、俞正聲三名高層大員的子女。網站被迫刪除這篇報導。

2009 年 8 月 31 日，《財經》刊登了封面專題報導《器官何來？》，披露了發生在貴州省黔西南州興義市的一宗「殺人盜器官」案，隨即被北京當局查處。網上各大論壇全面刪減該文。有分析指該文只不過把摘取器官的問題捅了一下，還未觸及法輪功學員遭活摘器官的雷區，便已令中共當局大為緊張，是否成為今次《財經》集體大地震的導火線，仍是一個謎。

無論胡舒立被封殺的真實原因、她之後的新起點和前景如何，可以預料，她以及她的新聞團隊仍然是新聞界關注的焦點。

胡走後王波明寫下首篇社評

2009 年 11 月 23 日出版的最新一期《財經》雜誌，是胡舒立及原《財經》採編團隊集體辭職後的第一期，《財經》正式迎來後胡舒立時代。21 日，財經網提前發表了這期《財經》雜誌的社評：《理念支撐下的堅持——致讀者》，作者是總編輯王波明。

王波明這樣寫道：「當了近 12 年的總編輯，從來沒寫過社評，現在人去樓空，只好提起沉重的筆。回想起 20 多年前在美國留學時，也曾當過編輯和記者，也曾因『無冕之王』的稱號激動，也曾為社會正義和新聞真實而追求；也為中國的改革開放進程而振奮。至今，這些經歷我難以忘懷，這些信念我從未改變。

泛利大廈 19 層，300 個工位，可以算得國內最具現代氣息的新聞編輯部，此時已經是空空蕩蕩。在過去不到一周時間裡緊急入職的編輯

記者只能充滿一個小角落，不到 20 人的隊伍要完成過去近 200 人的工作，他們正努力把這一期雜誌完整地交給您——我們最尊敬的讀者手中。此時此刻，置身這些辛勤工作的同事中間，我十分清楚，這一期的雜誌不足以令你們滿意。

一夜之間離開的是經過近 12 年成長起來的編輯團隊，這個團隊成就了自己在同業中的領先地位，也成就了《財經》雜誌的優秀品牌。這個團隊中的代表人物胡舒立女士，也因她鮮明的個性和執著的理想贏得了讀者和公眾的掌聲。和這樣一位多年的合作者分手，我深感遺憾。

近兩周來，我更多地是在反思——是什麼原因讓這樣一本在中國有著特殊地位的雜誌面對如此嚴峻的挑戰？此刻，我仍不能確認是否找到了真正的答案。但有一個認識卻十分清晰，那就是——我和作為雜誌主辦者『聯辦』肩上的責任不但絲毫沒有減輕，反而愈發沉重。

擺在我面前最緊迫的課題是如何重建和發揚《財經》雜誌一貫堅持和倡導的新聞理念——獨立、獨家、獨到。但真正傳承這個理念實際並不容易。

這個理念源於新聞人的責任和使命，那就是『公眾有權知道』。我們捍衛公眾的這份權利，我們更要服務於公眾的這份權利。因此，堅持這本雜誌編輯權的獨立是完成這項使命的基礎。我們不但要自覺地迴避被商業利益影響和侵蝕，更要抵制施加於我們身上的不當管制。作為個體，我們身懷七情六慾，作為『公器』，我們也清楚自己要付出的代價。

不論這些代價是些什麼，唯有一點是我們絕對不會用來交換的，那就是您——讀者的利益和訴求。捫心自問，我們知道您給予這本雜誌的不止於信任，遠甚於喜歡。我們十分清楚這本雜誌是屬您的，也屬您所代表的社會正義和良知。

《財經》雜誌的專欄作者北島，在他 30 多年前最著名的詩句中寫

道『新的轉機和閃閃星斗／正在綴滿沒有遮攔的天空／那是五千年的象
形文字／那是未來人們凝視的眼睛。』這句話正表達了我此時的心情。
一個更加開放、多元化的平台已經向更多的年輕人敞開。

　　在我心中，《財經》不只屬創辦者和運營者，甚至不只屬你們——
我們最尊敬的讀者，《財經》更屬你們所代表的社會正義和良知，《財
經》屬更加改革和開放的中國。」

第四節

習亮底牌 王胡斡旋南周事件

2013 年 1 月，在全球媒體、全球華人和中國民眾及媒體人迅速發出對廣州「南周事件」強大聲援壓力及國際聚焦下，在習近平亮出「勞教所」底牌後，多方消息披露中國財新傳媒總編輯胡舒立找了中共政治局常委王岐山，再與廣東省委書記胡春華協調「南周」一事，終獲「南周事件」的「妥協」結果。

力挺習近平「憲法夢」的《南方周末》新年賀詞被閹割事件在短時間內不斷發酵，點燃全球範圍的反中共新聞審查制度的烈焰。1 月 10日在內部達成的「妥協」下，《南方周末》正常出刊。

用新年祝詞造勢幫習近平宣傳「憲政夢」的三家媒體《南方周末》、《炎黃春秋》和《新京報》，又遭到江澤民陣營打壓以攻擊習近平。南周事件升級後，習近平「被逼急了」，開始顯示不怕「魚死網破」，亮出針對江澤民死穴的「勞教所」底牌後，局勢隨即突變。

之後，由於王岐山 1 月 10 日突然在新華網上再通報「司法審理薄

熙來」的消息後，開始「擺平」了南周事件。王曾任職廣東省委常委兼
常務副省長，與廣東素有淵源，他出面聯絡胡春華親自協調，最後因雙
方妥協而告一段落。

《中國改革》雜誌社前社長李偉東在其微博透露，《南方周末》
新年獻詞被篡改一事將以總編下台、宣傳部取消事前審查而暫時告一段
落。這是某「著名女報人」找到王岐山，再與胡春華協調後，得到的「妥
協」結果。

港媒《明報》1月10日報導，財新傳媒總編輯胡舒立受「南方朋友」
之託，向與她素有交情的中共常委王岐山求助。

台灣《聯合報》也報導：「與南方系和王岐山素有往來的財新傳媒
總編輯胡舒立，找到王岐山為《南方周末》站台。庹震已經和《南方周
末》編輯部談妥條件，取消對《南方周末》的事前審查，總編黃燦去職；
庹震在不久離開廣東，為顧及中宣部顏面，不會立即讓其下台。」

據外媒消息，胡春華的介入給了中共現任政治局常委劉雲山相當的
難堪，江派人物劉雲山力挺廣東宣傳部長庹震，而胡春華代表習近平和
王歧山的意見，暗示庹震和《南周》總編黃燦將下台。

1月10日晚，被視為「中國最大五毛黨」代表的胡錫進、吳法天、
司馬南等人不約而同地發出博文，表達「左派」失利的訊息，佐證南周
事件雙方妥協的真實性。

1月9日深夜，胡錫進在其微博上為此事辯解：「《環球時報》是
複雜中國的報導者。我們報導複雜，也成為這種複雜的一部分。我們很
希望世界簡單些，然而它不是。夜晚的微博是複雜得以較充分延展的時
候，圍繞我和《環球時報》的複雜，會更沉重。今晚的所有留言我都會
看，直到明早連同此博一起刪掉，化作我記憶的一部分。」

他接著說：「弱弱地申辯一句：我們從沒寫過南周事件是『境外勢

力』操縱的，我現在也不這麼認為。那是網絡小編為增加轉發故意引申的。不好意見，小編也不容易。」

而「大五毛」司馬南也在 10 日凌晨發了一條令人費解的微博：「今晚八點，風雲突變。措置班師，臨陣妥協。此時此刻，予心悲涼。十年之功，廢於一旦……」吳法天則聲明暫停微博更新。

劉雲山下令各媒體、網站 8 日起轉載《環球時報》時評《南方周末「致讀者」令人深思》，還就此事定性三點：黨管媒體是不可動搖的基本原則；《南方周末》此次出版事故與庹震無關；此事有境外敵對勢力介入。

《環球時報》一直是薄黨的勢力領地，總編輯胡錫進一直積極協助薄熙來推動「唱紅打黑」，他本人也是著名的毛左代表人物，早就捲入薄熙來、周永康政變案，這次南周事件關鍵時刻，1 月 10 日，中紀委王岐山再高調拿司法審理薄案來示警，顯示隨時可能擴大薄案抓捕範圍和升級薄案。

「18 大」後，習近平將有經濟背景的老手王岐山突然調離經濟戰線，負責中紀委，抓貪腐。華府中國問題專家石藏山指出，習要做什麼，都是王岐山在開路，王是姚依林的女婿，實力派人物，在趙紫陽時代就參與改革，對中國的經濟形勢非常了解，本來這次安排做副總理，實際是執行副總理的位置。在當前中共政局的形式下，實力派開道，王岐山被中共官場視為習近平的「清道夫」。所以外界都在關注他將怎麼做。

日前北京消息人士對《新紀元》透露說，安排王岐山去中紀委是習近平的布署，目前兩人達成默契，要拿反腐開刀。2012 年 11 月 22 日，海外推特上爆料說：「傳：王岐山未圓總理之夢而被排擠至中紀委，王將全力反腐，首要目標或將對準另一常委劉雲山兒子劉樂飛及前常委李長春女兒李彤之私募基金及其在國內文化機構上市時或已涉及之不法利

益輸送。」

王岐山對太子黨們利用權力在金融領域洗黑錢十分熟悉，李彤、劉樂飛等都利用金融基金發黑財。

江派政治局常委、前中宣部長劉雲山，一直壓制網絡自由、言論自由，被稱為「納粹宣傳部長」。劉和前中共政治局常委李長春一樣，都是頑固的中共保守派、江澤民的鐵桿，他們站在反民主的立場上，長期壟斷操控宣傳系統，維護中共一黨獨裁統治。一直以來，中宣部和政法委都是江澤民的心腹所把持，成為執行江鎮壓法輪功和異議人士等的重要機構，以致被大陸民眾指為中國「最該取消的部門」。

「南周事件」的核心在於提了習的憲政夢和法律改革，觸動了江派。因此，江派這次有意藉南周事件挑起事端，本想把事情鬧大，從而攪局習提出的「憲政夢」，但沒有預料到中國和國際社會正義的抵制聲浪如此強烈。

北京政治學者吳稼祥表示，中共在這起事件表現兩種互相矛盾的處理手法，實為「有兩個中央在運作」。「現在是劉雲山與劉奇葆掌管的宣傳部門在給習近平惹麻煩。」

中國的勞教所「臭名遠揚」。2012 年聖誕節前後，「一個可怕的故事從一個裝著萬聖節飾品的盒子中被一位美國俄勒岡州的母親給打開了，這封來自中國瀋陽馬三家勞教所的求救信在網絡上瘋傳。」外媒廣泛報導了此事。

這封匿名信說，產品是馬三家勞教所二所八大隊製造的，這裡工作的人們每月收入 10 元人民幣，不得不一天工作 15 個小時，沒有周六、周日休息和任何節假日，否則將遭到酷刑毆打。這裡的人平均被判一至三年勞教，但是沒有經過正常的法庭判決，他們許多人是法輪功學員，他們完全是無辜的人，常常遭受比其他人更多的懲罰⋯⋯

然而，這只是馬三家勞教人員被逼長時間工作，事實上，更殘酷迫害民眾的案例這裡多有發生。「明慧網」2004 年 5 月曾報導，據知情人揭露，在馬三家經常聽到撕心裂肺的慘叫聲。對拒絕接受「轉化」的法輪功學員，馬三家誣陷他們得了精神病，強行注射和灌食破壞神經系統的藥物；強制看洗腦錄像；毒打、電擊等酷刑司空見慣。

2000 年 10 月，馬三家曾發生將女性法輪功學員扒光衣服推入男牢的駭聞，殘酷的迫害導致至少五人死亡、七人精神失常、多人致殘。

中國的勞教所關押著成千上萬未經公開審判的人，包括法輪功學員、上訪者、地下基督教會成員、異議人士等等，曾有超過百萬的法輪功學員被非法關押在勞教所，但詳細數據有多少，對外界來說是祕密，中共不讓國際社會公開獨立調查團進入勞教所調查。

勞教制度也成為政法委貪腐的最大黑洞，勞教所也是中共活摘器官——這個人類歷史上從未發生過的罪惡的場所之一。揭開勞教黑幕是江澤民及周永康把持的政法委的最怕。

時事評論員王華說：「南周事件交手情況顯示，江、習都做了魚死網破的準備，中國局勢會劇烈動盪。這次，當習近平初亮『勞教所』底牌，對江派傳遞出『逼急了也不怕魚死網破』信息後，南周事件局勢突變，顯然打中江派的七寸。」

王華說：「勞教所正是江澤民、周永康之流最怕人觸及的地方，是違背憲法最公開、最惡毒的地方，是癌細胞最密集的地方。雖廢除勞教所是習近平針對江派的殺手鐧，但因此也必定要曝光中共的罪惡，會觸發中共政權垮台，這也成為中南海搏擊最激烈的關鍵點。」

習近平的太子黨盟軍

第十五章

傅洋——力挺習依法治國

薄熙來「唱紅打黑」中，屬李莊案最受矚目，因其背後牽扯
習近平的太子黨盟軍——北京康達律師事務所主任、彭真之
子傅洋。薄熙來抓捕李莊向中共中央挑戰，而習近平視察律
師事務所，給予薄回擊。當薄熙來成為階下囚，習主位後，
傅洋自然力挺習依法治國。

李莊案因牽動北京康達律師事
務所主任、彭真之子傅洋而
備受矚目。圖為 2010 年 2 月 2
日李莊在庭審中。（新紀元資
料室）

第一節

一年前習暗自倒薄

　　在習近平的太子黨盟軍中，還有個人不得不提，他就是彭真之子、北京康達律師事務所主任傅洋。儘管彭真和習仲勛關係並不很好，但這不妨礙下一代人的交往。

　　據胡舒立的財經網報導，2012 年 12 月 8 日，在「中國律師百年回顧與展望」高峰論壇上，傅洋稱，律師事業的發展，與改革開放、社會主義市場經濟的建立同步。他列舉了 30 年來其印象特別深刻的四件事情：

　　「一是 1980 年代，鄧小平提出了建立 30 萬律師隊伍的設想；二是 1990 年代中期，國務院專門做出關於改革律師管理體制的決定。這直接推動了第一部律師法的制訂，對於後來律師事業的發展產生深遠的影響；三是本世紀初，有一次司法部曾經向中央報告要整頓律師，對這個報告胡錦濤同志做出一個批示，他首先強調的是律師隊伍是保證執法機關『執法為民』，防止司法腐敗的一支重要監督力量；四是兩年多前，

重慶那一邊抓了律師，習近平第一次到北京的律師事務所進行調研。」

細心的讀者會發現，這裡傅洋提了鄧小平、胡錦濤、習近平的名字，而故意不提江澤民，這背後有深刻含義。

據香港《明報》報導，2009 年 12 月，李莊為重慶「黑幫頭目」龔剛模辯護，被以「偽造證據罪」判監一年半，此案引起內地律師界震撼。2010 年 1 月，習近平曾到北京德恆律師事務所調研，指律師為促進社會公平正義、促進社會和諧穩定發揮了重要作用。

結合前面胡德華的話，中共中央早就知道薄熙來的事。薄熙來奪權，和中共中央打擊薄熙來的鬥爭，在兩年多前就已見端倪。薄熙來抓捕李莊是向中共中央挑戰，而習近平視察律師事務所，則是中共中央回擊的一個表現。

2011 年 4 月，李莊在被關押一年六個月後，薄熙來還想以遺漏罪再次給李莊判刑。眼看「李莊案第二季」就要開庭了，重慶檢方突然撤訴。據知情人說，這是胡錦濤親自指示放人的，薄熙來最後不得不放了李莊。

2013 年 2 月下旬，英國《每日電訊報》報導了一本即將出版的新書，一名「退休的美國官員」對該書作者說，王立軍在 2012 年 2 月 6 日出逃美國駐成都領館後，薄熙來在現場暗中指揮，並令渝警強行進入美國領館抓王立軍。

據《每日電訊報》報導，該書聲稱，薄熙來親自前往美國駐成都總領事館，並下令重慶警方「強行進入美國領事館，抓住王立軍。」「隨著對抗不斷升級，保護領館安全的美國海軍陸戰隊隊員在裡面設立了一道防線。」

當王立軍在領館內試圖尋求庇護時，大約有 700 名警察包圍了美國總領事館。該書稱，「感到尷尬和憤怒」的中共國家主席胡錦濤親自干

預，以緩和局勢。王立軍隨後被帶回北京拘禁。

康達律師事務所的太子黨背景

李莊是北京康達律師事務所的合夥律師，該所的負責人傅洋，是中華全國律師協會副主任，也是原中共人大委員長彭真的二兒子。康達的副主任鄭小虎是最高法院第六任院長鄭天翔之子，另一位副主任林星玉是原中共人大副委員長林楓之女。

2009 年 12 月，李莊為被薄熙來控制的重慶法院以「偽造證據罪」判監一年半，傅洋到處找人營救李莊。2010 年 1 月，習近平到北京德恆律師事務所調研，指律師為促進社會公平正義、促進社會和諧穩定發揮了重要作用，外界分析說，這可能是傅洋活動的結果。

李莊被薄熙來抓捕後，傅洋四處託情，想與薄熙來達成妥協。傅洋也把李莊案件的一些情況轉交給喬石，希望這位已經「處江湖之遠」多年的老政法代為說情。

北京消息人士透露，喬石對過去十年中共政法委的很多做法非常不以為然，而對王立軍和薄熙來在重慶處理李莊案手法尤為憤怒，他曾去電某位中共最高層，直斥王立軍「太不像話，不是個好人」。

有消息說，康達的前身是鄧小平之子鄧樸方的康華公司法律部，在康華解散之後獨立成為律師事務所。消息說，鄧樸方也為李莊案和高層「溝通」。鄧樸方曾表態支持薄熙來繼續在黨內升任，但李莊案之後，他公開表態說薄熙來「不講義氣，靠不住」。

李莊案件在中國司法界引起了很大關注。中國網絡作者劉先生表示，李莊案也是薄熙來下台的一個關鍵事件，涉及到很多中共內部的權力鬥爭。「薄熙來搞李莊這個案，得罪了很多太子黨。所以這個案子比

較特殊，基本上還是屬於權力鬥爭範疇內的。」

習近平放言嚴辦薄熙來

2012 年 9 月初習近平「神隱」期間路透社發表獨家報導稱，習近平近日與政治改革倡導者胡德平（胡耀邦之長子）舉行了私人會談，他認為中共現在面臨前所未有的挑戰。同時習強調，他不是薄熙來的盟友，薄的問題將按照黨紀國法進行處理。當時外界認為，消息在此敏感時期傳出，突顯習近平對江派曾經力捧的未來香火接班人薄熙來的態度；習近平與胡錦濤、溫家寶在處理薄案上有共識、有默契，開始加速對薄、王案的處理。

日本《朝日新聞》2012 年 8 月 24 日報導，中共政治局常委在王立軍逃美領館案發後，2 月 16 日開會討論如何應對「危機」，尤其是如何處理薄熙來的問題？當時在京的常委有八人。其中胡錦濤、溫家寶、李克強和賀國強四人主張依法處理薄熙來，但吳邦國、賈慶林、李長春和周永康四人反對。《朝日新聞》報導稱，習近平那時在美國訪問，接到了中辦的電話，徵求其意見。習近平表態說，支持胡錦濤等人的意見：追究薄熙來的責任。在「倒薄」中投下關鍵一票。

李莊案的進展被外界視為中共高層處理薄案的風向標。隨著李莊案先後被高檢及重慶中院約談，雷政富因不雅視頻事件被撤職，重慶一系列薄熙來製造的「冤假錯案」被逐一平反，所有這些證據的收集，使得外界關注薄熙來會如何被判刑，是否會被定性為「新四人幫政變集團」。

2012 年 12 月，李莊在接受新唐人電視台採訪時表示，自己在 2009年 12 月被薄熙來判監後的第一個月，習近平就到北京「德恆律師事務所」調研，力挺律師的重要性，為此，自己當時在監獄裡看不到外界的

報導，不了解情況，不敢說自己被抓和習近平視察律師所有何聯繫。但是他說，從哲學角度來看，世界上萬事都有聯繫和因果。

李莊說：「蝴蝶搧動翅膀和印度洋海嘯，這之間有著千絲萬縷的聯繫，可能我們破譯不了『它』的密碼所在。但是『它』的聯繫是絕對的。現代宇宙觀同時強調的是，任何一個現象，任何一個物質，都是多因一果的一個結果和體現。」

中國藝術研究院文史學者張耀傑分析說，薄熙來和中共中央的較量其實由來已久，中央打擊薄熙來也是早有策劃。「實際上打擊薄熙來不是一下子王立軍出來才打。實際上人家準備了好幾年。甚至在李莊之前就開始準備要打薄熙來了。實際上人家策劃很久了。如果是抓李莊以後，習到律師事務所去考察一下，從側面支持一下律師，應該是確實是有這個意圖的。」

張耀傑分析說，實際上薄熙來什麼都不幹，他就是個傻子他都可以進常委，但是他不想當傻子，他也不想當常委。他想當更高的。他要奪取的是最高權力。而中共中央對薄的企圖也是心知肚明。

張耀傑：「薄熙來一直是看不上現在主子的。胡還是習，他都看不上。他覺得他更有本事。他想占這個位置。薄熙來一直不隱瞞這個企圖的。而且抓李莊之後，我就聽律師界朋友說過，傅洋放話了：『這個帳要慢慢算。』傅洋也是知道這個事情的，他也是要算帳的。傅洋也不甘心薄熙來抓他的人啊。」

張耀傑還說，李莊案成了雙方較量的一場戰役。李莊被抓當然是偶然事件，但是對薄熙來來說，他就是通過抓李莊向這邊的人示威。「示威的對象也包括傅洋，傅洋一般人不敢惹，薄熙來就敢。但是他那邊一抓，就像下圍棋一樣，這邊吃了一個子，這邊當然也會加緊他們的行動。習近平就去考察律師事務所了。有來有往嘛。」

　　2012 年底，網上流傳一份王立軍的交代書，裡面說：「李莊案使薄熙來很勞神。薄熙來說，彭真的兒子與他作對，不整倒李莊，臉往哪放？於是，王立軍就偽造了證據，情節是編的、證詞是假的、判決是『走過場』，尤其是充當罪證的那張李莊洗桑拿浴的照片，是電腦技術合成的。但這事整大了，也整漏了，第一個回合，薄熙來贏了，把律師嚇破了膽；第二回合，薄卻尷尬地輸了。王立軍披露，輸就輸在胡溫都做了批示，說不能再判了。陳有西、賀衛方等律師也火了，正在串聯。但薄熙來不在乎，他說：『先給胡錦濤一個面子，找人盯住李莊。』」

　　「王立軍此時已經感覺處境不妙，於是監控了李莊的助手馬曉軍，恐嚇律師朱明勇等人，但效果似乎不太好。再向薄熙來彙報，薄說：『一不做，二不休，無『毒』不丈夫，下手不狠，怎麼能成事業？』於是，為了毀滅證據，又搞死了檢察官龔勇，因為他是文強案的知情人，當時是由他起訴的，他提出過異議。毒死龔勇之後，為了欺騙輿論，就給了他一個烈士的稱號。死了身上蓋了一面黨旗，還給了點錢，家屬還樂呵呵的呢！中國的老百姓好騙呀！」

第二節

李莊案背後的較勁

李莊案簡介

2009 年 11 月 20 日，重慶民營企業家龔剛模等 34 人，因被王立軍的專案組定性為「組織、領導、參加黑社會性質組織案」，被重慶市檢察院提起公訴。原北京康達律師事務所合夥人李莊擔任龔剛模的辯護律師。李莊在調查取證過程中，被重慶檢方控以偽造證據罪和妨害作證罪，於 2009 年 12 月 12 日下午，李莊在北京市龔剛模妻子程琪的病房中遭到重慶警方的抓捕。

2010 年 1 月 8 日，重慶市江北區法院一審中，李莊大聲喊冤，拒絕妥協，被以偽造證據、妨害作證罪，判處有期徒刑兩年半。李莊不服提出上訴。2011 年 2 月 9 日二審宣判，李莊以藏頭詩寫下一紙悔罪書——「全盤認罪」，被法院認定為「認罪態度較好」，改判一年六個月的有期徒刑。

聽到判決後，李莊當庭「反水」，搶話筒曝「訴辯交易」，二審時的「認罪」有假，指責重慶有關部門違約失信，沒有承諾認罪就判緩刑，最後他被幾名法警制服後帶離法庭。當時被外界認為是法庭上「最牛」的一幕。

按照李莊的說法，二審開庭時他當庭表示認罪，是以有關方面對他做出承諾為條件的。這些來自公安和檢察部門的承諾包括：二審以書面審理方式進行、量刑改判為緩刑等。

人們找出李莊的「認罪書」藏頭詩，發現他是這樣寫的：

「一、**被**刑事拘留以來，對我的思想觸動很大，在各級組織各級領導的耐心教育下，我逐漸認識到了自己的所作所為玷污了律師的職責，缺失了一名法律工作者應有的職業道德基礎。

二、**比**較其他民事代理人，刑事辯護人更應該顧大局、識大體，與黨中央保持一致。今後我要努力學習，徹底訣別過去。

三、**認**真反思（這裡我要插一句話，我確確實實沒有說過龔剛模被樊奇航敲詐，只說他被黑社會敲詐——記者註：這是李莊針對公訴人的一個說法的解釋），龔剛模案，浪費了極其寶貴的司法時間，屬思想不純、立場不堅。

四、**罪**行法定，這是基本原則。作為法律工作者應注重事實、法律研究，不應偏聽偏信，甚至在大是大非面前執迷不決。

五、**緩**慢的思想轉變，為此付出了沉重的代價，也為今後的人生吸取了豐富經驗。我要吸取教訓，追求未來應有的精神境界。

六、**刑**法的宗旨是懲罰罪犯保護人民，我將永遠牢記在心。這也是公民應遵守的基本準則。今後無論如何我將為社會做積極貢獻。

希望二審法庭慎重對待我的上訴。」

若把這六條的第一個字提出來，就是「被比（逼）認罪緩刑」，若

把每條的最後一個字，包括最後那句話的最後一個字連起來就是：「礎（出）去堅決界獻（申）訴。」

在 2 月 9 日宣判後，李莊吼道，他「認罪」既是被引誘，也是鬥爭策略。並提醒旁聽人員仔細察看他的《悔罪書》。這個認罪書等於是公開告訴外界，二審前他被逼認罪，重慶方面由此承諾他將得到緩刑，不會被關進監獄遭受牢獄之苦。在中共的牢獄之中，不但要皮肉受苦，更可怕的是精神摧殘，李莊怕自己承受不住，所以二審前就屈服了。李莊以為薄熙來、王立軍等人會遵守雙方的承諾，哪知他被騙了。

外界評論，李莊太不了解薄熙來了，當年為了當革命小闖將，薄熙來連父親薄一波的肋骨都踹斷了幾根；為了殺文強，連中紀委書記賀國強都敢騙，救了王益，也殺了文強。一個小小的李莊，在薄熙來眼裡，根本就是個小螞蚱，他哪會遵守承諾呢？再說王立軍也是天生叛逆之人，在鐵嶺時他能與乾爹王海洲反目成仇，他哪會對李莊遵守諾言呢？

那時的李莊，恨不得千刀萬剮欺騙了他的人，但無奈中共不講法制，哪怕李莊能把整部《中國刑法》背下來，也無力將自己從被誣陷中拯救出來。

二審宣判後，李莊的辯護律師高子程在法院門口接受採訪時對媒體說，李莊曾告訴他，（重慶）某檢察長及某局長多次找李莊做工作，希望李認罪並更換高子程、陳有西二律師。如照辦，二審可改判緩刑。但對此中共官媒大多失語，一些相關的報導也基本遭到封殺。

一年半後，當李莊即將出獄前，重慶方面又控其妨害作證罪的「漏罪」案，上演了「李莊第二季」，於 2011 年 4 月法院再審理，兩日後檢方自動撤訴。同年 6 月，李莊刑滿出獄。隨後李莊一直在為自己冤案做各種準備，上演「李莊第三季」。

2012 年 1 月，李莊重慶案的助理馬曉軍律師和妻子韓會娟向重慶

公安局提行政起訴狀，揭開了馬曉軍當年在「李莊案第一季」時失蹤和拒絕出庭作證之謎。被外界視為「李莊第三季」大片的預熱。

李莊第三季 重慶掀翻案風

中共「18 大」後，政法委被降格，政法委書記周永康下台，薄熙來案最大保護傘被去掉後，薄案的走向再次成為聚焦點。當年牽動整個中共司法系統的重慶打黑案中最出名的案件——北京律師李莊案申訴一年沒有動靜，近日突現重大突破而峰迴路轉。不僅大陸最高檢察院約談李莊表態後，重慶一中院也約談李莊，受理似乎不存在問題了。北京最高檢和重慶一中院都向李莊承諾將依程序辦事。大陸眾媒體包括中共喉舌《人民日報》、新華社又開始蜂擁而至，聚焦李莊案並進行大幅度報導。早就拉開的『李莊第三季』被高調進入司法軌道。

隨著李莊案真相的逐步披露，重慶司法系統的黑打口子也越撕越大，令人瞠目結舌。

2012 年 11 月 15 日中共「18 大」新常委露面當日，李莊向最高檢察院以郵寄的方式提起控告，指責重慶公安局「李莊案」、「龔剛模案」專案組警員涉嫌徇私枉法罪。《控告書》中稱，龔剛模在獄中通過其兄龔剛華帶信對李莊說，「所謂李莊作偽證，都是專案組逼我舉報並按照他們編好的文字稿背下來，陷害李莊的。」

高檢很快回應，並約 23 日上午九點半會談。當天最高檢的兩名檢察官與李莊、李莊的律師王譽華談話約一個半小時。中途，龔剛模的親屬龔剛華和龔雲飛陳述曾被強迫作偽證、被刑警逼供的情況。最高檢稱「將按照規定程序辦理李莊等人信訪材料」。「李莊第三季」正式入軌。

外界有評論說，這次最高檢高調約談李莊，與當年中共處理「四人

幫」的方式相似。1976年「四人幫」被抓後，中共也是逐步開始了所謂『冤假錯案』的平反工作。1978年中共11屆三中全會之後，中共高層開始從法律上對「四人幫」進行定罪，當時也是通過在中共黨內外的大量問詢後，積累素材，再給「四人幫」定上各類罪名。

正當「李莊案第三季」步入軌道之際，重慶法院、檢察院空前大換血，市府祕書長被免。11月29日上午，重慶市第三屆人民代表大會常務委員會第38次會議表決，通過歐順清為重慶市政府祕書長、重慶市政府辦公廳主任、重慶市政府參事室主任，免去陳和平的重慶市政府祕書長職務，而陳是薄熙來時期主要官員之一。另外法院與檢察院有近百人被重新安排職位，而這一切都發生在孫政才接手重慶第一把手後的一周。

李莊為了自己的冤案得到申訴，曾在薄熙來、王立軍還在位時，幾次用化名潛入重慶，收集相關證據。李莊表示，糾正重慶打黑中錯誤的最大阻力，來自於「黑打」期間得到提拔重用的有些人（一把手），他們現在瘋狂死守，唯恐冤假錯案平反後受到牽連，但是，徒勞無益。有分析認為，李莊案、重慶官場的變動都是中共高層對薄熙來案件態度的風向標。

「李莊第三季」高調亮相後，薄熙來在重慶製造的各種冤案再度成為海內外媒體關注的焦點。

李莊在重慶除了和重慶一中院約談外，另一重要任務是代理重慶李俊案的申訴。李俊是重慶俊峰集團董事長，在重慶打黑中，被警方視為「李俊團夥」的黑老大，並於2010年10月遭警方「搗毀」，李俊潛逃他國後，李修武等20名「李俊團夥」被抓。俊峰集團曾是重慶納稅大戶，曾獲重慶市誠信企業等數十項獎勵。李莊說，如果李俊團夥是黑社會，「那麼在定為黑社會之前所獲得的獎勵是怎麼回事，是政府造假？還是

有人包庇？」

薄熙來在重慶為爭「18 大」入常搏出位，樹『唱紅打黑』的重慶模式。中國憲法學者、華東政法大學教授童之偉曾帶隊對重慶打黑作了一次全面調查，並撰寫《重慶打黑型社會管理方式研究報告》，引起學術界的重視。該報告指出，重慶打黑是無法無天、公權力無限膨脹、大搞株連、刑訊逼供、屈打成招、迫害律師、脅迫證人、鉗制言論。主要打擊私營企業家，就憑薄、王一句話，許多頂級民營企業家就成了黑社會頭子，資產被沒收充公，億萬富翁一夜之間變成窮光蛋、階下囚，有的甚至掉了腦袋，製造了大量冤案。童之偉認為，重慶打黑，黑不可測，李莊案只是冰山之一角而已。

目前李莊除了申訴自己冤案外，還繼續代理龔剛模案，同時他還接六、七十件其他案子，基本上都是明顯的冤假錯案，或明顯的刑訊逼供案。

一場針對重慶打黑的「翻案風潮」，已經在重慶山城吹響號角。青海副省長兼公安廳長何挺接替王立軍任重慶公安局長後，重慶警方低調啟動平反冤假錯案的行動，逐漸恢復被『錯誤處理』的警察的名譽和工資待遇。迄今為止，已有近 900 名不同程度被錯誤處理的重慶警察得到了平反。

李莊認罪「藏頭詩」設實體陷阱

2010 年 1 月 8 日李莊一審被判兩年六個月，當天，李莊就寫了 8700 字申訴狀。李莊覺得二審要改變策略，一審法庭基本不顧法律程序和事實，因此他採用了比他們還兵不厭詐之計，拋出誘餌，跟管教說準備認罪。當時重慶市公安局副局長、李莊專案組組長郭維國馬上就來了。

李莊提出要出去的「認罪條件」，對方立馬答應稱緩刑、保外就醫均可。

於是，李莊開始寫早就想好了的「認罪書」，其中六點認罪意見的頭尾的字連起來，就是「被逼認罪緩刑」和「出去堅決再訴」。這就是當時就被外界破譯出來的「藏頭詩」。

當時李莊寫好交給郭維國，郭維國往兜裡一裝立馬變臉說要回去商量。2010 年 1 月 24 日，重慶法院、檢察院相關人員到看守所錄像，要李莊重新說一遍。李莊在他們錄製過程中不注意時，還多次對著攝像機不斷地對口型：「被逼認罪緩刑，出去堅決申訴。」

同天李莊的代理律師高子程也到看守所會見李莊，李莊趁看守人沒注意，悄悄將認罪書的小紙團扔到高子程桌子上，高子程迅速用文件袋蓋住。李莊還悄聲要高子程看每行的第一個字、最後一個字。

2010 年 2 月 2 日，李莊案二審開庭兩小時不到，中共喉舌媒體就已經在網上宣布驚人消息，李莊向法庭要求撤回上訴，並表示先前的上訴理由全部作廢。報導還說檢方問李莊，其為何放棄上訴，為什麼作偽證。李莊回答說：「作偽證是為欺騙公安、檢察院和法院，也是為龔剛模開脫罪責。」

後來，李莊向媒體解釋當天給法庭設下兩個陷阱：「藏頭詩」是實體陷阱；二是程序陷阱。既然自己認罪、撤回所有上訴，那麼法庭就應該直接休庭，把他送回監獄，而不需要再審判，李莊認為這是程序上的一個問題。

當天開完庭，李莊非常高興地吹口哨、寫打油詩《車與轍》：小蟲輕聲叫，可能引海嘯。蜈蚣怒氣吼，甚至山河搖。外在是表象，內因來主導。人間萬千事，皆於笑中鬧。當時看守所所長不解他為何高興，李莊回應道：「二審開庭已經非法了。」

不過二審 2 月 9 日宣判，並不是李莊所料想的，只是改判一年半有

期徒刑，因此發生了李莊大鬧法庭一幕。搶話筒曝「幕後交易」，指責重慶當局失信，沒有遵守「認罪就判緩刑」的承諾。

龔剛模哥哥：陷害李莊 警方培訓證人

李莊案中的黑幕大曝光，深不見底超乎想像。2012 年 4 月 28 日，龔剛模的哥哥龔剛華和另一名親屬龔雲飛在西安找到李莊，當著十幾位律師的面，講述李莊案的來龍去脈。李莊說，對於他的申訴，龔剛華的證詞是具有強大衝擊力的一個證據。

2009 年李莊以 20 萬元代理費接受龔剛模家人的聘請，成為龔剛模的代理律師。當李莊首次到重慶見到龔剛模，並且快速看完起訴書後，李莊就認定整個起訴書只有行賄與私藏槍可信，其他都是胡編，龔剛模面臨的最多就是七、八年有期徒刑。重慶警方眼看一個聲勢浩大的打黑大案、要案將被李莊破局，隨後便策劃一個巨大陰謀，準備對付李莊。

龔剛模後來曾說，自己這輩子最對不起的人，是李莊。所謂李莊讓他做偽證，都是公安徹夜吊打後，他按照公安編好的文字稿背下來，陷害李莊的。開庭時裝頭痛，不回答問題。故意說方言，不說普通話，都是公安教的。

2012 年 2 月王立軍出逃成都美領館事件爆發，3 月兩會後薄熙來被下台，龔剛華看到形勢變化後 2012 年 4 月又聯繫李莊，表達歉意並交還當時李莊留在弟媳婦病房洗手間水盆裡的兩部手機。手機中錄製的視頻，顯示李莊與龔剛模會面時，有法警在現場，也間接證明李莊「當面教唆是不可能的」。

因為龔氏兄弟對李莊表示深深歉意之後，李莊不顧家人的反對，再次接受龔剛模親屬委託擔任申訴代理人。他表示，此將與自己申訴同時

進行，演好這場法制大戲，以答謝三年來一直關注李莊案的所有朋友。

周永康、薄熙來政變密謀曝光

為了保住中共政權，大陸官方一直隱瞞薄熙來案的真相。原本是薄熙來、周永康的政變，卻被以薄熙來的貪腐、色情或薄谷開來的刑事殺人案來定性。

2012 年 2 月中旬，中共國家副主席習近平訪美期間，美國媒體「華盛頓自由燈塔」曾曝光王立軍移交美領館材料中，有關薄熙來、周永康聯手圖謀發動政變、最終廢掉將在中共「18 大」接班掌權的習近平的計畫。戈茨 2 月 21 日在「美國自由燈塔」網站再次爆料稱，中共向美國索要王立軍交給美方的材料。

此前，《大紀元》也曾獨家報導披露，江澤民、曾慶紅、周永康、薄熙來等迫害法輪功的「血債幫」成員密謀，先在「18 大」奪取政法委位置，然後再鞏固武警部隊的武裝力量、鞏固輿論、重慶模式的政治綱領等，等各方面成熟後再廢黜和逮捕習近平，此政變計畫已經完成了一半進程，未曾想被王立軍逃館事件曝光摧毀、全盤崩潰。

薄熙來的妻子薄谷開來在這場政變中擔任重要角色，英國人海伍德協助谷在海外做相關工作，涉及大量祕密，包括周、薄密謀政變內幕，他被薄谷開來看成自己圈內人。薄谷開來不僅僅是讓英國商人海伍德為薄家轉移大量資產到海外，海伍德也捲入參與薄熙來、薄谷開來活摘法輪功學員器官、販賣被迫害致死的法輪功學員屍體等罪惡事件，內幕驚人，海伍德因知道薄谷夫婦的大量祕密，最終被滅口。

更多詳情，請看新紀元新書《中南海政治海嘯全程大揭祕》（上、下）。

第十六章
劉亞洲——
仰仗習出頭的將軍

雖然劉亞洲因個性張揚頗遭胡錦濤不喜，但這位敢言的太子黨，在王立軍事件發生後不久即表態效忠習近平，此後不久，由習近平宣讀命令書，劉亞洲升為上將，證實了外界「一習二劉」的傳聞：劉亞洲是習近平的太子黨同盟軍。

李小林是中共前國家主席李先念的女兒，童年時代便與習近平相熟，丈夫劉亞洲更被視為習近平軍中的左膀右臂。（新紀元資料室）

第一節

言論出位的文職軍人

2012 年 7 月 30 日，中共軍委在北京八一大樓舉行晉升上將軍銜警銜儀式。在該次晉升上將的六人中，最引人注目的是劉亞洲。倒不是因為他在網絡很出名，而是因為他在 2003 年就升為中將，按理說，四年後的 2007 年就有資格升為上將，但由於胡錦濤的不同意，直到習近平上位前，劉亞洲這位敢言的太子黨才在同是太子黨的習近平的扶持下，九年的媳婦熬成婆。這進一步證實了外界的分析：劉亞洲是習近平的太子黨同盟軍。

一度不受胡錦濤喜歡 仰仗習近平出頭

劉亞洲乃前中共國家主席李先念的女婿，屬於太子黨在軍內的勢力。劉個性張揚，為人處世加之其著作和發言常在中共內部引發爭議。劉亞洲的名字甚至曾經是敏感詞，在中國大陸遭到屏蔽。

據說劉亞洲在空軍副政委任上，因為好談軍事戰略和戰爭哲學而頗遭軍委主席胡錦濤不喜，曾被不點名批評。胡曾在視察空軍部隊時講話，要空軍領導多抓實事，少講空洞理論云云，據稱就是針對劉亞洲的。

中共軍中素有太子黨「文刀三點水」的說法：所謂三點水，指的是軍內三位劉姓將軍，其名字裡都有「水」的偏旁，他們是劉源、劉曉江和劉亞洲。而文刀，除了指他們的姓是簡體字的「劉」之外，還暗喻他們都是軍內舞文弄墨的文職官員，而現在這三人都當了上將。

不過曾有報導稱，劉亞洲和劉源是習近平在軍內「倚重」的人，因為同屬太子黨，「一習二劉」的說法，早已傳得沸沸揚揚。

2012 年 4 月 16 日，王立軍出逃美領館不久，劉亞洲在《求是》雜誌撰文表態，強調解放軍要無條件聽從中共指揮，一切行動堅決聽從「黨中央、中央軍委和胡主席指揮」。

由於胡、習沒有利益衝突，習近平為人一向低調，所以胡錦濤對習近平是「比較欣賞和放心的」。胡錦濤的恩師宋平與習仲勛都是西北局的老人，關係密切，再加上胡耀邦的兒子胡德平搭線，使得胡、習兩人在 2011 年開始聯手對付薄、周「左派」。

王立軍闖入美領館後，中共高層直到 3 月 13 日最後一次常委會上，才在習近平的表態後，最終對薄熙來做出了免職處分，習近平是倒薄的關鍵推手。習近平還表態贊成對重慶問題進行「全面實事求是的調查」。2 月 15 日前後，美國媒體「華盛頓自由燈塔」引用美國官員的話稱，王立軍告訴美領館官員，薄熙來和周永康密謀想搞掉習近平後奪權。

江派怒火中燒 矛頭直指習近平、劉亞洲

在全球媒體中，《新紀元》最先報導薄熙來事件的真相。被王立軍

事件觸發的中南海激烈搏擊，實際上是圍繞奪取習近平權力展開，被江澤民祕密選定接掌中共最高權力的人選其實是薄熙來，並非習近平，由於中共高層各種因素制約，江澤民被迫選定習近平作為「18 大」中共最高層接班人。

江派對於這次胡與習的聯盟相當惱火，也不斷通過媒體對習近平「喊話」，直到無望後開始「嘲諷」習。2012 年 4 月北京有消息稱，李長春和賈慶林反戈，在倒周永康問題上「聽吩咐」。處於潰散的江派餘部對習近平非常「絕望」，於是 4 月 7 日在海外媒體上公開對習近平喊話稱，江派大老曾慶紅「17 大」出局、陳良宇被拿下，甚至讓薄熙來下台，都是江派對習近平上位做出的所謂「巨大犧牲」，甚至公開提醒習近平：「桃花潭水深千尺，不及江、曾送我情！」

2012 年 7 月中旬，有江派色彩的香港刊物開始發表文章嘲諷習近平，稱習近平甘當「跛腳書記」。在胡與習之前並未看見任何不和跡象的時候，文章卻稱，「所以習近平的處境，比當年的胡要艱難無助十分」，「劉亞洲原可充當曾慶紅角色」，但是現在劉亞洲「繳械投誠之意躍然紙上」，文章最後甚至開始直接辱罵習近平「臉像豬樣」。

薄熙來事件後，2012 年 4 月 16 日，劉亞洲在《求是》雜誌發文《無條件聽黨指揮是我軍最重要紀律》，表明挺胡立場，從而給自己換來了晉升的機會。

劉亞洲出位言論 引發各方關注揣測

談起中國的權力平衡架構，少不了中共的太子黨。由於中共特有的血緣政治，60 年盤根錯節的藤生，太子黨幾乎遍布中共權力高層各個角落，除了習近平、王岐山及薄熙來等人，軍中的太子黨也時不時

有如京劇裡的「生、旦、淨、丑」過場亮相，為大眾提供談資話料。

比較典型的有 2005 年「核武襲美」論的鷹派代表人物、中國國防大學防務學院院長、朱德的孫子、少將朱成虎，也有獲得少將軍銜的毛澤東嫡孫毛新宇，而最熱門的要數近年來頻頻釋放政改敏感言論，卻不斷升遷的劉亞洲。

劉亞洲發炮 網絡瘋傳

劉亞洲 2010 年 7 月在接受媒體專訪時，炮轟中國現行政治體制，並且預言 10 年之內，一場由威權政治向民主政治的轉型，不可避免要發生；他還批評全國上下都迷信金錢力量，嚴重影響在國際上的形象。

劉亞洲這些話發表於《鳳凰周刊》，但刊物同時聲明，有關內容根據專訪整理，未經劉本人審定，專訪題為《西部論》。

訪談中劉亞洲首先炮轟中共流行的「經濟強國」和「金錢外交」思想，指「錢多不意味軟實力有提升」。劉稱，決定一個民族的命運，絕不僅靠軍事和經濟力量，而取決於文明形式。他說：「一個制度如不能讓公民自由呼吸，並最大程度地釋放公民創造力，不能把最能代表人民的人放在領導崗位上，就必然滅亡。」他更直指當年的蘇聯也曾強調穩定，把穩定看成目的。「穩定壓倒一切，金錢擺平一切，結果激化了矛盾，一切反了過來。」

劉亞洲 1952 年 10 月 19 日出生於浙江寧波，不僅是中共軍方高級將領，且是中紀委委員，其公開發表如此出位的言論引起外界關注。有關內容在各大網絡被瘋傳。

第二節

劉亞洲現象令人玩味

　　劉亞洲是自 1990 年以來第一個公開放言政改、推崇西方政治、且沒有因此遭受打壓的現役中共高官。他的出格言論與觀點不但震撼中共政壇，有消息指，美國情報機構和軍方也將他列為高度關注對象。

　　劉亞洲出身軍人家庭，父親劉建德曾任蘭州軍區後勤部副政委。他中學畢業後，由父親安排參軍，在軍中官至排長；20 歲被保送入武漢大學外語系就讀。大學期間不但展露文學天賦成為作家，還與同班同學、前中共國家主席李先念的女兒李小林相戀，兩人後來成為夫妻。

　　大學畢業後，他進入解放軍空軍政治部任職。1987 年 4 月，劉的報告《老山作戰應該立即停止》得到軍隊高層認同，不到半年中國南方邊境作戰停止。1988 年 9 月，劉的《不失時機地與南朝鮮發展關係》的報告受到國務院的重視。劉作為中共代表團的成員，參與了和韓國的祕密建交談判。

　　1988 年 12 月，劉亞洲針對中共軍隊面臨的形勢，在《中國軍隊必

須進行改革》的報告中，呼籲軍隊改革非成功不可。文中還提到中國如再發生動亂，可能會演化成十分慘烈的結局，軍隊可能介入。半年之後的「六四事件」就證實了他的觀點。

1989 年「六四」時，他因涉及事件被當局調查，但最終過關，依然被重用。1990 年 2 月，劉在寫給解放軍總參謀長的《關於時局的幾點看法》一文中提到，戈爾巴喬夫已拋棄馬克思主義，蘇聯將搞多黨制。三天後，戈爾巴喬夫在蘇共中央全會上宣布，蘇聯將搞多黨制。

1992 年 4 月，他低調以作家身分隨團訪問台灣，是首位訪台的中共軍官，事後才被傳媒揭發軍人身分，轟動一時。

1993 年 9 月，劉的《關於封鎖台灣》的報告，預測民進黨有可能成為台灣執政黨。

2000 年 11 月，劉亞洲《中國空軍攻防兼備要論》一書，進入世界新軍事理論之列。

2001 年 1 月，劉亞洲寫的《金門戰役檢討》一書引發了各國軍方的關注。該書第一次披露了解放軍在 1949 年 10 月攻打金門失敗的經過。反思和總結了戰役失敗的原因和教訓，倡導不打無準備之仗，引起巨大迴響。

之後在其所作《中國未來二十年大戰略》中，劉亞洲提出，解決台灣問題，是要爭取台灣民心，搞好大陸政治體制改革、解決香港治理問題、整合而不是征服台灣。並且就此提出「一國兩治」、「分而不離，合而不併」的概念。

由於其文章不主張武力征服台灣，從而招致中國大陸憤青網民的非議，被戲稱為「小說家將軍」，其對國內極端民族主義的批評也招致新時期「汪精衛」和「美帝走狗」的謾罵。

2005 年 1 月他在昆明軍區的演講「信念與道德」在網上流傳後，

引起海內外輿論的矚目和更多人的驚訝。同年，針對大陸反日浪潮，劉
亞洲等軍方勢力籌劃的「中日關係青年研討會」被胡錦濤阻止。以他為
首的 10 名將校連署發表呼籲，要求對外強硬、對內推動政治體制改革。
這一舉動部分扭轉了近年來大陸民族主義憤青們對他「親美親台」的攻
擊，反過來成為了中國反日浪潮的標榜與奧援。

香港媒體曾透露，中共邀請台灣國民黨主席連戰、親民黨宋楚瑜訪
問中國大陸，當時是解放軍空軍副政委劉亞洲通過軍方高層人士，向北
京最高決策層提出的建議。後來，宋、連二人分別率團於 2005 年去了
大陸。據悉，劉還曾提出進一步邀請陳水扁訪問中國大陸，但這個建議
最終未被採納。

劉亞洲還曾經讚揚美國的軍事實力，貶低目前中共的軍事力量，所
以劉也同時被認為是「當代趙括」，以及「軍隊內少有的有強烈憂患意
識的將領」。

胡錦濤出招籠絡

「文革」期間許多中共將領的子女進入青春期，他們的父輩將他們
送到部隊，美其名曰經受摔打。這樣既避開了「上山下鄉」，又讓他們
早早就開始攀登軍隊的階梯。三、四十年後，這些人成了氣候，都進入
了將軍行列。這些人依據各自的利益歸屬，相互結盟，形式各種勢力範
圍，盤根錯節，錯綜複雜。

胡錦濤 2004 年接任中共軍委主席以後，基本上謹慎採用「胡蘿蔔
加大棒」的策略，更多的是安撫拉攏人心。2006 年為了殺一儆百，胡
錦濤親自對中共海軍副司令王守業展開打壓行動，藉以警告其他不服從
的將官，事實上，胡認定王是江系的人馬。

劉亞洲從作家到將軍的仕途,只用了短短 10 年間完成轉型,雖然有上一代的蔭庇,也有劉個人的努力。其人並沒有循規蹈矩、埋首疾行,而是表現得飛揚跳脫、我行我素,其言論涉及國家戰略、軍事、外交、農民問題、台灣問題、思想多個領域,在中共軍內獲得了相當程度的認可。

近幾年來,劉亞洲對施政及軍事議題頻頻發表看法,竭力呼籲中共通過推行民主實行政治改革等,成為中共黨內引人矚目的敢言者和軍內少壯派的銳利人物,也因此聚集一股軍隊中少壯勢力,更讓最高層不敢對其輕舉妄動。

2009 年 12 月胡錦濤任命劉亞洲擔任國防大學政委,劉從空軍副政委得以升遷此職,顯示胡對劉採取了收心策略,劉個人也因此獲得更大的言論特權。有分析認為,作為體制內的人物,劉的思維框架只是給中共找條出路,而不能根本上與之決裂。尤其在社會問題激化之際,劉的率性放言,很可能成為某種政治授意下投石問路與情緒釋放的維穩軟招。而中共真要抓瘋搏命之時,作為軍人的劉亞洲也只能成為從命一卒。

敬老孝順 具人文關懷

與一般太子黨有點不同的是,劉亞洲對父輩特別有感情。劉亞洲父親是原三野 21 軍 187 團政委劉建德,他在劉家五個子女中排行第二。在劉亞洲的印象中,父親生命力極強,與他來自同村、一起當兵的五個農民,都在孟良崗戰役中戰死,「只有爸爸一個人堅強地活著。1970 年爸爸視察六盤山陣地時汽車翻進山溝,不過把眼睛戳傷,大難不死。爸爸從未生過病。自 1995 年在美國犯過一回心臟病後,也一直

風平浪靜。」

2000 年 12 月 13 日，劉建德病逝，當時還在北空工作的劉亞洲如五雷轟頂，在接連七篇《喪父日記》中不停地剖析、自責，記述了那段異常悲痛的心情。劉亞洲將父親比作高山，而將自己比作塵土。稱父母有泡澡的習慣，但他們為節約，從來是兩人共享一盆水，「媽媽先泡，不打肥皂，而後爸爸再泡。」

網絡上流傳劉亞洲「追憶父親劉建德將軍」日記，其中一篇寫道：「12 月 15 日凌晨一點。我、亞蘇、小五守在爸爸身邊，全無睡意。小五趴在水晶棺蓋上，兀自落淚。忽聽他道：『爸爸真漂亮。』這話不假。爸爸年輕時是美男子：濃眉大眼。高鼻梁，有點像中亞細亞一帶人的鼻子。寶光寺土地貧脊，水也不好，可爸爸生的一口好牙，白生生的。胖胖、溪溪、潺潺都用現代化手段校正牙齒，仍不如爸爸的那麼整齊。戚建平說：『你們家五個孩子，沒一個比得上你爸爸好看。』早在 63 師當兵時我就聽某幹事講：『你爸年輕時漂亮得很。你媽不行。』據媽媽講，當時 187 團追求爸爸的女兵有一籮筐。爸爸時任政治處主任，已同媽媽確定戀愛關係了，政治處一個女幹事還天天找爸爸『談心』，惹得媽媽很不高興。爸爸美中不足有兩條，一是個子矮了些，二是少白頭。爸爸顯然知道這個，我記得縱是在炎熱的夏天，他也戴著帽子。媽媽說：『我跟你爸爸洞房花燭夜，上床時他還戴著軍帽呢。』這故事驚醒了我。爸爸的愛情史也是驚心動魄的。可惜我們晚輩對前輩的愛情關心太少了。我是作家，為什麼也那麼冷漠？中國作家像狗一樣地尋找生活和細節，這細節竟生動如斯！」

「21 軍還有一個淒美的愛情故事：徐春陽政委（後任濟南軍區副政委）解放初期任某團領導，看中了一位從浙江參軍的姑娘，而那姑娘已與後勤處某協理員談得熱火朝天。徐春陽以組織的名義生生將這對駕

鴦拆散，與姑娘結了婚。40年過去，徐春陽任21軍政委，孩子已生了一堆。姑娘也早白了頭。那後勤處助理員一直在軍後勤工作，職位很低。90年代初，助理員患癌症去世。次日，徐春陽夫人，那個與助理員談過戀愛的浙江小姑娘，60歲，雞皮鶴臉，臃腫不堪，在家中懸梁自盡。初聽這故事我不禁發起抖來。40年來這姑娘過的是怎樣一種孤獨的生活。她是如何打發那近萬個漫漫長夜的？她有著怎樣複雜的、可怕的然而又可敬的內心世界呵。」

另一篇日誌寫道：「12月15日八時，亞偉、亞軍都從美國趕來奔喪。我們回憶爸爸與我們相處的情景，泣不成聲。亞軍講了一件事：71年冬在寶雞，我們幾個拿著爸爸的手槍去拍照，我作射擊狀，亞偉、亞軍做被擊斃狀。這是我的主意。我對這個創意還甚得意呢。不料爸爸看了照片大怒，罵我們道：『槍不能指人！』又說：『亂扣板機，有可能把撞針打出來。』爸爸講了戰鬥年代一個關於撞針的故事：爸爸剛當兵那陣兒，武器還是稀罕的。槍枝比生命還重要。爸爸班裡一個戰士擦槍時，扣板機把撞針打出來，不知飛到什麼地方，無論如何找不到。這桿槍算報廢了。連長憤怒極了，命令：『拖出去槍斃！』這個戰士就這樣被處了極刑。屍體被扔到坑裡之後，班長對爸爸說：『他的軍裝不能埋掉，扒下來。』爸爸遵命把那戰士的軍裝脫下來，突然爸爸的手觸到了一個硬硬的東西，在那軍裝的上衣口袋裡，一摸出來，原來是撞針。」

有網友留言說，「拜讀劉亞洲的《追憶父親劉建德將軍》，深感遺憾，上述兩件事是共產黨人幹的事嗎？霸占他人老婆，濫殺無辜。不過，劉亞洲告訴我們一個真實的黑暗面。」

中共官方報導說劉建德勤儉克己，與劉亞洲的岳父李先念極像。劉亞洲的妻子李小林說，改革開放之後，父親李先念有一次在飯桌上對孩子們嚴厲地說：「你們誰要經商，打斷你們的腿！」因此，李家的孩子

沒有一個人從事商業活動。

　　據北京空軍機關一位人士稱，劉亞洲從 1993 年到北空任政治部副主任以來，從沒有以個人的名義用公款請過一次客。甚至連空軍司令員、政委到成都空軍檢查工作，他都不宴請。

　　這種「堅持」的原因，或者可以用劉亞洲在《大國策》中的話來表述：「我們不能選擇是否有個聰明的頭腦，但是我們可以選擇有一個較好的心腸，較好的心腸指什麼？一個人的道德品質。一個人的道德高低也許不重要，一個民族的道德高低就重要了。一個官員的道德高低也許不重要，一個執政集團的道德高低就很重要了。」

第三節

高調挺習 妻子任密使

兩會上劉亞洲高調挺習

2013 年 3 月兩會期間，習近平的兩大軍中太子黨鐵桿「出山」：中共已故原國家主席劉少奇之子——劉源日前高調發文說習近平「不方便講的話」；而「一習二劉」中的另一個中共將領劉亞洲於 3 月 15 日在《人民日報》發表文章警告「軍隊個別領導玩物喪志、蠅營狗苟、影響極壞」，替習近平向腐敗治國治軍的江家幫再發警告。

中共軍隊自江澤民掌管軍隊以來腐敗問題日益嚴重。中共國防大學政委劉亞洲 3 月 18 日在《人民日報》發表文章《好作風出戰鬥力》，批評軍隊個別領導玩物喪志，影響極壞。

文章說，「一個政黨、一支軍隊最難做到的就是在和平時期居安思危，最需要警惕的是腐敗、享樂之習一點點侵蝕其肌體。」

文章稱讚習近平上台後，「中央圍繞作風建設打了一套組合拳，動

作之快、力度之大、態度之堅決、效果之明顯，令人耳目一新，讓人充滿期待。我們堅信，只要持之以恆，清風正氣必將蔚然成風，黨和群眾魚水相依、舟水相濟的融洽關係，必將集聚中國之正能量。」

文章回顧歷史：「好作風出戰鬥力，是一個鐵律。戰爭是武器和戰術的對抗，也是作風與意志的較量。對軍隊來講，好作風是銳不可當的殺氣和霸氣，甚至有不戰而屈人之兵的奇效。狹路相逢勇者勝。軍隊就是要『金戈鐵馬，氣吞萬里如虎』，致敵人於『望風披靡』。『風』就是軍隊的作風。」

「晚清以來，八旗子弟遛狗架鳥，醉享太平，耗盡了當年的朝氣、銳氣、虎氣，遇有戰事，敗如山倒。『扶大廈之將傾』，靠的是湘軍和淮軍，『法寶』則是曾國藩強調的『軍人以氣為先』，帶兵人要『無官氣而有血性』，能夠『紮死寨，打硬仗』，將部隊帶成『呼吸相顧，痛癢相關，赴火同行，蹈湯同往，勝則舉杯酒以讓功，敗則出死力以相救』。歷經短暫而虛幻的『同治中興』，腐敗奢靡的官場習氣進一步侵蝕軍隊，民族幾有亡國滅種之虞。」

「國民革命時期，黃埔軍校一副『升官發財請走別處，貪生怕死莫入此門』的對聯，詮釋了時代浩然正氣。那時的黃埔名將輩出，戰功顯赫，揚威中外，影響深遠。但終不敵擁兵者與治國者的監守自盜、罔顧百姓、浮華偽飾，國家內外交困，軍隊潰不成軍，政敗於腐，兵敗於奢，半壁河山淪入日寇鐵蹄之下。」

談到當今的中共軍隊，劉亞洲說：「改革開放以來，軍隊經受住了多種考驗。但是，軍隊不是處於真空中。一段時期，社會上的不良風氣在軍隊也有反映，個別領導幹部玩物喪志、蠅營狗苟、貪污腐敗，影響極壞。習近平總書記語重心長告誡，要發揚我黨我軍在長期實踐中培養的優良作風。『兵者，國之大事，存亡之道，命在於將』。中央抓作風

建設，首先從政治局做起；軍隊抓作風建設，也要從領導幹部抓起，以產生『不令而行』的示範效應。」

文章最後強調：「一定要像習近平總書記要求的那樣，以黨和人民為念，以國家主權、安全、領土完整為念，以國防和軍隊建設為念，……」

外界評論說，劉亞洲的這番言論與習近平的反腐行動相呼應，劉亞洲很可能會與劉源一起，成為習近平在軍隊中反腐的先鋒。

1989 年以來，中共的腐敗如黑雲滅頂；特別是 1999 年江澤民鎮壓法輪功，江手裡的「腐敗」便成了他鬥敗黨內政敵，腐蝕官、商、學、兵各界，收買國際社會的工具。江澤民掌中共軍權後拉攏軍中高官，不少高級將領爆出醜聞。其中包括海軍副司令王守業和總後勤部副部長谷俊山，他們被控道德敗壞、包養情婦、濫用職權、貪污受賄。

2013 年 3 月 15 日中共官方宣布，習近平出任中共國家軍委主席，范長龍、許其亮出任中共國家軍委副主席。自此，江澤民提拔的軍中頭目在此次權力交接中，全部被踢出局。與此同時，習近平的「反腐」之刀也逼近了江氏既得利益集團。

據多方消息，原解放軍總後勤部副部長谷俊山貪腐一案可能「升級」，調查人員在谷俊山家中搜出大批茅台和現金，數量遠超之前估計，令身兼中央軍委主席的中共總書記習近平大怒。港媒引述消息透露，谷案已被習近平作為典型反面教材，在全軍高層中通報。負責查處谷案的解放軍總後勤部政委劉源也表態說，會將谷案「一查到底」。

《明報》引述消息稱，中共高層原本對谷俊山一直低調查處，他的涉案金額被定在約 200 萬元人民幣，而且只限在軍隊內部調查，不會涉及地方。但在調查中發現，谷俊山的問題越揭越多，已無法僅限於軍內調查，而且發現他的貪腐行徑遍及全國多個地方，從上海到雲南都有軍

用土地被他違規轉售。

江澤民腐敗治軍，中共軍隊貪腐也全面爆發。谷俊山是江澤民的鐵桿親信，早先被江看中，是江澤民、曾慶紅、周永康等人在軍中黑色貪腐鏈的代言人。谷俊山被提拔成總後勤部副部長涉及到江派軍委副主席徐才厚和國防部長梁光烈。

傳李小林出訪日本 身兼習近平密使

2013 年 3 月 28，就在中日關係因為日本政府購買釣魚島而引發外交衝突、導致兩國關係陷入僵局時，北京消息稱，中日之間正在安排中國對外友協會長李小林 3 月 31 日訪日，與日本前首相福田康夫等親中政客會談。消息稱，習近平有可能委託李小林捎去訊息。而李小林因為其丈夫是習近平所倚重的軍中上將，而被外界視為是習近平的「密使」，為探尋與因釣魚島問題而對立的日本改善關係的突破口。

文章稱，李小林是中共前國家主席李先念的女兒，童年時代便與習近平相熟，被視為中共太子黨的中心人物之一。而李小林的丈夫劉亞洲更被視為習近平軍中的左膀右臂。

據日本媒體報導，4 月 2 日，李小林在東京出席了中日書畫展開幕，照片上李小林左邊坐著中共駐日大使程永華，右邊坐著前日本首相鳩山由紀夫伉儷。報導說，日本文化廳長官近藤誠一等也出席並致詞。李小林則對中國新聞社說：「我不是習近平的密使。」

著名日本自由撰稿人歲川隆雄在網絡上則指李小林訪日是為副首相麻生太郎訪華鋪路，依據是《產經新聞》3 月 22 日報導：中日正暗中安排麻生 4 月下旬訪華、與習近平會談。

日本共同社報導，李小林早前曾陪同習近平出訪俄羅斯和非洲國

家，在五天的訪日行程中，她計畫會晤日本前首相福田康夫、鳩山由紀夫及公明黨黨首山口那津男，並希望與現任首相安倍晉三舉行會談。

李小林訪日結束後的 4 月 6 日，人們看到，日本前首相福田康夫以博鰲亞洲論壇理事長的身分，出席了在中國海南召開的為期三天的「博鰲論壇」，他公開表示，期待與中國領導人習近平的會談。

在接受大陸記者專訪時，福田康夫說：「不僅僅是我一個人，全世界都很期待習主席的演講。中國走什麼樣的發展道路，如何與其他國家開展合作，為世界發展做出怎樣的貢獻，是全世界都非常關注的問題。」

有評論指出，無論中日關係如何變化，李小林的日本之行，對於促進中日關係起到正面作用。

中國大變動系列 **010**

習近平的太子黨盟軍

作者：新紀元編輯部。**執行編輯**：王淨文／張淑華／黃采文。**美術編輯**：吳姿瑤。**封面設計**：R-one。**出版**：新紀元周刊出版社有限公司／新紀元國際文化傳播股份有限公司。**電話**： 886-2-2268-9688 （ 台灣 ） 852-2730-2380 （ 香港 ）。**傳真**： 886-2-2268-9610（台灣）／ 852-2399-0060 (香港)。**Email**:mag_service@epochtimes.com 。**網址**: www.epochweekly.com。**香港發行**：田園書屋。**地址**：九龍旺角西洋菜街56號2樓。**電話**：852-2394-8863。**台灣發行**：高見文化行銷股份有限公司。**地址**：新北市樹林區佳園路二段70-1號。**電話**：886-2-2668-9005。**規格**：21cm×14.8cm。**國際書號**：ISBN978-988-12360-2-9。**定價**：HK$98／NT$398。**出版日期**：2013年5月。

新紀元
NEW EPOCH WEEKLY

www.ingramcontent.com/pod-product-compliance
Lightning Source LLC
Chambersburg PA
CBHW020454270326
41926CB00008B/605